深圳学人文库

A Study of Shen Quanqi

沈佺期行实考辨

张效民 ◎著

社会科学文献出版社
SOCIAL SCIENCES ACADEMIC PRESS (CHINA)

序

余庆安[*]

中国文学史上有一个"沈宋"并称的概念，指的是初唐时期的沈佺期和宋之问两位诗人。他们二人气质相近、意气相投，在武后、中宗两朝为官，以修文馆学士的身份出入宫廷文会，其应制诗多为歌功颂德之作，写得富丽堂皇，谨严工整，音节浏亮，韵律谐美。宫廷中以沈宋二人为班头应制奉和、侍从宴游已蔚成风气，有许多趣闻逸事为人乐道，故二人堪称词臣班首、文场勍敌。将二人以"沈宋"并称，一是因为二人的诗歌风格相近，在当时的文坛上有较大的声望和影响；二是二人以自己的诗歌创作实践，推进了五律体制定型、七律体制规范，为唐代律诗发展在艺术上做出了重要贡献。后世推崇并肯定二人对律诗体制定型成熟的贡献，又将这种律体称为"沈宋体"。《新唐书·宋之问传》："魏建安后迄江左，诗律屡变。至沈约、庾信，以音韵相婉附，属对精密。及之问、沈佺期，又加靡丽，回忌声病，约句准篇，如锦绣成文。学者宗之，号为沈宋。"这段话概括了数百年间律诗体制发展定型的过程，从东汉建安时代起，诗歌创作趋向于追求声律，以沈约、谢朓为代表的永明诗人把当时声韵学研究的成果运用于诗歌创作。沈约在前人研究的基础上撰《四声谱》，将四声引入诗歌创作，提出"四声八病"之说，力图将诗歌的声律规范化，并自认为得千年未悟之妙诀。永明诗人的四声律，在诗歌创作上刻意追求音律协调，是将声韵的谐美流畅作为诗歌的重要艺术标准。经过初唐王勃、杨炯、杜审言的创作实践，五律体制更趋于成熟。到"沈宋"二人，更是精心琢磨诗

---

[*] 余庆安，武汉人。广东外语外贸大学中国语言文化学院原院长，副教授。广东省政府参事室（文史馆）原副主任（副馆长）。

艺,从永明体讲求四声到精准辨识平仄,从消极的"回忌声病"发展到悟出积极的平仄规律,在诗律上精益求精,除了要求一联之中轻重悉异之外,还要求上一句的对句和下一句的出句平仄相粘,并把这种粘对规律贯穿全篇,从而使一首诗的联与联之间平仄相关,通篇声律和谐。现存沈佺期12首应制五言律,全都符合这种近体诗的平仄粘对规则。而其所作七律《遥同杜员外审言过岭》,写得声律谐畅,蕴含深厚,被后人称为初唐七律的样板。元稹在《唐故工部员外郎杜君墓系铭并序》中说:"沈宋之流,研练精切,稳顺声势,谓之为律诗。"这是"律诗"之名首见于文献记载。清钱良择《唐音审体》说:"律诗始于初唐,至沈宋而其格始备。"由此,自齐永明以来两百多年的中国古典诗歌的格律化过程终于完成,故"沈宋"之称,成为律诗定型的标志。从此以后,近体诗和古体诗的界限有了更加明确的划分,律诗的规范体制也为越来越多的人所接受,诗人在创作上,专工近体或专工古体渐渐分道扬镳,这是"词章改革之大机"(《诗薮》内篇卷四)。

也许是有感于沈佺期为中国古典诗歌艺术美所做出的独特贡献,于是在读到张效民所著《沈佺期行实考辨》一书时,精神为之振奋。《沈佺期行实考辨》是一部对诗人生平事迹进行研究的专著,张效民在充分掌握研究资料的基础上,集中对沈佺期的郡望家世、依附二张、"考功受赇"流放驩州、诗歌注释等诸事进行翔实的考辨分析,收获了一系列有显著学术价值的成果:一是解决了沈佺期"考功受赇"这个重大问题,澄清了人们的误读误传;二是明确了沈佺期任台州录事参军事、任太子少詹事的准确时间,对沈佺期逝世之年提出了新说法;三是对沈佺期诗歌中涉及的家庭成员的情况进行考证分析;四是对前人为沈佺期诗歌作注释时所产生的错误加以纠正;五是对沈佺期流放时所行经的路线做了清晰的考证。同时,《沈佺期行实考辨》不仅在学术上收获颇丰,张效民长于考证的研究方法在《沈佺期行实考辨》中也得到了充分发挥。一是融会贯通,运用大量的文史哲文献资料,包括引述舆图、交通、墓志、气候等资料作考证分析,在资料的运用上超越了前人。二是善于从前人的"无疑"处发现问题,提出新的研究视角和新的问题。三是在分析论证的过程中,重视还原沈佺期不同时期生活的具体历史环境,把握好沈佺期的人生处境、心理活动、思想情感,力求结论真实可信。四是在尊重前人的研究成果的同时又大胆质疑、细心求证，在反复推论中做到使自己的论述翔实可信。

我与张效民相识多年，知道他博闻强记、腹笥丰赡；喜好酒、喜好诗、喜好真话、喜好抒情；真诚敦厚，踏实稳当。他从蜀地南迁鹏城后，既在政府部门任职，又在高校做主官，后以深圳市政协副主席、广东省政府参事致仕。无论是在政府、政协部门，还是在高校岗位，他既有谋划民生发展的策论献于有司，又有文学研究专著和旧体诗词集面世。他那两手劳作起来，一手完成公职任务，另一手把弄自己的文学创作和研究，左右开弓，游刃有余，就是出差到外地公干，也能一路听到他谈研究唐诗的心得。多年来，他出版的关于中国古代文学、现当代文学、文化史研究的著作计有十余种，出版自己创作的诗词集计有三种。一个公务颇为繁忙的人，有如此多的文学研究和创作的成果面世，真不知道他那股勤奋钻研的劲头是不是因为与杜甫是同乡的原因带给他的。当他要我为他的《沈佺期行实考辨》写个序时，我仗着与他多年情谊，不揣浅陋，写下这段文字，意在向唐诗研究者和爱好者推荐这本值得一读的专著，并借此书出版为唐诗研究助一臂之力。姑且作为序言吧。

二〇二一年四月二十七日于广州白云山

目　录
contents

引　言 ……………………………………………………………… 001

第一卷　沈佺期家世家庭考 ……………………………………… 005
　一　唐诗人沈佺期郡望、籍贯和墓地新证 ……………………… 006
　二　沈佺期父祖仕宦履历考 ……………………………………… 015
　三　沈佺期兄弟事迹考析 ………………………………………… 033
　四　沈佺期妻子子女情况考析 …………………………………… 050

第二卷　沈佺期仕历考 …………………………………………… 075
　一　沈佺期早期仕历新考 ………………………………………… 075
　二　沈佺期任太子少詹事、太子詹事时间及卒年新考 ………… 087

第三卷　沈佺期"考功受赇"考 ………………………………… 110
　一　沈佺期"考功受赇"与张九龄及第问题辨正 ……………… 112
　二　沈佺期"考功受赇"谤议案真相探源 ……………………… 124
　三　长安二年"考功受赇""谤议上闻"案的
　　　政治背景和性质考辨 ………………………………………… 131
　四　沈佺期入狱准确时间和长安四年武则天幸西京事件辨正 … 144
　五　沈佺期狱中生活考 …………………………………………… 152

第四卷　沈佺期流放驩州考 ……………………………………… 178
　一　沈佺期流放驩州真实原因考析 ……………………………… 180

二 沈佺期流放自端州经容州北流赴䜛州路线考
　　——兼及古交趾至唐都的驿路问题……………………… 190
三 沈佺期流放䜛州去程路线考析
　　——兼及《唐律》流放制度的规定 ………………………… 202
四 沈佺期的䜛州流放生活及其思想状况考析 ………………… 216
五 沈佺期䜛州诗注释的几个问题 ……………………………… 227

附录一　开元八年前东宫职官任职情况一览表 ………………… 247
附录二　主要参考征引书目 ………………………………………… 249
后　　记 …………………………………………………………………… 256

引 言

沈佺期是我国诗歌发展史上十分重要、做出巨大贡献的诗人。唐代大历年间，独孤及就说："五言诗之源，生于国风，广于离骚，著于李苏，盛于曹刘……历千余岁，至沈詹事、宋考功，始裁成六律，彰施五色，使言之而中伦，歌之而成声，缘情绮靡之功，至是乃备。"（《唐故左补阙安定皇甫公集序》）稍后，元稹也认为："唐兴……沈宋之流，研练精切，稳顺声势，谓之为律诗。由是而后，文变之体极焉。"（《唐故工部员外郎杜君墓系铭并序》）《新唐书》"杜甫传"也大致重复了元稹的意见，其赞说："唐兴，诗人承陈隋风流，浮靡相矜。至宋之问、沈佺期等，研揣声音，浮切不差而号律诗，竞相袭沿。逮开元间，稍裁以雅正，然恃华者质反，好丽者壮违。人得一概，皆自名所长。至甫，浑涵汪茫，千汇万状，兼古今而有之。"可见沈佺期对于中国诗歌发展的巨大贡献。

但是研究沈佺期并非我之初衷。我之所以涉足沈佺期研究，起因是想对张九龄进行研究。最先是想为张九龄写一本传记。但是一旦动手，则发现困难重重。一是资料不足；二是学界对于张九龄之研究，尚有诸多盲点、疑点未曾弄清楚、搞明白。比如，对于张九龄参加长安二年科举考试，中举后又未曾入仕一事。按照武则天时期朝廷对于人才需求的紧迫性，只要进士中举，马上入仕做官是必然的。但是张九龄却未曾入仕，原因何在呢？于是人们根据《新唐书》"沈佺期传"中"考功受赇"、徐浩《张九龄碑》中"诏令重试"这些只言片语进行推测，认为这是由于张九龄涉案了，导致考试作废，取消考试成绩，因此"诏令重试"。结果张九龄未曾入仕，沈佺期于数年后被流放驩州。此种推测流播学界，影响巨大，就连张九龄的故乡韶关的文化学者也承袭此说，不唯模糊了历史真相，也在客观上向张九龄扎扎实实地泼了一盆污水，影响后人对张九龄的认识。由此看来，如不对沈佺期"考功受赇"案进行梳理，弄清其来龙去脉，这个死结是解不开的。

因此，就只得回过头来，对与沈佺期有着密切关系、影响沈佺期后半生的所谓"考功受赇"案进行研究。由此及彼，需要解决的问题越来越多，研究面就越来越宽，最后就形成了沈佺期研究较为完整的专题。这一专题的考据文章涉及沈佺期籍贯、家族、家庭、仕途职任、流放生涯及其诗文作品的一些注释，等等。其中，对于此前研究沈佺期并取得不小成绩的研究界老前辈的看法，不无批驳纠正，但笔者对他们是尊敬的，对于他们研究中所产生的错误是理解的。想想他们当时的研究条件绝不能与今日相比，出现一些失误，是完全可以理解的。

本书研究解决了沈佺期研究中的几个重大问题。一是"考功受赇"问题，还原了发生于长安二年的所谓"考功受赇"事件的历史真相，从而厘清了由于《新唐书》"沈佺期传"及其他记载简略而造成后人的误读，澄清了作为当时的考功员外郎的沈佺期的责任。二是明确了沈佺期任台州录事参军事、任太子少詹事的准确时间，提出沈佺期还可能担任过太子詹事一职，从而对沈佺期的逝年提出新的说法；明确了沈佺期所谓"考功受赇"案的真相；确定了沈佺期因"考功受赇"入狱的准确时间、在狱中所作诗歌的准确注释等一系列问题；明确沈佺期流放驩州的真实原因是神龙政变后张柬之等五王政治集团的政治清洗；还对沈佺期父祖的情况进行了考证；对沈佺期流放驩州所经过的路线也做了细致的考证分析，并以汉代马援南征交趾路线和宋人苏轼、余靖的诗文为依据，探索沈佺期流放路线选择的具体原因。三是从沈佺期入狱诗、流放诗中所涉及的家庭情况信息，结合对沈佺期弟沈全交墓志、子沈子昌墓志和20世纪70年代在湖北英山发现的沈佺期及其妻韩氏墓地的深入分析，对沈佺期父祖的仕历进行了合理推测，纠正了前人依据《元和姓纂》记载认为沈佺期之父名"怪"的千年误记，指出其父之真实姓名为沈贞松。明确了沈佺期弟沈全交、沈全宇的任职情况，沈佺期子女的情况和沈佺期二弟等迁居荆南的情况。四是纠正了前人对沈佺期诗歌注释的错误；对于沈佺期一些诗歌失注的情况进行补注。五是通过对于沈佺期流放路线中广州至驩州段路线的研究，明确了海上丝绸之路交趾至广州段具体路线，补上了前人（郭沫若、王娇娥）等所绘制的海上丝绸之路此段的空白。

笔者在研究中大量利用新旧唐书、《唐会要》《资治通鉴》《通典》等历史文献中的材料，并将这些历史记载中与研究主题相关、分散在各种史料中的材料通盘排列，比较研究，找出与研究对象相关的材料进行综合研究，重在梳理人物事件的前因后果、内在联系，然后得出结论。同时，笔者也十分重视唐代的各类相关法律如《唐六典》《唐律疏议》及新旧唐书中的法律和制度规定对于人物事件的影响制约，重视方志中关于地方山川地理道路交通情况的记述，重视前人创制的地图的利用，重视出土墓志提供的材料的比对、应用。笔者认为，这样的研究方法，可开阔视野，有助于得出新的、可靠的结论。因为人总是生活在一定的社会环境中，也就必然受到这个环境的影响制约。这个所谓的"一定的社会环境"，包括生活环境、政治环境、法律环境、自然环境、交通环境，等等。人在这个环境中生活和活动，必然受到这些环境的制约。人在各种具体确定的环境中，都不可能随心所欲。同时，人的生命是一个较长的时间过程，人在不同的时间过程中的行为自然与此前和此后有所区别。面对不同的环境，人的各种反应，包括心理反应、行为选择、生活态度也不同。因此，了解人物活动的具体环境，分析人物的各种反应，就能比较准确地认识具体人物在具体环境中的心态、感情表现和行为选择。但是历史人物所生活和活动的那些具体环境是已经逝去的历史形态，今天的人们已经很难精准地去了解认识了。这就需要凭借历史资料，从历史资料的综合分析研究中去认识和把握当时的环境情况，以确定具体人物当时的心态、思想、情绪、情感和具体行为反应，得出准确的认识。如做不到这一点，就可能产生误读误解。如谭优学先生在他的《沈佺期行年考》中注解沈佺期《十三四时尝从巫峡过他日偶然有思》一诗，说沈佺期此诗记其十三四岁时经过巫峡，是"随父或宦游或商贾或行旅"。这里说"或商贾"的推测显然是"以今揆古"了。要知道，唐代科举制度规定，凡是家庭或本人从事商业的，其子弟或者本人是不准参加科举考试入仕的。此事可参考《唐六典》卷二之规定。明乎此，可知沈佺期之父绝不可能是从事商贾职业。否则，沈佺期是不可能参加科举考试进入官场的。这表明，我们的一些研究者在研究中不重视考察当时的法律制度规定，以致造成失误。

同时，我们也不能完全以今天的山川地理、交通路线去认识和理解唐代人们的交通出行路线选择。尤其是官员所惯常行走的路线，更是因为有法律制度的"程限"要求，不是想如何走就如何走，想走就走、想歇就歇的。而且唐代交通路线也与今天的四通八达大有区别，道路上的安全状况、舒适状况也远非今日可比。所以，那时人们出行多走水路，这种选择既有安全的考虑，也有舒适的追求，还有程限的约束。认识这些，我们也就可以更加清晰地理解沈佺期以及大批唐代官宦或流放岭南，或到岭南做官的道路选择和行程安排了。因此，笔者比较重视对于史书、当时的法律制度、方志、墓志铭、历史地图的综合考察。

本书分为四卷：第一卷是"沈佺期家世家庭考"；第二卷是"沈佺期仕历考"；第三卷是"沈佺期'考功受赇'考"；第四卷是"沈佺期流放驩州考"。为便于翻检，各卷之下，均作本卷提要，将每卷中的考证内容提要钩玄，以使读者能够对各章节的内容有大致的了解。各卷考证内容相对集中，既为研究者提供便利，也使本书编排有章可循，眉目清晰。本书后附录"开元八年前东宫职官任职情况一览表""主要参考征引书目"，以便参考。本书文中之引文与注释所列出处，皆出于参考征引书目所列版本，特予说明。

笔者才疏学浅，又是半路出家，跨界发声，不敢自是，唯有以卑谦之心，乞盼学界批评指正。

本书中的部分内容，在编辑出版之前，已由《文化育人》《深圳职业技术学院学报》《广东省社会主义学院学报》《岭南文史》等刊发过，此次编辑，改为专著形式。借此机会，谨向这些刊物和出版本书的社会科学文献出版社表示衷心感谢，向深圳社会科学院、深圳市社科联领导和工作人员表示感谢！

2021 年 1 月 5 日于深圳南山西丽湖畔

第一卷　沈佺期家世家庭考

本卷提要

本卷包含"唐诗人沈佺期郡望、籍贯和墓地新证""沈佺期父祖仕宦履历考""沈佺期兄弟事迹考析""沈佺期妻子子女情况考析"四个专题。与沈佺期相关的郡望、籍贯、墓地，其父祖仕宦履历，其兄弟和家庭情况，此前未曾有人深入地研究过。对于沈佺期这样对于我国诗歌发展做出过重要贡献的大家来说，这不能不说是一个遗憾。

近年来，沈佺期弟沈全交墓志、其子沈子昌墓志的出土和20世纪70年代湖北英山县发现沈佺期家族墓葬，为沈佺期家世研究提供了新的材料，也产生了一些新的问题。本卷中四篇考据文章，就是依据以上材料，结合沈佺期诗歌作品所透露出来的关于家庭、家世的信息和地方志中的记录，唐代前期的相关科举制度，做出考证和推测，试图探幽发微，在沈佺期研究上得出新的结论。

1. 唐诗人沈佺期郡望、籍贯和墓地新证。关于沈佺期的郡望、籍贯问题，历来争议尚少。但其弟沈全交墓志和其子沈子昌墓志的出土引发了一些争议。本节根据出土墓志的材料，结合史志和相关地方志的记载以及今人的研究情况，作了辨析，认为沈佺期的准确郡望应为吴兴武康，沈佺期籍贯为内黄，其真正的墓地可能在偃师首阳山南。

2. 沈佺期父祖仕宦履历考。本节在此前已有的有关沈佺期父祖的史料基础上，结合新出土的沈全交墓志和沈子昌墓志、隋朝和唐朝前期官制规定，对于沈佺期父祖三代的仕宦经历做了研究，也得出一些新的结论。

3. 沈佺期兄弟事迹考析。本节根据沈佺期诗作和新出土的《唐京兆府泾阳县尉沈府君墓志铭并序》，结合唐代的相关法律、制度规定，对沈佺期之弟沈全交、沈全宇的情况做了考证辨析，又推论出沈佺期妻子和最小的孩子沈唯清可能由沈全宇带到兰溪（今湖北英山）定居。

4. 沈佺期妻子子女情况考析。本节根据前人研究情况、出土的沈子昌墓志及《英山县志》等记载，结合唐代官制规定，考虑沈佺期入狱及流放驩州诗文透露的信息，考证出沈佺期三子一女和妻、妾的大致情况，并对其长子沈子昌的仕历和性格进行分析，对次子沈东美等的生年、入仕、仕历情况做出考证推测，明确了沈东美与王昌龄、苑咸、杜甫、綦毋潜等人的关系，并对沈东美天宝十三年后官职快速升迁提出怀疑，得出新的结论。对于湖北《英山县志》记载的沈佺期家族墓地进行了研究，提出了新的看法。

一 唐诗人沈佺期郡望、籍贯和墓地新证

关于沈佺期的郡望、籍贯、家世情况，长期以来，仅有新旧唐书以及苏颋所撰《授沈佺期太子少詹事等制》的有限记载，而其详细情况，后人无从知晓。这实在是治唐文学史者的一大遗憾。近年来，各地出土了沈佺期之弟沈全交、其子沈子昌的墓志以及发现了沈佺期墓，为推进沈佺期研究提供了条件。

（一）关于沈佺期郡望、籍贯的现有说法简述

新旧唐书均说沈佺期是相州内黄人。《旧唐书》记："沈佺期，相州内黄也。"[1]《新唐书》记"沈佺期，字云卿，相州内黄人。"[2] 陶敏、易淑

---

[1]《旧唐书》卷一百九十中，上海古籍出版社、上海书店《二十五史》影印本第五册，1986年12月第1版，第4079页。

[2]《新唐书》卷二百二"文艺"中，上海古籍出版社、上海书店《二十五史》缩印本第六册，1986年12月第1版，第4740页。

琼《沈佺期宋之问集校注》附"沈佺期宋之问简谱"说:"相州内黄人,郡望吴兴。"陶先生等根据《元和姓纂》卷七邺郡内黄沈氏所记:"状云本吴兴人。"也就是说,沈佺期的郡望是吴兴。苏颋所撰《授沈佺期太子少詹事等制》称沈佺期为"吴兴县开国男"①,也是指沈佺期郡望为吴兴。对此以前学界的看法也较为一致,无人质疑。

至于沈佺期的故乡,或曰籍贯,连波、查洪德《沈佺期诗集校注》"前言"谓"沈佺期,字云卿,唐相州内黄人""沈佺期故里在今河南省内黄县西沈村"②。

陶敏、易淑琼《沈佺期宋之问集校注》附"沈佺期宋之问简谱":"沈佺期,字云卿,相州内黄人,郡望吴兴。"③ 马积高、黄钧主编的《中国古代文学史》也说沈佺期为"相州内黄人"。④ 谭优学的《沈佺期行年考》则未及之。此前学界看法一致,从无异议。但是 20 世纪 90 年代以来,沈佺期之子沈子昌墓志出土后,学人则对于沈佺期的故乡籍贯产生了一些不同看法。以上诸位先辈的著作多出版于 20 世纪八九十年代(陶敏、易淑琼《沈佺期宋之问集校注》出版于 2001 年 11 月),当时沈佺期子沈子昌墓志或未出土,或虽出土但并未公布,一些不同看法亦未浮现,因而陶敏先生等未对沈佺期郡望、籍贯问题的不同看法提出意见,是很自然的事情。

笔者以下结合沈佺期的一些诗歌和近年来出土的墓志及研究情况和新发现的资料,对沈佺期的郡望等做一番梳理。

(二) 沈佺期郡望辨析

陶敏等指出:"两《唐书》本传并云佺期相州内黄人。敦煌遗书斯二七一七《珠英学士集》残卷称'吴兴沈佺期'。按《元和姓纂》卷七邺郡内黄沈氏:'状云本吴兴人……佺期,中书舍人、太子詹事。'《全唐文》卷九二三史崇《妙门由起序》称'吴兴县开国男臣沈佺期'。盖吴兴为其郡

---

① 李希泌主编《唐大诏令集补编》上册,上海古籍出版社 2003 年 12 月第 1 版,第 471 页。
② 连波、查洪德:《沈佺期诗集校注》,中州古籍出版社 1991 年 1 月第 1 版,第 1 页。
③ 陶敏、易淑琼:《沈佺期宋之问集校注》,中华书局 2001 年 11 月版,第 776 页。
④ 陶敏、易淑琼:《沈佺期宋之问集校注》,第 776 页。

望。"① 唐苏颋《授沈佺期太子少詹事等制》："黄门：正议大夫、太府少卿、昭文馆学士、上柱国、吴兴县开国男沈佺期，才标颖拔，思诣精微，早升多士之行，独擅词人之律。……佺期可太子少詹事，余如故。'"② 唐朝给官员授以勋衔，都是授其郡望之地的名衔。也就是说沈佺期的郡望是吴兴。而且，沈佺期郡望为吴兴，也是当时人的一致说法。如武周长安元年（701）十一月十二日《三教珠英》修成，崔融编珠英学士四十七人诗二百七十六首，为《珠英学士集》，其中就有沈佺期的诗。今《敦煌遗书》p3771、s2717 即为《珠英学士集》残卷，其中 s 卷中存有沈佺期诗，称"通事舍人吴兴沈佺期"。可见，当时参与编辑《三教珠英》的人员也均认为沈佺期郡望是吴兴。陶敏先生所言沈佺期郡望为吴兴，言之有据，本应该没有问题，但是近年来，洛阳附近出土的由洛阳县尉张寰所撰《唐京兆府泾阳县尉沈府君墓志铭并序》谓："公讳全交，密。其先吴兴武康人也。"墓志出土后引起研究者的注意。赵振华、王倩文在《洛阳师范学院学报》上发表《沈佺期之弟沈全交墓志的文学史价值》一文，其中谈到沈佺期兄弟的郡望时说，唐代人出生做官和居住埋葬地，都可以作为他本人或后裔的郡望祖籍，这是人们的习惯依据。并举姚懿、姚崇父子郡望吴兴，而《旧唐书》"姚崇传"径叙其为"陕州硖石人"的例子来做旁证。③ 所言有理，可以信从。

这里还有一个问题，即是沈全交墓志说"其先吴兴武康人也"，苏颋所写的《授沈佺期太子少詹事等制》却称沈佺期为"吴兴县开国男"，可以明显看出，苏颋撰写这个制书时还是沿袭了之前授予沈佺期吴兴县开国男时所确定的沈佺期郡望为吴兴县。而《元和姓纂》也说沈佺期"状云本吴兴人"，这里所说的"状"，应该是指沈佺期参与科举考试时自己提交的郡望、占籍、家世情况。这里有一个明显的矛盾。沈佺期兄弟的郡望究竟是武康县还是吴兴县？虽然武康县和吴兴县均属于吴兴郡，但是不同县作为兄弟

---

① 陶敏、易淑琼：《沈佺期宋之问集校注》，第 776 页。
② 李希泌主编《唐大诏令集补编》上册，第 471 页。
③ 赵振华、王倩文：《沈佺期之弟沈全交墓志的文学史价值》，《洛阳师范学院学报》29 卷第 6 期，第 27-29 页。该文也全文录下了沈全交墓志。网络上有沈全交墓志拓片照片，可参。

二人的郡望，还是易产生误解。关于这一问题，实际上明人董斯张《吴兴备志》卷一就提出来了。"苏颋行沈佺期少詹士制云：上柱国吴兴县开国男"，董斯张考证说，"吴兴郡则属我湖，若吴兴县，自在建安。沈佺期之封吴兴县男者，以吴兴为沈之氏望耳。亦见当时锡封者之失考也。"①

查明嘉靖《武康县志》卷一"邑纪"：武康之境域，古为防风氏之国，秦属会稽郡，"汉献帝初平间吴析乌程余不乡与余杭二境置永安县。吴王（孙）皓宝鼎元年置吴兴郡，永安始隶吴兴。晋武帝太康元年平吴，改永安为永康，寻改武康"。"唐高祖武德元年李子通兵破沈法兴，据湖州和州，总管杜伏威遣将讨平之，复湖州，武康自为武州。七年改武州为县，隶湖州。高宗麟德三年析武康东乡置武源县"，武康县仍存。可见，董斯张所谓"建安"，即是指的武康县。也就是说，董斯张作为吴兴人，知道沈佺期的准确郡望是武康县。查各种版本的《武康县志》以及今日的《德清县志》，均对沈佺期不著一字。可见沈佺期一族，离开武康实际上已经非常久远，因而地方志书均不予记载。由此可以确定，沈佺期家族更为精确的郡望，如以县来说，确实应为武康；如以郡为言，也是可以称为吴兴的。这可能就是史书和墓志记沈佺期、沈全交兄弟郡望有异的原因。

同时，以武康为沈佺期兄弟的郡望，可能还寄予着对于祖辈荣耀的向往。有一句话说"天下沈氏出吴兴"，可见沈氏是吴兴郡尤其是武康的巨族。翻开《武康县志》或《吴兴备志》，所记载的沈氏名人可谓代不绝书，而且这些人物出将入相，声震朝野，地位显赫。如著名的政治家、文学家沈约就是一位在中国诗歌史上影响深远的人物。沈佺期等人对于近体律诗形所做的贡献，就可以追溯到沈约的四声八病之说上去。似乎可以说，沈氏诗歌文化的基因真是源远流长啊！

（三）沈佺期的籍贯新证

沈佺期的故里、籍贯，史料均记为"内黄人"。本来没有疑问，但随着沈子昌墓志的出土，一些研究者提出了新的问题，即认为沈佺期的故乡应

---

① 南林刘氏嘉业堂刊《吴兴备志》卷一"封爵征第三"。

该是洛阳的偃师县。因为沈子昌归葬于偃师之首阳山南,其墓志的铭文中有"自他乡兮归故乡"的话,既然偃师被墓志作者认为是沈子昌的故乡,那作为沈子昌的父亲,沈佺期的故乡也应该是偃师。此说为洛阳当地研究者高度认同,在学界产生较大影响。[①]

查明嘉靖《内黄县志》卷之六"人物":"沈佺期,字云卿,邑之名族。举进士,累除给事中,为起居郎兼修文馆直学士。弟全交、全宁皆有文学而不逮佺期。期与宋之问齐名,时人谓之沈宋,见文学志。"同卷"文学"中记"沈佺期,累官起居郎兼修文馆学士,有文集五卷,诗一卷行于世"。其卷之七"选举"中"进士,唐沈佺期,修文馆学士,历升太子詹事"。

明嘉靖《内黄县志》既说沈佺期家族是"邑之名族",复于该志卷之一地理中记内黄县有"沈村",这个沈村,应该就是沈佺期家族的居住地。查清乾隆《内黄县志》卷之二载:"小沈村:沈佺期故里。以上南流河地方,系在县代管。"该志又记:"唐沈云卿故里在沈村。学士沈涵立碑表之。"也注明是"增补"。这里所谓增补,指的是在前人所修的《内黄县志》基础上增补。该志还在卷之十一"选举"中,列出唐进士沈佺期之名,并简要叙其官职。还说明该志人物传中"有传"。乾隆《内黄县志》还录有沈佺期《蝴蝶赋》《入卫作》《奉和晦日幸昆明池》三首诗赋。

乾隆《内黄县志》卷首十二景图,题图文曰:"邑西沈村,为唐沈詹事云卿故里。詹事诗名噪于盛唐。其两弟亦皆有文学,谓非灵秀钟于一门乎?环村文峰罗列,亭亭竦峙,亦邑之胜迹,不宜缺遗者也。绘沈里文峰第十一。"该志卷首十二景图绘,均为时人马锦所绘;每图又有当时县令李涢所题的说明性文字。唯前十一幅图的题图文字,落款皆有李涢图章,只第十二幅"草堂修竹"既有李涢图章"李涢之印",也有其亲笔隶书落款。由这个亲笔落款可以推知,前十幅的题图文字均为李涢亲笔。该志卷一"村庄"记,内黄县有大小二沈村:"南流河地方"有"小沈村","羊村地方"有

[①] 赵君平:《洛阳新获唐志二题》,《书法丛刊》2010 年第 3 期;《邙洛碑志三百种》,中华书局 2004 年版;胡可先:《出土文献与唐代文学史新视野》,《文学遗产》2005 年第 1 期;"沈子昌墓志",见赵文成、赵君平《新出唐墓志百种》,西泠印社 2010 年 11 月第 1 版,第 214 页。

"大沈村"。又清光绪十六年《内黄县志》卷十四"文学"列传中,虽然没有标明沈佺期系何乡人士,但是卷首的"十二景图"之一"沈里文峰"的注释云:"邑西沈村,为唐沈詹事云卿故里。"光绪《内黄县志》明显是从乾隆《内黄县志》中抄下来的,也并未增加新的内容。

查1993年新修《内黄县志》则记:"沈佺期(656—719),字云卿,内黄县张龙乡沈村人。"现内黄张龙乡有东西两沈村。"东沈村"即"小沈村","西沈村"即"大沈村"。2007年新修《内黄县志》则明确指出:"张龙乡东、西沈村沈姓已绝,唐代著名诗人沈佺期为该村人。"① 乾隆《内黄县志》还记该县收存沈佺期诗版一副,即是明万历年间张延登任内黄县令时,为了激扬当地文气,收集刻印当地名人沈佺期诗赋所遗。

又查乾隆《内黄县志》卷之九"文章"中,存有《新建名宦乡贤申文一通》。该文是内黄县附生马舜民等呈报当时县令,又由县令转呈上司请求批准建乡贤名宦祠的文件,向来未引起研究者注意。马舜民等在呈文中请求为该县"乡贤蘧伯玉、沈佺期,名宦倪宽、宋安"等立乡贤祠祭祀。而县令向上司申报时则只提乡贤蘧伯玉、傅尧俞而不及沈佺期,大约是因为沈佺期有依附二张那段历史的缘故吧。内黄各志乡贤中似均无祭祀沈佺期之说。这次呈文是否得到批准、乡贤祠是否建成,不得而知,但却可以作为当地士人均确认沈佺期为内黄县本地人的证据,也是沈佺期为内黄人的确证。此外,各本内黄县志均有沈佺期两位弟弟沈全交、沈全宁的记载,乾隆版的《内黄县志》则写为"沈佺交、沈佺宁",但列入隐逸,记其二弟为佺交,与《旧唐书》的"全"字不合(其三弟佺宁,《新唐书》记为"全宇"),不知何故。写全为"佺"则与《元和姓纂》合,也许是按照沈佺期的"佺"为字辈吧。

由这些史料可见,新旧唐书所载相州内黄县确是沈氏家族的聚居地、故里无疑,因而也应该是沈佺期的籍贯。但是1997年出土的沈佺期长子沈子昌墓志则云沈子昌"以天宝七载七月十日遘疾,终于南阳郡顺阳川之客,以天宝十三载十一月十八日迁厝于东京偃师县首阳山南,从袝大茔"。关键

---

① 参考杨彦明《大唐诗人沈佺期后裔寻踪》,《决策论坛》2014年第2期,第44页;《安阳史话》2014年第1期,第45页。

是以下的铭文"自他乡兮还故乡,迁顺阳兮祔首阳",则说沈子昌死后自顺阳迁葬偃师之首阳山南是"还故乡",引发关注。研究者据此认为,既然沈子昌的故乡为偃师,则沈佺期的故乡也应该是偃师。关于这一问题,赵振华、王倩文在《洛阳师范学院学报》上撰《沈佺期之弟沈全交墓志的文学史价值》一文[1]已经作了令人信服的研究。该文认为:"一般说来唐代首阳山是沈子昌家族墓地所在而并不能径言其即首阳山所在的偃师县人。"因为沈子昌墓志所记的"故乡"应该是指武则天时期的神都洛阳。武则天以洛阳为神都,并长期居于神都洛阳,百官也必然定居洛阳城中,沈佺期也必然如此。赵振华等文章认为"沈子昌应当出生居住于洛阳,后来仕宦于外。首阳山是唐代洛阳城市居民卒葬的风水宝地之一,沈子昌亡故于外而终葬首阳山茔域,是当时社会家族聚集而葬的风俗使然,儿子归窆于父亲的墓穴旁边。由于沈佺期做官居住于洛阳城,那么其子以洛阳为故乡,也是唐人习俗"[2]。赵振华等先生认为沈佺期故乡为内黄的说法不能轻易动摇是有道理的,可以参考。

(四) 沈佺期的墓地考析

对于沈佺期的墓地在何处的问题,以前少有人研究,也无人注意。但随着沈子昌墓志的出土,这个问题被提出来了。赵振华等人的文章理清了沈佺期的故里问题,但又引发了另一个问题,即沈佺期之子沈子昌的墓在首阳山南,那么沈佺期的墓也在那里吗?按照赵先生等人的说法,沈子昌作为儿子"归窆于父亲的墓穴旁边",指的自然是沈子昌是葬在沈佺期墓旁边的了。

但是,乾隆《内黄县志》卷之四说:"唐沈佺期墓在邑西十五里沈村。国朝进士沈涵与翰林沈宗敬封土为冢祭焉。题曰:'唐沈云卿之墓'。"并特地注曰:"增补"。这里说"增补",当是相对于此前的嘉靖《内黄县志》和万历《内黄县志》而言。换言之,为沈佺期封土立墓,是清康熙年间的事,乾隆《内黄县志》在前志基础上编修,故云"增补"。

---

[1] 赵振华、王倩文:《沈佺期之弟沈全交墓志的文学史价值》,第 27 – 29 页。
[2] 赵振华、王倩文:《沈佺期之弟沈全交墓志的文学史价值》,第 27 – 29 页。

查沈涵（1651－1719），字度汪，号心斋，晚年更号象余居士，归安（今湖州）人。清康熙十五年（1676）进士，授任编修，充任会试同考官。曾任东宫讲官、右庶子、少詹事、内阁学士，兼礼部侍郎、会试副总裁、湖广乡试正主考。康熙四十一年（1702）任福建学政，任官以公正廉明著称。有《赐砚斋诗存》及《左传注疏纂钞》《读史随笔》等多种著述，为清代名臣。沈宗敬（1669－1735），字南季，又字恪庭，号狮峰。江南华亭（今上海松江）人。沈荃之子。康熙二十七年戊辰（1688）进士，特授编修，官至太仆寺卿，提督四译馆。既是官员，又是著名的画家。工诗，其山水画师倪、黄兼巨然法，笔力雄健，名重士林。著有《双杏草堂诗稿》。生平事迹见《松江府志》卷五七。

由此可见，沈涵、沈宗敬均非内黄县人士，也未有记载说他们是沈佺期家族后裔，他们何以为沈佺期立墓、立碑？这个问题目前尚无明确答案。但沈氏均出于吴兴，沈佺期郡望亦是吴兴武康，也可言其郡望为吴兴。沈涵、沈宗敬也出于吴兴自不待言，或许沈氏家谱中，他们和沈佺期就有亲缘关系也未可知。书此备考。即使沈涵和沈宗敬并非沈佺期家族后人，他们为沈佺期立墓、立碑，是出于对沈氏先辈的敬仰，也可以理解的。何况沈佺期对于唐代近体诗的贡献，上承沈约，下启盛唐，史有明载，沈氏后辈为其封冢以祭，也是分内之事。

认真研究乾隆《内黄县志》这个表述，可以体会出编著者的真正意思，即是沈涵、沈宗敬立沈佺期墓的目的是"敬祭"；他们也并非在沈佺期原来的墓冢上加建，而是在沈佺期故里的沈庄"封土为冢"，由此可以推测，在内黄县的沈庄，原来并无沈佺期的墓地。也就是说，沈涵、沈宗敬所立沈佺期墓冢，并不是沈佺期真正的墓址，也仅是一座寄托后代追思的标识和衣冠冢。看来，乾隆《内黄县志》的修著者态度是很严谨的。

从现在发现的材料来看，沈佺期墓还有一处，在今湖北的英山县。查乾隆《英山县志》卷之九"古迹·塚墓"：唐学士沈佺期墓在"县北四十里黄连冲，昔有祀田十亩，明末废"。民国《英山县志》卷二"陵墓"也记：唐学士沈佺期墓在"县北四十里株林，昔有祀田，今废"。民国《英山县志》卷二"坊表"记："学士坊：为唐沈佺期立，在黄连冲。有联云：庐州管辖三千里，英麓排来第一家。久废。"当是据古县志而来。

此外，查光绪《安徽通志》也记"沈佺期墓在英山县城北四十里"。由此观之，沈佺期墓是否在偃师也就成了问题。

英山地当南北之交，鄂豫皖三省交界处。北界河南商城，东北接金寨、霍山，西界湖北罗田，西南为湖北浠水，南为湖北蕲春。英山现属于湖北黄冈市。英山之为县，始于宋咸淳三年（1267）。英山县域上古属禹贡扬州之域；《史记》"夏本纪"记为皋陶封地；春秋属楚，汉属荆州江夏郡；三国属吴，隶蕲春郡；南北朝宋置郢州，后州名屡有改易。隋为蕲春郡，唐武德四年（621）蕲春郡复为蕲州，属淮南道。一直到宋咸淳三年才分罗田东直河乡立县，称为英山。① 此后州属仍有变易，但英山长期属于六安州则未变。英山属于湖北所辖，实际上也只是不到百年时间。这也就是《安徽通志》记载英山史事和"庐州管辖三千里，英麓排来第一家"的由来。由此记载，可见沈佺期之墓，可能在今湖北之英山县，葬于黄林冲（原名黄连冲）株林山（现名龙形山）。

据相关材料，英山黄林冲的沈佺期墓于1973年开田改地时被毁，墓中出土的一方砚台被华中大学郑在嬴先生收藏。而且按照《沈氏族谱》记载，沈佺期夫人姓韩，亦有墓在现在的石头咀镇徐套村扑地金钟山侧，现在沈氏族人对于沈佺期夫妇墓均修葺一新，清明、重阳祭祀不断。还有就是沈佺期之子沈魁多之墓也在今英山县孔家坊乡难作堰村修舟畈蛇行嘴，但也毁于20世纪70年代。但是，据考证认为，英山县沈佺期此墓极可能是衣冠冢，大约是居住于英山的沈佺期后人凭此寄托慎终追远的情思吧！由此可以认定，在湖北英山县发现沈佺期墓及其家人墓一事，并不能否定真正的沈佺期墓在河南偃师县首阳山沈氏家族大茔的推测。②

综上所考，沈佺期郡望当为浙江吴兴武康县（现为浙江省湖州市德清县武康镇）；但称吴兴亦可，属于以吴兴郡为郡望，亦是当时习俗。故里和籍贯均为今河南内黄县的结论尚不能动摇；沈氏家族墓地可能真在今河南偃师县首阳山南。乾隆《内黄县志》所载河南内黄县沈庄由沈涵和沈宗敬

---

① 民国《英山县志》卷一"地理志·沿革"。
② 参考杨彦明《大唐诗人沈佺期后裔寻踪》，第45页；《安阳史话》2014年1期，第47页。

封土为冢的沈佺期墓，可能是一座衣冠冢。而湖北英山县志所记沈佺期墓应该也只是一座衣冠冢。至于在湖北英山县何以出现沈佺期的衣冠冢，容当另文研究。

二 沈佺期父祖仕宦履历考

（一）沈佺期父祖研究的现状及新发现的相关材料

关于沈佺期的家世，两唐书均失载。谭优学先生在《沈佺期行年考》中说：沈佺期"先世不详"。① 连波、查洪德《沈佺期诗集校注》前言也说："他的家庭、父辈及祖上的情况，已无法考知。但是就他弟兄三人皆中进士看，他家的经济条件和文化环境应是不错的。他的两个弟弟全交全宁都一生未仕，全交还因写诗骂'糊心存抚使，眯目圣神皇'（圣神皇指武则天，当时称圣母神皇）被抓起来。"② 陶敏、易淑琼《沈佺期宋之问集校注》附"沈佺期宋之问简谱"说："沈佺期，字云卿。相州内黄人，郡望吴兴。祖官下邳令，名未详。父怪。弟佺交、佺宇。子之象、东美。"③ 陶先生等还引《元和姓纂》云："《元和姓纂》卷七邺郡内黄沈氏：'唐下邳令，生真、怪。怪生佺期、佺交、宇宣。佺期，中书舍人，太子詹事，生之象、东美、唯清。东美，给事中，夏州都督。佺交，濮阳尉。'四库馆臣原校：'按，下邳令失名，''怪'字亦疑。"可见，四库全书的编辑者也怀疑沈佺期的父亲名有误。谭优学先生的著作出版于 20 世纪 80 年代；连波、查洪德《沈佺期诗集校注》出版于 1991 年；陶敏、易淑琼《沈佺期宋之问集校注》出版于 2001 年 11 月，当时沈佺期弟沈全交墓志尚未出土，其子沈子昌墓志虽出土但并未公布，谭优学先生，连波、查洪德先生，陶敏先生等未及见到，资料不足，深入探索的条件不具备，因而未能对沈佺期父祖的情况做出说明，是完全可以理解的。在没有可靠证据的情况下，也只有存疑。笔

---

① 谭优学：《唐诗人行年考续编》，巴蜀书社 1987 年 8 月第 1 版，第 38 页。
② 连波、查洪德：《沈佺期诗集校注》，第 1—2 页。
③ 《沈佺期宋之问集校注》，第 776 页。

者则将结合近年来出土的墓志及研究情况，对沈佺期父祖情况做一个全面的考索。

（二）对沈佺期家族上三代人生年的推测

关于沈佺期父祖的情况，随着沈全交墓志的出土，已经得到圆满解决。赵振华、王倩文《沈佺期之弟沈全交墓志的文学史价值》一文中也做了详细解读。但有些问题还需要深入研究。

沈全交墓志记：沈全交"曾祖纂，隋秘书正字。祖德，皇朝潞州长子县令。父贞松，皇朝泗州下邳县令"。①

根据墓志，参考已经掌握的材料和沈佺期相关诗中所透露出的信息，我们可以列出沈佺期曾祖至其父仕历的大致情况。

从沈全交墓志中，我们知道了沈佺期家族三代人的入仕情况，也对四库馆臣和陶敏等人就沈佺期祖父"生真、怪"的怀疑得到了权威解答。其实，"真、怪"就是"贞松"的误写。古人行文无标点，"真、怪"二字之间的标点是后人所加。沈佺期之曾祖沈纂侍于隋；祖父沈德、父亲沈贞松均仕于唐；加上沈佺期历仕高宗、则天、中宗、睿宗和玄宗五朝，一门四代，前三代虽然官职卑下、声望不高，亦可称仕宦不绝。

考隋朝自建立（581）至唐玄宗开元四年（716）沈佺期去世（依闻一多说）一共是 135 年，如果从隋开皇九年（589）灭陈统一全国算起至唐玄宗开元四年，一共 127 年。沈佺期家族四代的仕宦生涯就在这个历史时段内。

按照闻一多先生《唐诗大系》的说法，沈佺期约生于唐高宗显庆元年丙辰（656），卒于唐玄宗开元四年（716），享年 61 岁。闻一多先生所言沈佺期生年已为当今学者所信从。如谭优学《沈佺期行年考》即说："沈佺期生卒年不详。闻一多《唐诗大系》疑生于高宗显庆元年（656），卒于开元四年（716），别无他说。今姑从之以究其生平，尚无窒碍。"② 连波、查洪

---

① 赵振华等：《沈佺期之弟沈全交墓志的文学史价值》，第 27–29 页；该文也全文录下了"沈子昌墓志"。
② 《唐诗人行年考续编》，第 39 页。

德《沈佺期诗集校注》亦主显庆元年说。① 傅璇琮主编的《唐五代文学编年史》高宗显庆元年条说："沈宋均为上元二年进士，以其年年约20逆推，当生于本年。参傅璇琮《杨炯卢照邻年谱》。"② 陶敏等《沈佺期宋之问诗集校注》所附"沈佺期宋之问简谱"从其说。③ 郭豫衡主编《中国古代文学史长编隋唐五代卷》则称沈佺期生卒年为约656－714年。④ 马积高、黄钧主编的《中国古代文学史》⑤ 等多种文学史著作均定沈佺期的生年为656年，即显庆元年，与闻一多先生同。

现在我们亦以沈佺期约生于唐高宗显庆元年（656）来逆推其父、祖、曾祖的大致出生时间。隋朝建立时是581年，距656年75年。隋朝于开皇九年（589）灭陈平定江南，开皇十年（590），江南民不习隋朝法律，故陈境内叛乱频发。叛乱被平定后隋朝政府才能着手全国治理的相关制度建设。由此考虑，隋朝步入全国统治的正轨，应在开皇十年（590）之后。隋开皇十年（590）至唐高宗显庆元年（656）一共是66年。如果平均来算，则每代人的出生相隔22岁。由此可见，要考证沈佺期曾祖、祖、父亲的出生时间、任职情况，应该在这个时间范围中去考索。

人口是十分重要的生产力，是生产力中最为活跃的因素，是国家统治的基础。国家的财富依赖于人口的生产；国家的兵源源自人口的供给；国家的徭役贡赋需要人丁来承担。而人口的增长则以男女婚嫁为前提。在某种意义上说，男女婚龄往往决定了人口产生的数量，也即人丁供应能力的强弱。要维持一个地域辽阔的大国的有效统治，要维持一个庞大政权的有效运行，要应对外部各种势力的侵扰，保障国家安全，人口数量是一个带有战略性和决定性的因素。历朝历代统治者也总是把人口的增殖视为要务，鼓励民间生育就成为十分重要的政策选择。尤其是新王朝往往以天下大乱、

---

① 连波、查洪德：《沈佺期诗集校注》，第2页。
② 傅璇琮主编《唐五代文学编年史》，辽海出版社1998年12月第1版，第149页。
③ 陶敏、易淑琼：《沈佺期宋之问诗集校注》，中华书局2001年11月版，上册，第1页；下册，第780页。
④ 郭豫衡主编《中国古代文学史长编隋唐五代卷》，首都师范大学出版社2000年9月第2版，第97页。
⑤ 马积高、黄钧主编《中国古代文学史》中册，人民文学出版社2009年5月第1版，第34页。

战争暴力为前奏而诞生。天下初定之后，往往是人口稀少，百业凋零。人口增殖即成为新王朝的首要任务，以促进人口增殖为导向的政策也就自然落实到民间青年男女的婚姻年龄上来。

我国古代婚俗代有不同。孔子认为男子二十、女子十五即可婚嫁。吕思勉《中国社会史》引《本命解》："男子二十而冠，有为人父之端；女子十五许嫁，有适人之道。于此而往，则自婚矣。"① 唐代对于民间婚嫁时间的规定，也是如此。尤其是唐朝初建，天下大乱之后，人口凋敝，急需人口增殖。唐政府一再下诏，要求民间适时而婚、适时而嫁。唐太宗规定男二十、女十五婚嫁；到唐玄宗开元二十二年（734）还规定男十五、女十三为适婚年龄。这些规定，还作为对于刺史和县令的严格考核指标来推行。从实际执行情况来看，这一政策极有成效。笔者在《张九龄之父张弘愈生平事迹考》② 中有详细的考证。李斌成等《隋唐五代社会生活史》也有十分深入的研究，他们的统计表明，唐代男女婚嫁的时间大多在男 19～20 岁、女最多是 15 岁。李斌成等认为："唐朝在政局稳定，天下太平时，人们婚姻以时。"③ 唐朝建立后，百余年间，未有大的社会动荡，适时婚嫁是普遍的社会现象。

至于隋朝时的婚嫁年龄，大致同于唐代。但是李斌成等未有具体研究。《隋书》"食货志"则有关于男子成丁的规定。隋文帝"开皇三年正月""初令军人以二十一成丁"；隋炀帝"以二十二岁成丁"。④ 成丁就是成年，就要担负徭役之任，自然可以婚嫁了。因此，我们即可参照此规定，按照 22 岁成婚来推算沈佺期之曾祖的生年。

由此，在正常情况下，我们可以将出生于唐代的沈佺期父子两代人（以长子出生为时间坐标）的年龄差距定在 21 岁左右；将出生于隋代的沈佺期曾祖沈纂的成婚年龄定为 22 岁，首育儿女的年龄也随之提高一岁。原因是，男女成婚后，一般情况下，生育应在第二年。以此为依据，我们可

---

① 吕思勉：《中国社会史》，上海古籍出版社 2007 年 1 月第 1 版，第 213 页。
② 《张九龄之父张弘愈生平事迹考》，《深圳职业技术学院学报》2018 年第 4 期，第 15-21 页。
③ 李斌成等：《隋唐五代社会生活史》，中国社会科学出版社 1998 年 7 月第 1 版，第 183 页。
④ 长孙无忌、魏征等：《隋书》卷二十七，上海古籍出版社、上海书店《二十五史》本，第五册，1986 年 12 月第 1 版，第 3338-3339 页。

以对沈佺期家族在唐代的出生年代做出推测。沈佺期出生于唐高宗显庆元年，即656年，沈佺期是家中长子，按照唐代规定，一般情况之下，其父沈贞松年龄应在21岁左右，亦可应试登科。

在656年基础上上推21年，则为635年，即唐太宗贞观九年，此即应为沈佺期父沈贞松之生年，亦即贞松之父、沈佺期祖父沈德是年（635）为21岁左右。

由此上推21年，即为614年，该年为隋炀帝大业十年，也即约是沈佺期之祖父沈德之生年（614）。沈纂任隋秘书正字，也应在此时。

更由此上推22年，即592年，该年即为隋文帝开皇十二年。该年即约是沈佺期之曾祖父沈纂之生年。

以上所推算出来的沈佺期曾祖、祖父、父亲的生年，尚无扞格，可以参考。根据以上考证所得，可以更加深入探索沈佺期身世家族的仕历情况的大致依据。

（三）沈佺期曾祖沈纂生平仕历的臆测

沈佺期曾祖名纂，约生于隋开皇十二年（592），初仕任隋秘书正字，官阶为从九品下。《隋书》卷二七"百官志中"："秘书省，典司经籍。监、丞各一人；郎中四人；校书郎十二人；正字四人。"① 又《隋书》卷二八"百官志下"："秘省，监、丞各一人；郎四人；校书郎十二人；正字四人；录事二人。领著作、太史二曹。著作曹置郎二人；佐郎八人；校书郎、正字各二人。"② 同书卷二八，秘书省正字职级为"从第九品"，低于秘书省校书郎的"正九品一级"。但隋唐的校书郎和正字均为清望官，乃起家之良选。杜佑《通典》卷二六："秘书正字：后汉桓帝初置秘书监，掌图书古今文字，考合同异。其后监令掌图籍之纪，监述作之事。不复专文字之任矣。今之正字，盖令、监之遗职，校书之通制。历代无闻。齐集书省有正书。北齐秘书省有正字。隋置四人。大唐因之。掌刊正文字，其官资轻重与校书郎同。"说是与校书郎同，是指其任官资历、名望，均比之于校书郎。而

---

① 长孙无忌、魏征等：《隋书》卷二十七，第3347—3348页。
② 长孙无忌、魏征等：《隋书》卷二十七，第3350页。

各馆、局之校书郎"皆为美职，而秘书省为最"①。可见，尽管沈纂最后的官职是秘书正字，官位不高，因是起家初仕之职，任职时沈纂也应该是一位青年才俊，年龄不会太大。虽然秘书正字职位不高，但"确是起家之良选"，声望甚高，本来应该前途无限，只是不知何故，其官职仅止于此。或居官之时乃隋大业十年（614），居官之地应该是在洛阳。因为秘书正字属于秘书省，是隋的中央机构之一。隋炀帝大业元年（605）即位后即下令营建东都，大业二年（606）即迁居东都洛阳。应该注意的是大业九年（613）天下开始大乱，到大业十一年（615），隋炀帝避暑汾阳宫，北游雁门，被突厥围困，惊吓至极。其后数年则天下大乱，以至灭亡。在此背景下，沈纂可能任职不久，即弃官避居相州内黄。而隋灭入唐之后，他也未再登仕途也未可知。

沈纂入唐后事迹已不可考。各版《内黄县志》亦无任何关于他的蛛丝马迹。按内黄县县志最早编撰于明朝嘉靖年间。内黄一地历经唐、五代、宋、元、明五个朝代，历时800余年。其间还为金和元朝少数民族政权统治，又为战祸频仍之地，当地文物损毁，亦自不待言。可参见明嘉靖间王崇庆《新刻内黄县志》序。由此可知，历代《内黄县志》未见沈佺期家族更为翔实的材料，也是完全可以理解的。至于沈佺期的相关材料，则是因为有新旧唐书的记载和他本人的文集存在，以及当时相关人物的著作的保存，所以才出现在《内黄县志》上。

考杜佑《通典》卷十五"选举三历代制下"："大唐贡士之法，多循隋制。"② 卷十四："隋文帝开皇七年制，诸州岁贡三人，工商不得入仕。开皇十八年，又诏：'京官五品以上及总管、刺史，并以志行修谨、清平干济二科举人。'牛弘为吏部尚书，高构为侍郎，最为称职。当时之制，尚书举其大者，侍郎铨其小者，则六品以下官吏，咸吏部所掌。自是，海内一命以上之官，州郡无复辟署也。'""炀帝始建进士科。又制，百官不得计考增级，其功德行能有昭然者乃擢之。大业三年，始置吏部侍郎一人，分掌尚书职事。时武夫参选，多授文职。大业八年，诏曰：'顷自班朝治人，乃由

---

① 杜佑：《通典》卷十四，中华书局1988年12月第1版，第736页。
② 杜佑：《通典》卷十四，第353页。

勋叙，拔之行阵，起自勇夫，蠹政害人，寔由于此。自今以后，诸授勋官者，并不得因授文官职事。'"① 《隋书》"帝纪第四·炀帝下"：大业八年（612）"九月庚辰，上至东都。己丑诏曰：'军国异容，文武殊用。匡危拯难则霸德攸兴；化人成俗则王道斯贵。时方拨乱，屠贩可以登朝；世属隆平，经术然后升士。丰都爰肇，儒服无预于周行；建武之朝，功臣不参于吏职。自三方未一，四海交争，不遑文教，唯尚武功。设官分职，罕以才授。班朝治人，乃由勋叙。莫非拔足行阵，出自勇夫，敩学之道，既所不习；政事之方，故亦无取。是非暗于在己，威福专于下吏。贪冒货贿不知纪极。蠹政海民，实由于此。自今已后，诸授勋官者并不得回授文武职事。庶遵彼更张，取类于调瑟；求诸名制，不伤于美锦。若吏部辄拟用者，御史即宜纠弹'"。② 这就是隋代开科举之始。刘海峰、李兵《中国科举史》也说："从唐人的记载来看，进士科始于隋炀帝时最为可信。"③ 他们还对隋炀帝开设进士科的具体时间做了深入研究。隋炀帝不仅禁止给勋贵们授以吏职，而且从担任选官职能的吏部着手，规定如吏部拟授予勋臣吏职，御史必须弹奏。这对于遏制勋贵势力，改善治理绩效，有着重要的作用。同时，科举制度的建立，影响十分深远。

按前所考，沈纂约生于隋文帝开皇十二年（592），至隋炀帝始建科举制度的大业八年（612）相距20年。这个时期即是隋朝进士制度从酝酿到成熟的时期。这个阶段内，隋文帝和隋炀帝均曾多次选拔人才。尤其是隋炀帝期间，曾五次选拔人才。其中，隋炀帝大业元年七月的一通诏书也应该引起重视："君民建国，教学为先。移风易俗，必自兹始。而言绝义乖，多历年代进德修业，其道寖微。汉采坑焚之余，不绝如线；晋承板荡之运，扫地将尽。自时厥后，军国多虞，虽复黉宇时建，示同爱礼；函丈或陈，殆为虚器。遂使纡青拖紫，非以学优；制锦操刀，类多墙面。上陵下替，纲维靡立，雅缺道消，实由于此。朕纂承洪绪，思弘大训，将欲尊师重道，用阐其由；讲信修睦，敦奖名教。方今宇宙平一，文轨攸同，十步之内，

---

① 杜佑：《通典》卷十四，第342-343页。
② 《隋书》卷四"炀帝下"，第3260页。
③ 刘海峰、李兵：《中国科举史》，中国出版集团东方出版中心2004年6月第1版，第62页。

必有芳草；四海之中，岂无奇秀？诸在家及见入学者，若有笃志好古，耽悦典坟，学行优敏，堪膺时务，所在采访，具以名闻。即当随其器能，擢以不次。若研精经术，未愿进仕者，可依其艺业深浅，门荫高卑，虽未升朝，并量准给禄。庶夫恂恂善诱，不日成器。济济盈朝，何远之有！其国子等学，亦宜申明旧制，教习生徒。具为课试之法，以尽砥砺之道。"① 这道诏书可以视为隋炀帝登基后发出的尊师重道宣言，也是人才选拔制度改革宣言。当然，这里并未讲明是实行科举制度，但其意思还是很明白的。

隋朝科举的科名与唐代也并不完全相同。② 隋炀帝最后一次取士是大业八年（612），这时，沈佺期曾祖沈纂也正好 21 岁，他有极大可能就是隋炀帝朝科举制度的受益者。

按照赖瑞和《唐代基层文官》的研究，唐代担任正字一职，有九种途径。一是"门荫"；二是"制举；三是"中童子科或神童科入仕"；四是"以进士科入仕，最常见"；五是"以明经或两经入仕"；六是"在进士及第后再考制举"；七是"以博学宏词或书判拔萃科等吏部科目选入仕"；八是"以上封事得正字"；九是"以累迁累转得正字，即先任别的官（如主簿、县尉等）后，才来任正字"。③ 赖瑞和的研究比较琐细，概括起来其实就是三种途径。一是科举，二是门荫，三是上封事。沈纂任正字可以直接排除的路径，一是"门荫"。隋朝时期，入《隋书》"列传"的唯沈光一人。沈光字总持，吴兴人。其父沈君道仕陈，为吏部侍郎。陈灭后家于长安。实际上也就是陈灭后被强制移民到长安居住，其身份应该是先朝俘虏。后为隋皇太子杨勇所引，任学士，后为汉王杨谅府掾。杨谅败后被除名，丢掉了官职后生活极为艰难。而其子沈光，则"少骁捷，善戏马，为天下之最。略综书纪，微有词藻，常慕立功名。不拘小节。家甚贫窭。父兄并以佣书为事。"后沈光偶然被隋炀帝发现，从其征高丽，因功为隋炀帝所喜爱，屡得提拔。后死于隋炀帝江都之难。时年 28 岁。④

---

① 《隋书》卷三"炀帝上"，第 3258 页。
② 刘海峰、李兵：《中国科举史》，第 62-69 页。
③ 赖瑞和：《唐代基层文官》，中华书局 2005 年 8 月第 1 版，第 79-83 页。
④ 《隋书》卷六十四，第 3429 页。

我们不知道沈佺期及其曾祖沈纂是否和沈君道、沈光有亲连关系。但沈纂家族极可能是陈灭后来到长安，则可以肯定。然而，即使沈纂和这个沈君道、沈光家族有关联，要接受他们的门荫是不可能的。如果和沈君道、沈光无关联，则沈纂家族在隋代亦非名门望族，更无门荫基本条件了。

再有由童子科或神童科任正字也无可能。该科中举者一直被视为奇事、异事，一般都会留下痕迹，但无论在隋朝、唐初，均无人言及。更重要者，是其年龄与其子沈德不符。因而也可以排除。至于以制举（博学宏词科和书判拔萃科等也属制举）或者进士及第后再考制举、明经、上封事、累转入仕，也无可能，因为隋炀帝时无此制度设计。因此，沈纂极有可能还是由进士或秀才科入仕任秘书正字的。

（四）沈佺期祖沈德的仕历的推测

沈佺期之祖父：沈德，约生于隋炀帝大业十年（614）"皇朝潞州长子县令"。这里说的皇朝，就是指唐朝。沈德的入仕年龄，一般应该在20岁以后一段时间。与这个年龄对应的是唐高祖武德八年（625）、九年（626）或唐太宗贞观元年（627）、二年（628）。按照《新唐书》卷四十五"选举志"下所记："初，武德中，天下兵革新定，士不求禄，官不充员。有司移符州县，课人赴调远方，或赐衣续食，犹辞不行。至则授用，无所黜退。不数年，求者寖多，亦颇加简汰。"[①] 据此可知，在武德年间，唐朝治理缺官少员，不得不采取特殊政策，要求各州府举荐合适人员入仕，这种举荐，是带有相当的强制性质的。沈德有很大可能就是在这个特殊时期入仕的，而且授职也可能高于高宗后期科举制度完善后规定的进士初任为从九品下的职务。

沈德的仕历无考，据沈全交墓志，仅知沈德终官于唐潞州长子县。按：唐时潞州属于河东道。查《旧唐书》"地理二"："潞州大都督府：隋上党郡。武德元年，改为潞州。领上党、长子、屯留、潞城四县。"[②] 再查《新唐书》卷三十九"地理三·潞州上党郡"：潞州所辖十县中，"上党（望）……长子

---

① 《新唐书》卷四十五，第4256页。
② 《旧唐书》卷三十九，第3662页。

(紧)",其余壶关、屯留、潞城、襄垣、黎城、铜鞮为上县,涉县、武乡为中县。按照《唐六典》卷三十"诸州上县":"令一人,从六品上。"长子县属于"紧县"。王溥《唐会要》卷七十"量户口定州县等第例":"武德令,户五千已上为上县。二千户已上为中县。一千户已上为中下县。""其赤、畿、望、紧等县,不限户数,并为上县。去京五百里内,并缘边州县,户五千已上亦为上县,二千已上为中县,一千已上为下县。"①《通典》"职官十五":"大唐县有赤、畿、望、紧、上、中、下七等之差。"其中,赤县"三府共有六县",畿县"八十二",望县"七十八",紧县"百一十一",上县"四百四十六",中县"二百九十六",下县"五百五十四",并解释说:"京都所治为赤县,京之旁邑为畿县。其余则以户口多少、资地美恶为差。"② 由此可见,户口在三千户以上的紧县县令品级同于上县。上县令的品级为从六品上。由此可以确定,沈佺期之祖父沈德任官品级为从六品上阶。

尽管唐初官制尚不完善,但即使按照隋朝官制,也不可能一任官即为从六品上阶。在此之前,沈德也必然在低于从六品的职位上任职。或者从起家为从九品的县尉、主簿之类官职干起,再经县丞、下县令、中县令、上县令一步步干到从六品的长子县令,也有可能。可知沈德也是一直在官场宦海中沉浮,但时运不济,未能升到更高官职。但是应该注意的是,沈德所任的潞州长子县令,地属唐朝统治核心地带,临近唐朝发祥之地、唐朝的北都,在这里任官,也不能说是未受重视。

还应该注意的是,在唐朝,人们重视京官,在京城任职被认为是美差,许多人并不愿意任地方刺史或者县令。那是因为京官声望高,容易引起朝中大员以至皇帝的注意,因而升迁的机会要多得多。但地方令长的收入待遇却又比同级的京官高得多。根据梁瑞《唐代流贬官研究》的统计,同级任外官者的月俸,皆高于京官;尤其是从六品的上县正员县令的月俸,竟然比同级京官的员外郎高出将近四倍,甚至比从三品的京官御史大夫还要

---

① 王溥:《唐会要》下,卷七十,上海古籍出版社 2006 年 12 月第 1 版,第 1457 页。
② 杜佑:《通典》,第 919 - 920 页。

高。① 这或者也是一些家累负担较重的官员愿意较长时期留在县令任上的原因。当然，这是唐代中期及唐初的情况，唐朝中后期待遇的差距有所缩小，但是总体上地方同级正员官员的待遇仍然高于京官。②

（五）沈佺期之父沈贞松的仕宦生涯悬想

沈佺期之父沈贞松：约生于唐太宗贞观九年（635）。有子三人：佺期、全交、全宇。沈贞松约唐高宗显庆元年（656）入仕，时年22岁左右。任"皇朝泗州下邳县令"是其生前最后一个官职。考《旧唐书》"地理志"："泗州，中。隋下邳郡。武德四年，置泗州。""贞观元年，省淮阳县入宿预，以废邳州之下邳、废涟州之涟水来属。""天宝元年，改为临淮郡……乾元元年，复为泗州。"③ 再考《旧唐书》："下邳：汉下邳郡。元魏置东徐州，周改邳州，隋废。武德四年，复邳州，领下邳、郯、良城三县。贞观元年，废邳州，仍省郯、良城二县，以下邳属泗州。"④ 这里说的是下邳县的存废情况。武德四年（621）、贞观元年（627）、天宝元年（742）、乾元元年（758）这四个时间点值得注意。武德元年，置泗州郡，唐代此前无泗州之称；贞观元年下邳县属泗州，此前下邳县属邳州。天宝元年（742）泗州改称临淮郡，乾元元年（758）复称为泗州。在唐代前期，武德四年（621）至天宝元年（742），泗州一直存在，共121年时间。

又考《新唐书》"地理志·徐州彭城郡"："下邳（上）"。⑤ 即下邳属于上县。按照《唐六典》"三府督护州县官吏"的规定："诸州上县，令一人，从六品上。"⑥ 那么，沈贞松的最后官职即是从六品上。与其父沈德同品。沈贞松入仕之官位品级一般应为从九品下，距离从六品上阶隔了十个以上品级，即使沈贞松在各级职位上均得以正常升迁，也得历经三十次年度考核，经十次以上的转任。

---

① 梁瑞：《唐代流贬官研究》，大地传媒、中州古籍出版社2015年9月第1版，第165－166页。
② 梁瑞：《唐代流贬官研究》，第167页。
③ 《旧唐书》卷三十八，第3660页。
④ 《旧唐书》卷三十八，第3660页。
⑤ 《新唐书》卷三十八，第4236页。
⑥ 陈仲夫点校《唐六典》卷三十，中华书局1992年1月第1版，第752页。

由此可知，沈贞松任最后的官职"泗州下邳令"即应在唐高宗显庆元年他入仕之后三十年左右，我们此前已大致确定沈贞松当为唐高宗显庆元年（656）入仕，则他任下邳令时应在唐武后垂拱元年（685），亦即沈佺期唐高宗上元二年（675）中举后十数年这个期间。沈贞松时年应在 51 岁以上。从唐武后垂拱元年（685）至唐天宝元年（742）相距 57 年。考虑到沈佺期于长安四年（704）因"考功受赇"案入狱，狱中诗文较多，诗中涉及其妻儿兄弟，竟无一字涉及父母，则此时沈贞松夫妇应该是已经亡故，或者应该是亡故已久。假定此时沈贞松辞世已有三至五年，则从唐武后垂拱元年（685）至武周圣历三年、久视元年（700），相距十五年；至长安二年（702），相距十七年，由此可知，沈贞松任下邳县令的时间当在武周圣历三年、久视元年（700）至长安二年（702）期间的某年前后一二年之内。

唐代到唐高宗年间，科举制度日臻完备。按照规定，如果沈贞松由科举出身，应该是在唐高宗显庆元年（656）左右参加科举考试。显庆元年那届科举考《登科记》所载，主考官不详。该科进士三人，留下名字者仅苏瓌一人；明经科一人，留下名字者亦仅一人，为孟玄一。其余不详。当是文献遗失，难于详考。此前一年为永徽六年（655），本年进士录取较多，为四十三人，还有一人应制中举。但留下名字的也仅四人。此后一年为显庆二年（657），录取进士二十二人，有明经科，还有应试及第二人。留下名字者很少。[①] 因此，如果沈贞松的出生年确实为唐太宗贞观九年（635），沈贞松参加科举入仕，应该就在唐高宗显庆元年前后数年间。

又，按照规定，科举入仕，首任授职，一般都是从九品下阶起。《唐六典》规定："凡叙阶之法……有以秀、孝。"注："谓秀才上上第，正八品上；已下递降一等，至中上第，从八品下。明经降秀才三等。进士、明法甲第，从九品上；乙第，降一等。"又规定："有以劳考"，注曰："谓内外六品已下，四考满，皆中中考者，因选，进一阶；每二中上考，又进两阶；每一上下考，进两阶。若兼有下考，得以上考除之。有除免而复叙者，皆循法以申之，或无枉冒。"[②] 这是那时对于任官资历和考绩的规定。就沈贞

---

① 孟二冬：《登科记考补正》卷二，北京燕山出版社 2003 年 7 月第 1 版，第 50 - 53 页。
② 《唐六典》卷二，第 32 页。

松来说，他如出生在唐太宗贞观九年（635），22岁科举入仕，一般应为从九品下阶。至其任下邳县令，如每年年考平平，每三年得以正常升迁，他在官场30年，历经30岁考；其间如有两次考中中，或者有一上考，则升迁可能快一些；但如有下考，又可能降职任用。所谓官场沉浮，即是如此。当然，考虑到唐高祖、太宗至高宗时期因为士人不愿为官，尤其是地方官员比较紧缺的情况，沈贞松也可能初授较从九品为高的职位。如此，他极可能在任下邳县令后即辞官归里也未可知。

按照《唐六典》的规定，"每经三考，听转选，量其才能而进之，不则从旧任"。① 即使这个规定能够全面执行，而沈贞松任职一切顺利，按照正常升迁之途升官，从从九品下的县尉升到从六品上也颇为不易。当然，在唐朝时期，在地方任职，如无朝中有力人物推奖提携，是很难升到高位的。这也是那个时代诸多文人入仕后屈沉下僚的原因。沈贞松之终于下邳令，可能也有这方面的原因。

关于沈贞松入仕后的仕历，亦无明载。谭优学先生《沈佺期行年考》谓："唐高宗总章二年，十四岁，随父或商贾或行旅，曾由荆州上三峡。"在引证沈佺期《十三四（一本作十四）时尝从巫峡过他日偶然有思》后说："诗虽不知作于尔后何时，但可证佺期十三四岁时，曾上过巫峡，从诗头两句看，似是从荆州溯江而上。"② 连波、查洪德《沈佺期诗集校注》附"沈佺期年谱"谓："高宗总章三年，公元670年14岁。西南游，居荆湘，过巫峡。后来写有《少游荆湘因有是题》《十三四时尝从巫峡过他日偶然有思》等诗忆之。"③ 陶敏、易淑琼则说得较为客观："总章二年己巳（669）沈佺期约十四岁。"他们亦引沈佺期两诗以证其说："时佺期尚幼，当是随父宦游。诗题中'荆湘'当是'荆襄'之讹，参见该诗注。"④ 所疑是，可从。以上三家所言，对于沈佺期十三四岁时的行踪作了推测，颇有启发。但细玩注文，仍有较大不同。谭先生认为沈佺期十三四岁时"随父或商贾或行旅，

---

① 《唐六典》卷二，第36页。
② 谭优学：《唐诗人行年考续编》，第39页。
③ 连波、查洪德：《沈佺期诗集校注》，第218页。
④ 《沈佺期宋之问集校注》，第776页。

曾由荆州上三峡"；连波、查洪德则认为沈佺期其时是作"西南游。居荆湘过巫峡"。而陶敏、易淑琼则说"当是随父宦游"。按，谭先生所谓"随父或商贾或行旅"，即是疑沈佺期之父途经三峡，是旅行或者是从商。此等推测实际上是不能成立的。尤其是"或商贾"一语，是错误的。《唐六典》规定："凡官人身及同居大功已上亲自执工商，家专其业，皆不得入仕。"① 由此可见，仕进之途，唯士族可与。设若沈佺期之父真个从事商贾，其本人何得入仕为官？沈佺期和他的两个弟弟又何得进士之选？更何况沈佺期入仕后还屡得授清望之官？至于连波、查洪德所谓"西南游。居荆湘过巫峡"之语，实在过于笼统，无从辨析。唯陶敏、易淑琼所谓："当是随父宦游"，又言"荆湘"当是"荆襄"，或得其实，惜乎未能深考，得出更加具体的结论。

考沈佺期两诗皆比较具体地谈到荆襄之行的情况。为便于考证，俱引如下。

《少游荆湘因有是题》："岘北焚蛟浦，巴东射雉田。岁时宜楚俗，耆旧在襄川。忆昨经过处，离今二十年。因君访生死，相识几人全？"

《十三四时尝从巫峡过他日偶然有思》："小度巫山峡，荆南春欲分。使君滩上草，神女庙前云。树悉江中见，猿多天外闻。别来如梦里，一想一氤氲。"

笔者认为这两首诗完全是沈佺期对少年时期那段荆襄、荆南生活的回忆。这两首诗可能非作于同时，但都包含了对于那段生活的回忆。尤其是《十三四时尝从巫峡过他日偶然有思》，竟是对于经使君滩历巫峡到神女庙这段行程的记叙。《少游荆湘因有是题》中的"荆湘"明显为"荆襄"之误。诗中"岁时宜楚俗，耆旧在襄川"之语可以确证。按：光绪《巴东县志》卷首"巴东县志原序"："巴东僻在荆南，弹丸蕞尔，如黑子之着面。"② 可见，连波、查洪德《沈佺期诗集校注》注"荆南"为"今湖北西南部"③，陶敏、易淑琼《沈佺期宋之问集校注》注"荆南"谓"指荆州（今

---

① 《唐六典》，第 34 页。
② 光绪《巴东县志》卷首。
③ 《沈佺期诗集校注》，第 78 页。

湖北江陵）及其附近地区"[1]，皆讹。前者方位有误，后者则望文生义。其实，荆南是古代一个大的区域概念，即是荆州南郡所辖之地域。光绪《巴东县志》"舆地志·沿革"谓巴东县属于"禹贡荆州之域。周为夔子国，地后入楚。秦始皇置郡县，为巫县地。隶南郡。汉设刺史，隶荆州。"[2] 所谓荆南即来源于此。巴东正属于荆南所辖。五代十国时高季兴原为荆南节度使，后建南平国，亦称荆南、北楚。其"荆南"称谓亦源于此。惜乎各先生不察此，遂未得其实而致误。可见，沈佺期诗中的所谓"荆南"，实际上正是指的巴东。

综合两首诗来看，诗中所指极为具体，其中的岘北、巴东、使君滩、神女庙等，均是十分确定的地理坐标。将这些信息联系起来看，竟然是沈佺期对那段完整行程的描述。即沈佺期在十三四岁时，亦即唐高宗总章二年（669）年末至总章三年（670）春分之前，曾由襄州的岘山北面的襄阳县到巴东，再经使君滩，入巫峡，到巫山。当然也可能两首诗非写于相同时间，也可能并非一次连续完成的行程，但就《十三四尝从巫峡过他日偶然有思》这首诗来看，则可以确定，这是一次连续完整的行程。把两首诗联系起来看，则可以看出沈佺期一段时间内的行程是由东面的襄州移向西面的归州、夔州所辖地，则是可以确定的。

沈佺期何以由此行呢？一个十三四岁的少年，不可能单独行动，因而个人游历之说可以否定，我们已经否定了其随父经商之说，那么，唯一的可能就如陶敏等人所说的是随父宦游了。

由此我们也大致可以推测从沈贞松在唐高宗总章二年（669）至总章三年（670），也就是沈佺期十三四岁时的大致仕宦经历。沈贞松是唐高宗显庆元年（656）左右入仕，首任地点不详，但应该是从九品下的县尉之类的官职。其后的仕历也不清楚。唯可推知经历十数年仕宦生涯，到襄州所辖的"岘北"襄阳县任职，那时他入仕也在十年以上了，经历十余考，有三次以上的转任经历了，官位至少也应该是正九品上阶了。但按照杜佑《通典》卷十九"职官一"："自六品以下，率由选曹，居官者以五岁为限。"注

---

[1] 《沈佺期宋之问集校注》，第230页。
[2] 光绪《巴东县志》。

为"一岁为一考,四考有替则为满。若无替,则五考而罢。六品以下,吏部注拟,谓之旨授"①,则沈贞松的迁转改任时间就要延长了。

按:沈佺期诗中所谓"岘北",即是指襄州所辖之襄阳县。考《旧唐书》"山南道"之"襄州",谓"领襄阳、安养、汉南、义清、南漳、常平六县。"《新唐书》"襄州襄阳郡"谓"襄阳(望。贞观八年省常平县入焉,有岘山)"。考襄阳县所居位置,正在岘山之东北,与沈佺期诗"岘北焚蛟浦"位置相合。与沈佺期同时人崔湜于中宗景龙二年(708)自朝廷出为襄州刺史时有诗云:"城临南岘山,树绕北津长""蛟浦菱荷净,渔舟橘柚香"。诗中说的南岘山,就是指岘山,"南"是指岘山的方位所在。蛟浦,即斩蛟浦,在襄阳城附近江中。《晋书》"邓岳传附载邓遐传":"遐字应远,勇力绝人,气盖当时,时人方之樊哙。桓温以为参军……历冠军将军,数郡太守,号为名将。襄阳城北沔水中有蛟,常为人害,遐遂拔剑入水,蛟绕其足,遐挥剑截蛟数段而出。"②邓遐斩蛟之处水岸即称曰"斩蛟浦",当亦是沈佺期所谓"焚蛟浦"。这些地方均在襄阳。因此,沈佺期诗中所说的也是随其父在襄阳任所的那段不短的经历。诗中"岁时宜楚俗,耆旧在襄川""因君访生死,相识几人全"数句可证。当然,沈佺期诗中所询问"相识几人全"是他离开襄阳二十年之后了。由此可见,沈佺期之父沈贞松在襄阳县任职无疑。至于什么职务?前面曾考沈贞松此时的品级应为九品上阶,襄阳是望县,官员品级同于上县,则查《唐六典》卷三十"三府督护州县官吏":"诸州上县,令一人,从六品上;丞一人,从八品下;主簿一人,正九品下。"③可以推测,如沈贞松此时履职称职,或为襄阳县主簿,如有卓异表现,则可能为襄阳县尉。

从沈佺期诗中的行程来看,沈贞松在襄阳任满之后,可能又到归州所辖的巴东县、夔州所辖的巫山县任职,其地位应该高于此前所任。笔者认为可能是先到巴东任职。沈佺期《少游荆湘因有是题》:"岘北焚蛟浦,巴

---

① 《通典》卷十九,第 474 页。
② 《晋书》卷八十一"邓岳传附邓遐传",上海古籍出版社、上海书店《二十五史》本,第二册,1493 页。
③ 《唐六典》,第 752 页。

东射雉田。"对于巴东射雉，连波、查洪德注释为："巴东：巴山东，湖北巴东县长江沿岸。射雉田：今江陵附近，古纪南城西南一带为春秋战国时代楚王的射猎田，今荆州为古郢都故地。"① 陶敏、易淑琼对此的注释是："巴东，泛指大巴山以东荆、襄、归、峡诸州。巴东射雉事未详。楚国郢都在荆州江陵，庄王好猎，诗或指此事。"② 两种注释实际上均认为沈佺期诗中"巴东"是泛指一个广大的区域。亦通。但是，沈佺期诗中的"巴东"是与"岘北"相对应的地理概念，岘北应该是确指襄阳，而且"岁时宜楚俗"又岂是短暂生活所能习惯的呢？沈佺期在襄阳居住时间应该不短，否则，又何来"耆旧在襄川"之语？如此看来，如说"巴东"仅仅是泛指，就说不通了。由此可以推测，所谓"巴东射雉田"也应该是实指。连波、查洪德、陶敏、易淑琼所注，虽然不尽准确，但是也提供了一种思路，即是以荆州为中心的楚地，因楚庄王好猎，可能在地方官吏和民间遗留下来射雉的习俗，沿之既久，即成官民习俗。何况射雉一事，在楚王那里可能是有组织的大规模皇家田猎行为，而地方官又何尝不可以组织人力实施？试想沈佺期以十三四岁之稚龄，在巴东那样偏远之地，何能孤身一人入山田猎？应该是当时随父参加这类有组织的活动，留下了深刻印象，故而多年之后，仍在诗中提及，可见印象之深刻。按，雉亦盛产于峡中各县。光绪《巫山县志》卷十三、光绪《巴东县志》卷之十一均以当地物产而入志。那也就是当地人猎取之对象。

《旧唐书》卷三十九"地理志"："巴东，汉巫县地，属南郡。周置乐乡县，隋改为巴东县。"《新唐书》卷四十"地理志"："归州巴东郡""巴东（下）。"③ 巴东属于中下县，按照《唐六典》的规定，诸州中下县的县令为"从七品上，丞一人，正九品上"④。如果是正常迁转，这个官品官阶与沈贞松在襄阳县任主簿时的正九品下相合。

在巴东县任职后，沈贞松可能被调任巫山县丞。沈佺期《十三四时尝

---

① 《沈佺期诗集校注》，第82页。
② 《沈佺期宋之问诗集校注》，第236页。
③ 《新唐书》卷四十，第4241页。
④ 《唐六典》，第752页。

从巫峡过他日偶然有思》所述经历是由使君滩沿江直上巫峡,经神女庙到达巫山县。"使君滩上草,神女庙前云",沿途所见的描写足以证明,时间是春分前一二日,那时沈贞松到巫山县上任,沈佺期随行,方有经使君滩穿巫峡看巫山云雨、高峡密林的行程。查《旧唐书》卷三十九"地理二",山南东道"夔州"条下:"巫山,汉巫县属南郡。隋加'山'字,以巫山峡为名。旧治巫子城。"①《新唐书》卷四十"夔州云安郡""巫山(中,有巫山)"②。可知巫山县应该属于中县。此时应是沈贞松到巫山县任职,沈佺期随行。再查《唐六典》"三府督护州县官吏":"诸州中县,令一人,正七品上;丞一人,从八品下;主簿一人,从九品上;尉一人,从九品下。"③ 沈贞松在襄阳如任主簿,则为正九品下;按照这个品级,到巴东任职县丞,为正九品上,再到巫山县任从八品下的巫山县丞。这属于按照品级正常的迁转。

沈佺期还有《巫山高》诗,陶敏等确定其中"巫山峰十二"为沈佺期所作。诗云"巫山峰十二,合沓隐昭回。俯眺琵琶峡,平看云雨台。古槎天外倚,瀑水日边来。何忍啼猿夜,荆王枕席开。"《巫山高》虽是乐府旧题,但如未身临其境,且有较长时间的体会感觉,是不可能写得如此真切的。光绪《巫山县志》卷首有"图卷",收十二峰全图,附有《十二峰记》一文,详列各峰之名。沈佺期《少游荆湘因有是题》《十三四时尝从巫峡过他日偶然有思》诗中所涉及的地名均为确指。可见沈佺期在这些地方绝不仅仅只是一位匆匆过客。

或许有人要问,为何沈贞松的任职均在山南道所辖州县?那是因为地方县级官吏的任用,一般都在州、道范围之内调整。按照《旧唐书》"地理志",襄阳县所属之襄州和巴东县所属的归州、巫山县所属的夔州,在当时均属于山南西道所辖。除非朝廷中有有力人物援引,否则在一个大的行政区域中迁转,是地方官员升迁流转的常态。

沈贞松卒年无考。沈佺期是长安四年(704)正月入狱的,则可推知,

---

① 《旧唐书》卷三十九,第3671页。
② 《新唐书》卷四十,第4241页。
③ 《唐六典》,第752页。

沈贞松夫妇应该在长安四年之前即已离世。再考之于沈佺期的仕历，自圣历元年（698）之后，是连贯任职，一直到被贬驩州回到长安后的经历清楚联系，未见有"守制"的记载，亦无"守制"的时间。查证武周证圣元年、天册万岁元年（695）沈佺期在洛阳为官，有《和中书侍郎杨再思春夜值宿》诗，此时亦非守制时之所当语；此后至武周圣历元年（698）有三年时间，沈佺期仕历不明。此前武周垂拱二年（686）至永昌元年（689）沈佺期也在洛阳，但此期沈佺期有《古意呈乔补阙知之》诗抒发不得意之情，非是守制时所能言者。由此推测，沈贞松极有可能卒于武周证圣元年、天册万岁元年（695）春天之后，沈佺期守制三年，实际守制二十七个月，至圣历元年（698）任通事舍人，比较合理。如前所考确实，沈贞松如生于太宗贞观九年（635），至武周证圣元年、天册万岁元年（695）夏秋卒，以此计算，沈贞松应该是60岁或61岁亡故。根据沈佺期本人及其弟沈全交和其子沈子昌的年寿看，这个家族并非长寿家族。

三 沈佺期兄弟事迹考析

沈佺期家人的情况，主要是指其父祖、妻、儿女和二位弟弟的情况。本节对沈佺期的兄弟的情况做出考辨。所据材料主要是沈佺期的诗作和近些年出土的洛阳县尉张寰撰写的《唐京兆府泾阳县尉沈府君墓志铭并序》（以下简称墓志，即沈全交墓志）[①]，结合唐代制度进行考证，其结论或可为学界进一步研究提供参考。

（一）沈佺期兄弟共三人

从现有资料来看，沈佺期是一个以家族清白历史为荣、十分重视家庭感情的人。他在《答魑魅代书寄家人》诗中说："家本传清白，官移重挂床。上京无薄产，故里绝穷庄。"几句诗是对于家族历史传统和清白家风的表白，自豪之情溢于言表。这是一个官宦家族，居官重视名誉，具有清白

---

① 张寰撰《唐京兆府泾阳县尉沈府君墓志铭并序》。

传家的家风。接着说他家"碧玉先时费,苍头此自将。兴言叹家口,何处待赢粮?"既是述说自己家庭的清寒,也是进一步表白家风纯正、为官清廉,说丫鬟、苍头都是自己从家乡带来的旧人,并无新添。由此表明政敌给自己"考功受赇"、依附二张的罪名实属虚妄,被流放更是冤枉。

家境如此清寒,被流放后,对于家人生活来源、困苦境况的担忧;对于兄弟们处境的牵挂,就成为一种时常在念的忧虑。在《驩州南亭夜望》诗中,他写道:"昨夜南亭望,分明梦洛中。室家谁道别,儿女案尝同。忽觉犹言是,沉思始悟空。肝肠余几寸,拭泪坐春风。"这首诗写的情深意切,俗话说:日有所思,夜有所梦。沈佺期以夜梦的形式,向读者展示了一幅身在洛中向家人道别的感人场面:"室家谁道别,儿女案尝同"。"室家"指家里人。恍惚间身在中原东都洛阳,与家人相处中,又要告别,似乎听到亲人的声音,醒来沉思之下,始觉虚空,原来是一场美梦,醒来尽成空幻!不禁肝肠痛断,失声呜咽。诗人通过与家人相处、告别以及谆谆言语的画面展示,以梦境与现实境况融合交错的方式,向读者传达出一种对于亲人的浓情厚谊,令人感动!

沈佺期流放期间所做的诗中,也经常提到他的兄弟。刚刚入狱之时,他在《移禁司刑》诗中说自己被诬下狱,兄弟们也受到牵连,即所谓"披冤是友于"("友于"指兄弟),说自己被弹劾入狱,兄弟们受到牵连。《被弹》诗中说:"昆弟两三人,相次俱囚桎。"两个弟弟相继受自己牵连含冤入狱,他当然感到歉疚。同时也透露出两位弟弟均已入仕的信息。这样,两位弟弟加上沈佺期就是三兄弟,所以说"昆弟两三人"。可见流放中的沈佺期对他的两位弟弟也是十分关心挂念的。在《赦到不得归题江上石》诗中,他说"翰墨思诸季",这里所说的"诸季"就是指他富有辞章才华的两位弟弟。

由此确定,沈佺期同辈兄弟共三人。现在要确定沈佺期二位弟弟的完整生平经历,还较为困难。因为各种资料记载较为混乱,名讳也不完全相同。陶敏等以《元和姓纂》为据云:《元和姓纂》卷七"邺郡内黄沈氏"说沈佺期之祖父任"唐下邳令,生怪。怪生佺期、佺交、宇宣。佺期,中书舍人,太子詹事。生之象、东美、唯清。东美,给事中,夏州都督。佺交，濮阳尉"①。关于沈佺期之父的情况，笔者在"沈佺期父祖仕宦履历考"中已有考证，所谓沈佺期祖父"唐下邳令，生怪"，但沈佺期的父亲名"怪"是错误的。准确的名字，应该按照沈全交墓志的说法，为"贞松"。

（二）沈佺期兄弟姓名的误记

关于沈佺期之兄弟，按《元和姓纂》：有佺交、宇宣两人。并说"佺交，濮阳尉"，如属实，则应该是指他最后的职务，或者是品级最高的职务。《旧唐书》载："弟全交及子，亦以文词知名。"② 只记了沈全交的名字，还说沈全交有一子，然未交代沈全交之子的名字，但沈全交墓志文末有"嗣子峯奉承祖业，泣血纯孝，俾予述铭"，述说其父沈全交一生经历的"嗣子峯"，就是沈全交之子沈峯。沈峯虽也以文辞知名于当时，但其地位并不高显，影响也不大，若无这个墓志，连名字都会被历史湮灭。

《新唐书》"沈佺期传"："弟全交、全宇，皆有才章而不逮佺期。"③ 由此知道，沈佺期有两位弟弟：一名沈全交，是沈佺期的大弟；一名沈全宇，是沈佺期之小弟。按照《新唐书》所说，沈全交、沈全宇"皆有才章"，是指他们都很有才华，善于为文作诗；"不逮佺期"这话说得含混，是指官位不逮沈佺期呢，还是才华文章不逮沈佺期？或者是兼而有之？但是从沈全交的墓志和沈全宇声名不彰、著作不传的情况来看，他们二位"不逮佺期"应该是二者兼有的。

明嘉靖《内黄县志》卷之六"唐宋·隐逸"④ 中又记沈佺期两位弟弟名"沈全交、沈全宁"，并将二人列于隐逸门内，则是明显的错误。因为沈全交、沈全宇均曾入仕为官，沈全交还多次任县令，何得谓沈全交为"隐逸"？而沈全交墓志的出土，也确切证明嘉靖《内黄县志》所载错误。嘉靖《内黄县志》还载沈佺期三弟为沈全宁，应是沈全宇之误。沈佺期在流放驩州时有《答魑魅代书寄家人》诗中说，"计吏从都出，传闻大小康。降除沾

---

① 《元和姓纂》卷七"邺郡内黄沈氏"，转引自陶敏等《沈佺期宋之问集校注》，第776页。
② 《旧唐书》卷一百九十中"沈佺期传"，第4079页。
③ 《新唐书》卷二百二"沈佺期传"，第4740页。
④ 明嘉靖《内黄县志》卷之六"唐宋·隐逸"。

二弟，离拆已三房。"（"离拆"一词，陶敏、易淑琼《沈佺期宋之问集校注》作"离析"）按：计吏，指上计的官吏，又称朝集使。所谓上计，即是每年州刺史须在每年冬向朝廷汇报过去一年的政绩，输送贡物，即所谓"述职"。还有人口增长、户籍增加情况，等等。但边远重地，刺史不能随便离职，则由上佐替代。这述职的刺史或者代替刺史述职的上佐，即"别驾""司马"之类，于上计之时，均可称为"计吏"。沈佺期从刚刚自京城回到驩州的计吏那里得知，受他的牵连入狱的沈全交、沈全宇已出狱，且都被降职授予职务。"降除"就是降职授官，"沾二弟"，是指降职授予职务，即此前既有职务，这是继续任职。虽是降职，但是毕竟出狱了，而且恢复官员身份，还被授予官职，对此，沈佺期的内心还是有一些欣慰的，这从他"降除沾二弟"的"沾"字的使用上可以感受到。"沾"就是沾恩，查《旧唐书》，神龙元年政变后复位的唐中宗在这年内五次发布赦书，分批赦免了一大批被贬官员，估计沈全交、沈全宇也就是这些赦书的受益者，所谓"沾"恩，应该就是"沾"复位后的唐中宗李显赦书的恩。沈佺期还从计吏那里知道了他流放后家庭变故更加具体的情况。自沈佺期入狱和流放驩州以来，原本兄弟同堂的大家庭"离拆已三房"，"传闻大小康"，家中大小也还安康，这些都足以给沈佺期带来极大安慰。同时他也从张柬之等五王集团的瓦解覆灭中看到自己回到京城的一线希望。

（三）沈全交"南院续诗"体现的性格特点

以下具体考证沈佺期两位弟弟的生平经历。先说沈佺期大弟沈全交。如《旧唐书》所言，在沈佺期两个弟弟中，沈全交在当时是比较知名的。他在武后时期中举入仕，官职虽然不高，但年轻气盛，恃才傲物，正直敢言。最近出土的沈全交墓志说他"……大夫困于小子，大贤悲其旅人。公曜世之才，逸群之器，道不苟合，命不偶时，常纵酒埋迹，抒怀托讽"[①]，文采出众，正直敢言，恃才傲物，当非虚言。这在当时号称"青钱学士"张鷟的著名笔记《朝野佥载》中有明确记载："则天革命，举人不试皆与

---

① 见赵振华、王倩文《沈佺期之弟沈全交墓志的文学史价值》。

官，起家至御史、评事、拾遗、补阙者，不可胜数。张鷟为谣曰：'补阙连车载，拾遗平斗量。杷推侍御史，椀脱校书郎。'时有沈全交者，傲诞自纵，露才扬己，高巾子，长布衫，南院吟之，续四句曰：'评事不读律，博士不寻章。面糊存抚使，眯目圣神皇'。遂被杷推御史纪先知提向左台，对仗弹劾，以为谤朝政，败国风，请于朝堂决杖，然后付法。则天笑曰：'但使卿等不滥，何虑天下人语？不须与罪，即宜放却'。"① 引文中"提向左台"一语，《太平广记》卷二五五"张鷟"条为"提向右台"。究竟是"左台"还是"右台"？《太平广记》该条下注"明抄本右作左"②，即在明抄本中是"提向左台"。要确定是"左台"还是"右台"，需要弄清当时御史台的情况。据《唐六典》卷十三"御史台"条下注："光宅元年改曰左肃政台，专知在京百司；更置右肃政台，专知按察诸州。"③《新唐书》卷四十八"百官志·御史台"注："光宅元年分左右台。左台知百司，监军旅；右台察州县，省风俗。"④ 沈全交墓志说他"始进士出身，解褐右率府骑曹"，则他任职衙署属于"在京百司"，是左肃政台按察管辖范围，因此当为"提向左台"。也可见纪先知这位"杷推御史"任职当是左肃政台御史。

司马光《资治通鉴》"长寿元年"（692）中也载有此事："春一月，丁卯。太后引见存抚使所举人。无问贤愚，悉加擢用。高者试凤阁舍人，给事中；次试员外郎、侍御史、补阙、拾遗、校书郎。试官自此始。时人为之语曰：'补阙连车载，拾遗平斗量。欋推侍御史，盌脱校书郎。'有举人沈全交续之曰：'糊心存抚使，眯目圣神皇。'为御史纪先知所禽，劾其诽谤朝政，请杖之朝堂，然后付法。太后笑曰：'但使卿辈不滥，何恤人言？宜释其罪'。"⑤ 查《唐六典》卷二"尚书吏部"解释"四品已下、八品已上清官"时说："五品谓御史中丞，谏议大夫，给事中，中书舍人，赞善大夫，太子洗马，国子博士，诸司郎中，秘书丞、著作郎，太常丞，左、右卫郎将，左、右率府郎将。六品谓起居郎、舍人，太子司议郎、舍人，诸

---

① 张鷟：《朝野佥载》卷四，中华书局 1979 年 10 月第 1 版，第 89 页。
② 《太平广记》卷二百五十五"嘲诮三"，中华书局 1996 年 6 月第 1 版，第六册，第 1981 页。
③ 《唐六典》卷十三，第 378 页。
④ 《新唐书》卷四十八"百官志"，第 4262 页。
⑤ 司马光：《资治通鉴》卷二百五，吉林人民出版社，《四库全书荟要》本，第 311 页。

司员外郎，侍御史，秘书郎，著作佐郎，太学博士，詹事丞，太子文学，国子助教。七品：左、右补阙，殿中侍御史，太常博士，詹事司直，四门博士，太学助教。八品：左、右拾遗，监察御史，四门助教。"① 试想正常科举入仕授官，一般都在从九品下，要做到八品官，需要数年的迁转，而十道举人却可以一举而最低也授八品，高者甚至可授至五品官，这种正途入仕和十道举人授官如此悬殊，激起正途入仕者群体巨大不满是必然的，张鷟、沈全交只不过是其中敢于直言者而已。武则天对此也是心知肚明，她知道这个矛盾不宜激化，未予张鷟、沈全交处罚可能正是考虑到这个情况。

《资治通鉴》同卷纪此事条下，胡三省"音注"中又引《统纪》说此事发生于天授二年（691），当年授予王山龄等60人为拾遗补阙；授予霍献可等24人为御史；授予徐昕等24人为著作佐郎；授予崔宣道等23人为卫佐。② 二者看似相差一年，其实并不矛盾。因为"十道举人"自天授二年开始实施，至长寿元年春一月方得完成，然后即发生沈全交南院续诗事件。

张鷟《朝野佥载》中还有多条记此类事者。其卷一曰："张文成曰：乾封以前选人，每年不越数千。垂拱以后，每岁常至五万。人不加众，选人益繁者，盖有由矣。尝试论之，只如明经、进士、十周、三卫、勋散、杂色、国官、直司，妙简实材，堪入流者十分不过一二。选司考练，总是假手冒名，势家嘱请。手不把笔，即送东司，眼不识文，被举南馆。正员不足，权补试、摄、检校之官。贿货纵横，赃污狼藉。流外行署，钱多即留，或帖司助曹，或员外行案。更有挽郎、辇脚、营田、当屯，无尺寸工夫，并优与于处分。皆不事学问，唯求财贿。是以选人冗冗，甚于羊群，吏部喧喧，多于蚁聚。若铨实用，百无一人。积薪化薪，所从来远矣。"③ 张鷟所说的垂拱年号，即是685年开始，688年止武则天的年号。垂拱元年亦即武则天在高宗去世后临朝称制、垂帘听政，把握政权开始之年。可见这在当时是一种普遍现象，引起出身清流的士人们不满是很正常的。

---

① 《唐六典》卷二，第33—34页。
② 司马光：《资治通鉴》卷二百五，第311—312页。
③ 张鷟：《朝野佥载》卷一，第6页。

关于张鷟、沈全交"南院续诗"案发生的时间，欧阳修等《新唐书》卷四十五"选举志"即谓是"长安二年"："初，试选人皆糊名令学士考判，武后以为非委任之方，罢之。而其务收人心，士无贤不肖，多所进奖。长安二年，举人授拾遗、补阙、御史、著作佐郎、大理评事、卫佐凡百余人。明年，引见风俗使，举人悉授试官，高者至凤阁舍人、给事中，次员外郎、御史、补阙、拾遗、校书郎，试官之起，自此始。"①《新唐书》所记说长安二年举人"百余人"皆授高官，《资治通鉴》"长寿元年"胡三省"音注"引《统纪》说"十道举人"授官131人，人数相近，又都说"试官之起，自此始"，可见是指同一事件。笔者以为，欧阳修所记此事发生时间，或由于武则天时期此类事件发生较多而混淆，属于误记，应以《资治通鉴》为准。

张鷟在当时也是一位很有影响和才华的人物，有"青钱学士""万选万中"之誉②；但他性情褊急，且又风流自赏，行为放荡，不检点小节，为恪守礼法的官僚士大夫所蹙眉。沈全交与张鷟可谓性情相投，亦必交情不浅。南院，即南曹，是吏部考功司的衙门所在。"其曹在选曹之南，故谓之南曹。"③唐代官员任用本有严格的科举选拔、任用程序规定，但武则天掌权后，尤其改唐为周后，竟抛开科举制度规定，采用存抚使推荐，由武则天直接任用的方式，固然有一种政治上的考虑，但破坏了既有制度，授官极其泛滥，尤其所滥授官员多为无所不用其极的赃官酷吏、奔竞小人，就更令人发指了。

其实，当时对于武则天这一举措，批评者不少。比如，左补阙薛谦光上疏，指出："士不可不察""官不可妄授"；说"比来举荐，多不以才，假誉驰声，互相推奖。希润身之小计，忘臣子之大猷。非所以报国求贤，副陛下翘翘之望者也"。说得比较尖锐，但还是比较讲究方法和分寸的。薛谦光对求贤提出具体建议。④张鷟、沈全交敢于在选官之地的南曹，直言不讳

---

① 《新唐书》卷四十五"选举志"，第4256页。
② 见《朝野佥载》校点说明，第3页。
③ 《唐六典》卷二，第36页。
④ 见孟二冬《登科记考补正》上册，卷三，第121页。

地予以批评,锋芒直指武则天,尤其是沈全交敢于以"眯目圣神皇"诗句直接批评十道举人的存抚使"糊心",甚至直接指责武则天"眯目",确实是一种"不恭""犯上"之举。这种胆识确非常人所有。而武则天的处置,也确有可赞之处。

(四)沈全交生年、入仕与"南院续诗"时间考

关于沈全交的出生、应举、入仕、终年等经历情况,可以根据沈全交墓志结合其他材料做出推测。墓志云,其名全交,字密。"以开元十二年九月终于陈留郡雍丘之客舍,享龄六十一""以天宝元年十二月二日祔于北邙东原"。墓志说沈全交终于开元十二年,即724年。上推61年,即663年。查663年为唐高宗龙朔三年,则沈全交生于该年。更具体的出生月则难于确定。沈佺期生年应为唐显庆元年,即656年。由此看,沈全交小其兄沈佺期7岁。

再过20年,为683年,本年十二月高宗皇帝去世,太子李显即位,是为中宗。此时沈全交已20岁,成人了。第二年即嗣圣元年(684)二月,中宗被废,睿宗李旦即位。按照当时制度,男子20岁成人后,即可参加科举考试。则沈全交应该在这一二年内参加科举考试并中进士。而沈全交在唐睿宗即位那年,已21岁,一般情况下,必然参加科举考试,可能沈全交正是武则天称帝后参加科举考试并得第的。关于参加科举情况,沈全交墓志云:"始进士出身,解褐右率府骑曹。骊珠出潜以照庑,鸣鹤在阴而闻天。"骊珠:《庄子·列御寇》:"夫千金之珠,必在九重之渊,而骊龙颔下,子能得珠者,必遭其睡也。使骊龙而寤,子尚奚微之有哉!"① 而"鸣鹤在阴而闻于天":《周易》:"鸣鹤在阴,其子和之。我有好爵,吾与尔靡之。"② 这两个典故均指沈全交科举得第,进士出身,名闻于天下而言。如此,沈全交中进士举的时间,应该在嗣圣元年(684)正月或之后一两年中。

---

① 《庄子》"列御寇"第三十二,见王先谦《庄子集解》,上海书店1986年7月第1版,第214页。
② 《易》"中孚",见查慎行《周易玩辞集解》下册,中华书局2020年8月第1版,第478页。

关于沈全交参加科举考试的身份问题，笔者认为还有需要澄清之处。张鷟说十道"选人"，司马光说沈全交是"举人"。"选人""举人"，既可指参加科举的士人，又可指武则天时期的"十道选人"或"十道举人"，但实际上差别很大。前者是指参与科举的士人的个人身份，是科举之选；后者则指当时十道推荐出来的被授予官职的人，是推举之"举"。按照沈全交墓志所言，沈全交乃进士出身，绝非与滥授官员相同的所谓"举人"。司马光对两种性质不同甚至相互对立的"选人"和"举人"未加区别，容易引起误会。试想，如果沈全交也是十道荐举的所谓"举人"而得官，他还会那么尖锐地嘲讽武则天滥授官职吗？由此肯定沈全交是由科举正途而入仕的，何况其墓志也十分明确地说是"始进士出身"。沈全交进士得第后参加释褐试合格，被授予右率府职务，后升至骑曹参军。

右率府是东宫武官机构。查《唐六典》卷二十八"太子左右卫及诸率府"有太子左右卫、左右率府亲府勋府翊府、太子左右司御率府、太子左右清道率府、太子左右监门率府、太子左右内率府等机构，但均无骑曹之设。而同书卷二十四"诸卫"记，大将军各一人，内设录事、仓曹、兵曹、骑曹、胄曹等办事部门机构。左右骁卫、左右武卫、左右威卫、左右领军卫亦然。而其余的亲府勋一府、勋二府、翊一府、翊二府等五府、左右翊中郎将府均无骑曹设置。① 而左右卫之骑曹参军均为正八品下的官位。其官品已经较初入仕的进士高了。骑曹的职责是"掌外府马及杂畜之簿帐。凡府马之外直者，以近及远，分为七番，月一替。凡左右厢之使以奉敕出宫城外追事者，皆给马遣之"。②《旧唐书》所记亦同。③ 但《新唐书》"百官四上"则说太子左右率府、太子左右司御率府均设骑曹参军事一人，职级为从八品下。④ 考虑到《新唐书》虽在北宋修撰，但修撰者皆为一时之选，必有实据。非此，则《唐六典》《通典》《旧唐书》等重要史书均存，又做何解释？且所述与时人张寰所撰沈全交墓志相合，则应可认定沈全交是在

---

① 《唐六典》卷二十八"太子左右卫及诸率府"，第 610-624 页。
② 《唐六典》卷二十四"诸卫"，第 618 页。
③ 《旧唐书》卷四十四"职官志"，第 3708 页。
④ 《新唐书》卷四十九"百官四"，第 4268 页。

太子府中任骑曹参军事一职，但其职任则应该与朝廷的左右卫之骑曹参军有别，不会涉及繁重之事务的。考虑沈全交于嗣圣元年（684）或之后一两年中入仕，至他在南院续张鷟诗之时，即长寿元年（692）。沈全交自嗣圣元年（684）左右入仕，业已九年之久，按照唐时官制，已经两考，即完成两个以上任期了。考虑如果沈全交科举得第后即任职于右率府骑曹的低级官员，约为从九品上阶，任职九年是可能升到从八品下阶的骑曹参军的。由此可以确定，沈全交是在进士出身后正常迁到右率府骑曹职务上的。

沈全交之所以在南院续诗，可能是参加当时"冬集"或者"春选"。时间是长寿元年，即692年。即是《资治通鉴》卷二百五"长寿元年"条所记的时间："春一月，丁卯。太后引见存抚使所举人"的时间。《旧唐书》卷四十三"吏部"："凡选授之制，每岁集于孟冬。""凡大选，终于季春之月。"注曰："亦有春中下解而后集，谓之春选。"① "季春之月"即三月，这时十道所举之人已然得官，张鷟、沈全交才可能有如此准确的所授官职的描述。因此，可以把沈全交"南院续诗"确定为长寿元年（692）三月吏部授官之时。

《朝野佥载》对于沈全交在"南院续诗"时的形象描述："傲诞自纵，露才扬己，高巾子，长布衫，南院吟之。""傲诞自纵，露才扬己"，指的是他的行为给人们带来的感观。以才自纵，不守规矩。"高巾子，长布衫"是他的穿着。"南院"是选官任官之地。古时对于不同的人的衣着有不同规定，不能随意穿着。可参《旧唐书》卷四十六"舆服志"②之规定。张鷟特别描述了沈全交的衣着，就是要突出他衣着的怪异，可见沈全交在南院所着服装，是不合规定的，这是所谓"傲诞自纵"表现之一；南院作为选官之所，是十分严肃的地方，一般选人到此，都会循规蹈矩，依制着装，屏声息气，生怕出言不慎，影响自己的授任。而沈全交则完全不把这个禁重之地看在眼里，反而高声吟咏，对于选官结果肆行嘲讽，这是其"傲诞自纵"表现之二。由此表现，作为吏部所属的选官部门，会给他一个好官位吗？何况他还被纪先知捉向朝堂，要求付之以法。虽因武则天的包容而

---

① 《旧唐书》卷四十三"职官二"，第3691页。
② 《旧唐书》卷四十六"舆服志"，第3711–3712页。

未被绳之以法，估计被贬官仍有极大可能。笔者疑其墓志中所说的"缘坐，贬梁州南郑等三县尉"即与之相关。

（五）沈全交历任职务臆测

沈全交墓志记他"缘坐，贬梁州南郑等三县尉，无何改京兆府泾阳县尉。直节难合，如簧顺音，贬舒州望江县尉"，无授濮阳县尉一说。查梁州南郑县，按《新唐书》所记为"次赤"[①]，应该是等同于上县，或低于赤县，高于上县。设"尉二人。从九品上"[②]。南郑任满后又有两县县尉之任。按照唐时制度，一任三年，则三任县令即是十年时间了。

今定沈全交南院续诗事发生在长寿元年（692）春，随即被贬授南郑县尉，又再任两县县尉，任职地不详。但时间即至十年或将近十年。时间即至武周长安三年（703）冬或长安四年（704）春。长安四年正月沈佺期即因"考功受贿"案下狱，而沈全交、沈全宇受此牵连入狱，即沈佺期《移禁司刑》说的"披冤是友于"和《被弹》诗中说："昆弟两三人，相次俱囚桎"，至神龙二年（706）被赦出狱，随即"降除"官职，降除之地不详，但沈佺期诗中有暗示，"剑外悬销骨，荆南预断肠"，也就是说，神龙元年他被流放后，沈全交和沈全宇一个被贬授的是剑外之地；一个被贬授荆南之地的职务，虽具体县名和职务不详，但时间上是吻合的。可以预料，因为贬授，极大可能还是县尉之类小官。沈全交在沈佺期流放后贬授之职地可能就包含在其墓志中所说的"南郑等三县尉"之一，或即为任职南郑之后。

沈全交墓志说他的仕历在"南郑等三县尉"后，"无何改京兆府泾阳县尉"，查《旧唐书》卷四十四"职官志"："京兆、河南、太原所管诸县，谓之畿县。"畿县有县尉二人，为正九品下。[③] 则沈全交所任的泾阳县尉职级为正九品下阶，职级有所提升。这可能与神龙三年沈佺期遇赦，当年回到京城，再受信任有关。

[①]《新唐书》卷四十"地理志"，第4241页。
[②]《旧唐书》卷四十四"职官志"，第3708页。
[③]《旧唐书》卷四十四"职官志"，第3708页。

沈全交任泾阳县尉后又改任舒州望江县尉，查舒州属于淮南道，望城县为中县。按照当时规定，"诸州中县，尉一人，从九品下"①。从京兆府泾阳县尉的正九品下阶到中县的舒州望城做县尉，品级不升反降两级，确实有点不可思议，但也可能与其恃才傲物的性格和行为有关。

古人托人撰写墓志，必先由死者亲属写出逝者一生事迹，叫做"行述"，墓志撰写者再根据这个"行述"写出墓志。这样可以避免遗漏，较为准确，也可以保证写出的墓志符合所托者的意图。考虑到沈全交墓志是洛阳县尉张寰根据沈全交之子沈垩的叙述而写的，这个履历的真实性应该无可怀疑。又《元和姓纂》说"佺交，濮阳尉"，可见沈全交曾做过濮阳县尉。查濮阳属于濮州，是一个"紧县"。紧县县尉应可等同于上县，属于从九品上。

以上材料给出沈全交曾经担任过的职务：右率府骑曹、梁州南郑等三县县尉、京兆府泾阳县尉、舒州望江县尉、濮阳县尉。从这些职务看，沈全交真是一直屈沉下僚，终身都在县级基层官员品级上翻滚。可叹可惜！但这可能与他的性格紧密相关，也怨不得别人。《旧唐书》卷四十三"职官二"："凡官人身及同居大功已上亲，自执工商，家专其业，及风疾、使酒皆不得入仕。"② 有以上几种情况，连入仕都不许，入仕后有"使酒"之情况，自然不可能得到好评。其《墓志铭》说他"道不苟合，命不偶时，常纵酒埋迹，抒怀托讽"，前二句是为他的行为开脱，后二句说的是他行为的实情：纵酒埋迹，抒怀托讽，如此，沈全交在官场不得提拔，亦属必然。

或谓，既然沈全交与官场格格不入，何不辞官归隐逍遥自在？封建时代，作为一个家无恒产的读书士人，走上科举仕宦之路是唯一选择。生存压力之下，"不为五斗米折腰"者少之又少。即使是一位从九品的官员。虽仅授予不多的永业田，但每年尚有禄米五十二石③，虽难以富裕，但也足以维持一家生计。对官场清醒的认识和不得不混迹其中的苦闷尖锐冲突，尽管"道不苟合"，也只得选择在这个环境中终身沉浮不定，沈全交"纵酒埋

---

① 《旧唐书》卷四十四"职官志"，第 3708 页。
② 《旧唐书》卷四十三"职官志"，第 3697 页。
③ 《唐六典》卷三，第 712－721 页。

迹，抒怀托讽"，所倾述的不仅仅是对于现实的不满，还有对于自身处境的无奈与苦闷！这也是那个时代绝大多数士人共同的命运和悲哀！

沈全交墓志说他终于开元十二年九月，该年即 724 年。如此，自神龙二年（706）出狱至其去世的开元十二年，沈全交还在世 18 年。他任泾阳县尉、望城县尉、濮阳县尉即可能在这 18 年内。

墓志还说：沈全交"公曜世之才，逸群之器……文集十卷"，可见，沈全交还有著作文集十卷，可惜湮灭了！

至此，我们可以把沈全交的生平梳理如下：

沈全交（约 663－724），字密，约生于唐高宗龙朔三年（663）；小其兄沈佺期 7 岁。

唐睿宗嗣圣二年（685）前后进士得第，释褐试后升任太子右率府骑曹。

长寿元年（692）三月或因在"南院续诗"被贬，或任梁州南郑县尉等县县尉。

长安四年（704）因坐沈佺期"考功受赇"案与其弟沈全宇先后入狱。

神龙二年（706）被赦出狱，或降授剑外某县县尉。

神龙三年（707）其兄沈佺期遇赦北返京师，在朝廷任职。该年底到达长安。沈全交处境或略有改善，授泾阳县尉。后因故贬授舒州望城县尉，此后还任过濮州濮阳县尉。

开元十二年（724）九月终于陈留郡雍丘（今属郑州市）之客舍，享年 61 岁。

天宝元年（742）十二月二日祔于北邙东原。洛阳县尉张寰为其撰写墓志，亦在此时。

沈全交恃才傲物，纵酒埋迹，一生沉沦下僚，官运不亨；但善诗文，时常抒怀托讽，有文集十卷，惜未见其传。

（六）沈全宇可能任职兰溪，即携其嫂、侄占籍于此地

关于沈全宇的情况，现能见到的材料不多，且各种材料所记较为混乱。根据《元和姓纂》所记，沈佺期还有一个叫"宇宣"的弟弟，也是年龄最

小的弟弟。关于沈佺期三弟，《旧唐书》沈佺期本传未予记载。但《新唐书》沈佺期本传则记为沈全宇，嘉靖《内黄县志》则记为"沈全宁"。如此，沈佺期之三弟，就有了三种说法。考《元和姓纂》记沈佺期、沈佺交均以"佺"为字辈标识，如此，其三弟名为"宇宣"就极为可疑；而嘉靖《内黄县志》说沈佺期三弟名为"全宁"，"宁"之繁体为"寜"，不可能是"宇"字误。考虑到《新唐书》所记为沈全宇，其字辈与其二位兄弟相一致；在尚无更加权威的材料出现之前，依据《新唐书》的说法，应该更加稳妥。

沈佺期《答魑魅代书寄家人》说流放中的他和家人们的情况："计吏从都出，传闻大小康。降除沾二弟，离拆已三房。剑外悬销骨，荆南预断肠。音尘黄耳间，梦想白眉良。复此单栖鹤，衔雏愿远翔。何堪万里外，云海已溟茫。戚属甘胡越，声名任秕糠。"由此分析，沈佺期从刚刚由京都回来，为他带来妻子兄弟们的消息的朝集使那里得知，其两个弟弟被降授到"剑外""荆南"地方任职。然而，谁到荆南任职呢？先看下面的材料。

在今湖北的英山县发现了沈佺期、其夫人韩氏、其子魁多墓地。当地县志中也多有沈佺期相关记载。查乾隆《英山县志》卷九"古迹·塚墓""唐学士沈佺期墓"："在县北四十里黄连冲，昔有祀田十亩，明末废。"志书虽个别字漶漫不清，但以上字迹仍然清楚；民国《英山县志》卷二"陵墓"也记"唐学士沈佺期墓"："县北四十里株林，昔有祀田，今废。"卷二"坊表"记："学士坊：为唐沈佺期立，在黄连冲。有联云：庐州管辖三千里，英麓排来第一家。久废。"这些记载当是据古县志而来。此外，查光绪《安徽通志》也记"沈佺期墓在英山县城北四十里"①。可证，在今湖北英山县确有沈佺期墓地。

英山地当南北之交，鄂豫皖三省交界处。北界河南商城，东北接金寨、霍山，西界湖北罗田，西南为湖北浠水，南为湖北蕲春。英山现属于湖北黄冈市。英山之为县，始于宋朝咸淳三年。其先英山县域上古属禹贡扬州之域；《史记》"夏本纪"记为皋陶封地；《禹贡》言罗田为"荆州之域"；

---

① 光绪《安徽通志》，沈葆桢总裁，何绍基等纂。

春秋属楚，汉属荆州江夏郡；三国属吴，隶蕲春郡；南北朝宋置郢州，后州名屡有改易。隋为蕲春郡，唐武德四年蕲春郡复为蕲州，属淮南道。一直到宋咸淳三年才分罗田东直河乡立县，称为英山。① 由此可见，英山在唐初属于蕲州之罗田县。但罗田一名，也屡有变易。查《旧唐书》卷四十"地理三"："蕲州，中，隋蕲春郡，武德四年，平朱粲，改为蕲州。领蕲春、蕲水、罗田、黄梅、浠水五县。其年，省蕲水入蕲春，又分蕲春立永宁；省罗田入浠水。又改浠水为兰溪。""蕲水，汉蕲春县也。宋置浠水县，武德四年，改为兰溪。天宝元年，改为蕲水。"② 宋复置罗田县。此后州属仍有变易，时属蕲州，时属黄州。但英山属六安州则应该是元明时代的事情了。乾隆《英山县志》卷二"星野"谓："英山自古蕲罗之域，本为楚地……古英国多称为扬州之域，而元明以后皆隶庐州六安。"这也就是《安徽通志》记载英山史事和"庐州管辖三千里，英麓排来第一家"的由来。由此记载，可见今之罗田、英山县域，在武德四年时即入浠水县，又改名为兰溪县。到北宋时复置罗田县、英山县。沈佺期之墓，在今湖北之英山县黄林冲（原名黄连冲）株林山（现名龙形山）。可见英山辖地在沈佺期时代应该是归属于蕲州兰溪县管辖。而这片区域汉时仍归属于荆州之域，以荆南代指是没有问题的。

据相关材料，英山黄林冲的沈佺期墓于1973年开田改地时被毁，墓中别无他物，所出土的一方砚台被华中师范大学郑在瀛先生收藏。③ 据考证认为，英山县沈佺期此墓极可能是衣冠冢，大约是居住于此地的沈佺期、沈全宇后人凭此寄托慎终追远的情思吧！

按照《沈氏族谱》④ 记载，沈佺期夫人韩氏，其墓亦发现在现位于石头咀镇徐套村扑地金钟山侧，现在沈氏族人对于沈佺期夫妇墓均修葺一新，清明、重阳祭祀不断。沈佺期之子沈魁多之墓也在今英山县孔家坊乡难作堰村修舟畈蛇行嘴，但也毁于20世纪70年代。由此可见，在英山黄林冲发

---

① 参见光绪《英山县志》、民国《英山县志》。
② 《旧唐书》卷四十"地理志"，第3673页。
③ 沈佺期英山墓被毁事，可参考杨彦明《大唐诗人沈佺期后裔寻踪》，《决策论坛》2014年第2期第45页；《安阳史话》2014年第1期。
④ 《沈氏宗谱》，民国二十九年安徽英山《沈氏宗谱》，二十二册，记有沈佺期家族事迹。

现的与沈佺期相关的墓葬,是沈佺期的衣冠冢、其妻韩氏墓葬以及其子沈魁多的墓葬,则表明沈佺期之妻、子均在此居住。沈佺期之子沈魁多,极可能是沈子昌的别字,"魁多"与"子昌"两字,内涵相互发明,也是古人命名常有的做法。

考沈佺期二弟沈全交所历任职务,均与"荆南"无涉。则在兰溪任职者,极大可能就是"衔雏愿远翔"的沈全宇。沈佺期《答魑魅代书寄家人》说"降除沾二弟,离拆已三房……音尘黄耳间,梦想白眉良。复此单栖鹤,衔雏愿远翔。何堪万里外,云海已溟茫。戚属甘胡越,声名任秕糠",对于诗中所谓"复此单栖鹤,衔雏愿远翔"的"单栖鹤",陶敏等注释说"沈佺期自喻"。从沈佺期被流放于万里之外以及驩州诗中来看,似乎较为合理。沈佺期流放驩州,既未携妻,也未带子,所以才有那些思妻念子之诗句产生。但结合其驩州诗来考察,这个注释有误。从诗中提供的信息看,在沈佺期被逮入狱之后,其二位兄弟也相继入狱。在沈佺期被流放后的一段时间内,全交、全宇相继出狱,还贬授了官职。其职务,可能均为县尉之类。其去向,一为"剑外",一为"荆南",具体县名失记。按照沈全交墓志所记,无在"荆南"域内任职记载。关于沈全宇的任职地,亦尚无材料可以直接证明。但据沈佺期诗"音尘黄耳间"之意,是说兄弟之间,音信不通。

而"梦想白眉良"一句,则大有深意。笔者在"沈佺期驩州诗注释的几个问题"之四"关于白眉"中,考出沈佺期诗中的"白眉",或者指的就是这个小弟弟沈全宇。这个"白眉",使沈佺期在流放地更加深刻地予以怀念。"良"字何指?内涵如何,或者说这"良"的具体表现是什么?沈佺期诗中是有叙说的。诗中"复此单栖鹤,衔雏愿远翔",就是指沈全宇带着还在襁褓之中的孩子,到远离故土、远离京师的地方任职,体现了深厚的亲情关爱。而自己作为长兄,既不能履行身为兄长,关爱家人、兄弟的责任,又身在万里之外,其情何堪!再说自己被流放,归期无望,可能终身不得赦免,那就只能"戚属甘胡越,声名任秕糠",连累戚属成为"胡越"化外之人,该是何等的内疚自责!这里将对家人兄弟的歉疚,对他们的关爱、感激的复杂的情感表现得十分真挚。如果按照陶敏等的注释,"单栖鹤"是沈佺期自指，那又如何解释他在《赦到不得归题江上石》诗中所说"小儿应离褓，幼女未攀笄"之语？如果"复此单栖鹤，衔雏愿远翔"是沈佺期自指，则他该是携子流放，带着尚在襁褓中的孩子到驩州，那又何来"应离褓"的推测之言？正是因为沈佺期被流放，对于家中事务一派茫然，在从计吏那里知道兄弟们和家人的境遇和现状，沈佺期才感到欣慰，感到二弟这位"白眉"确实是兄弟中付出最多、牺牲最大的那位，诗中发出"梦想白眉良"的感叹是很自然的。

真实的情况可能是，当时沈全宇入狱被赦之后，即贬授蕲州兰溪县尉之类职务。而此地从古代地域讲，属于《禹贡》荆州之域，称为"荆南"亦可。考乾隆《英山县志》卷二"星野""英山在三代载籍无征，在汉实为江夏荆州部"，以荆南泛指英山，亦有可凭。所以沈佺期被流放后，被贬授到"荆南"任职者应为沈全宇。查《新唐书》卷四十一"蕲州蕲春郡·蕲水"："上，本浠水。武德四年更名兰溪，省罗田县入焉。天宝元年又更名。"[①] 说蕲水属于上县。《唐六典》卷三十"诸州上县"："令一人，从六品上；丞一人，从八品下；主簿一人，正九品下；尉二人，从九品上。"[②] 沈全宇既是贬授，参考其兄沈全交历任的县尉职务，他亦可能仅授县尉而已。随即携带其嫂夫人与其"应离褓"的侄儿来到当时的兰溪（浠水）县任职，职务可能就是从九品上的县尉。随后定居下来，加入当地户籍，到宋代分置罗田县，再从罗田分设英山县，随着域名不断更易，沈佺期这一支脉即成为宋代以来至今的英山居民了。如此可以推测，在沈佺期从计吏那里得到的信息中，当时贬授"剑外"职务的自然也就是沈全交无疑了。当然，自驩州上计的"计吏"在京城探得沈佺期二位弟弟"降除"地点的信息是否全都准确，也还是个问题。如是否有在"剑外"任职的兄弟，就有疑问。不过，以当时沈佺期的处境，如计吏误传消息，沈佺期误听误信，写入诗中流传下来了！

---

① 《新唐书》卷四十一"地理志""蕲州蕲春郡　蕲水"，第 4244 页。
② 《唐六典》卷三十，第 752 页。

附：唐京兆府泾阳县尉沈府君墓志铭并序①

洛阳县尉张寰 撰

公讳全交，密。其先吴兴武康人也。食菜于沈，以国命氏焉。曾祖纂，隋秘书正字。祖德，皇朝潞州长子县令。父贞松，皇朝泗州下邳县令。以能达政，工文传业，洎公之转昌矣。始进士出身，解褐右率府骑曹。骊珠出潜以照庞，鸣鹤在阴而闻天。缘坐，贬梁州南郑等三县尉。无何，改京兆府泾阳县尉。直节难合，如簧顺音，贬舒州望江县尉。大夫困于小子，大贤悲其旅人。公曜世之才，逸群之器，道不苟合，命不偶时，常纵酒埋迹，抒怀托讽，盖文章在于一门矣，文集十卷。晚岁遘疾，去国失灵。以开元十二年九月终于陈留郡雍丘之客舍，享龄六十一。呜呼！去世已久，正雅不灭，若斯遗芳，何必大位。追树松槚，载卜窀穸。以天宝元年十二月二日祔于北邙东原，礼也。哀挽远咽，愁云曾阴；黄垆不开，白马来吊。嗣子圭奉承祖业，文燿当代，泣血纯孝，俾予述铭。

铭曰：丕承来裔，炳哉斯文。斯文伊何，金声琼芬。千秋长夜兮冥寞君。

四　沈佺期妻子子女情况考析

关于沈佺期子女的情况，陶敏先生等引《元和姓纂》云："《元和姓纂》卷七邺郡内黄沈氏：佺期，中书舍人，太子詹事，生之象、东美、唯清。东美，给事中，夏州都督。"②据此，沈佺期有三子。一是沈之象，二是沈东美，三是沈唯清。其中，沈东美所任职务清晰，地位较高，尤其是其所任职务与其他材料所记相合。同时，《元和姓纂》乃官方修定，所据材料具有真实性、权威性，均应可信。

关于沈佺期子女的情况，他自己也在诗中多有提及。《被弹》诗中说

---

① 据赵振华、王倩文《沈佺期之弟沈全交墓志的文学史价值》。
② 《元和姓纂》卷七邺郡内黄沈氏，转引自陶敏等《沈佺期宋之问集校注》，第776页。

"幼子双囹圄，老夫一念室"，就是说两个儿子也以幼龄而被逮入狱。"幼"字所指年龄，十岁也。《礼记·曲礼》："人生十年曰幼。学。"① 此说沈佺期入狱时，其二子均未成人，但也随之入狱。考《大唐故上津县令沈府君墓志铭》②（以下称沈子昌墓志），沈佺期长子沈子昌出生于686年，即武则天垂拱二年，沈佺期入狱是长安四年，即704年，则沈子昌当年已18岁。何得再称"幼子"？

查《礼记注疏》孔颖达"正义"："次一节明人幼而从学，至于成德，终始之行，皆遵礼制。""人生十年曰幼、学者，谓初生之时至十岁。依《内则》：子生八年，始教之让，九年教之数目，十年出就外傅，居宿于外，学书计。故以十年为节也。幼者，自始生至十九时，故《檀弓》云：'幼名者，三月为名，称幼。《冠礼》云：弃尔幼志'，是十九以前为幼。"③ 孔颖达是唐太宗时期十分著名的经学大家、大儒，也是我国历史上著名的经学家。按照他的说法，10岁至19岁的男子，皆可称"幼"。

沈佺期之次子，据现有材料应为沈东美，当时十余岁。按照孔颖达"正义"所言，则沈佺期诗中"幼子双囹圄"句，就是指沈子昌和沈东美也被逮入狱中了。以下对沈子昌和沈东美的生平经历加以考证。

（一）沈佺期长子沈子昌人生经历考辨

关于沈子昌的生年和经历，由近年发现、公布的沈佺期长子沈子昌墓志可以做些推测。《大唐故上津县令沈府君墓志铭》文不长，全文录下：

《大唐故上津县令沈府君墓志铭》④

公姓沈氏，讳子昌。皇朝詹事府君之子，今朔方郡太守东美之长兄。忠孝在身，家国之宝；天才未展，神道何欺！春秋六十有二。以天宝七载七月十日遘疾，终于南阳郡顺阳川之客。以天宝十三载十一

---

① 《礼记注疏》，吉林人民出版社"四库全书荟要"影印本，"经部"第17册，第34-35页。
② 赵文成、赵君平：《新出唐墓志百种》，西泠印社出版社2010年11月第1版，第214页。
③ 《礼记注疏》，第34-35页。
④ 赵文成、赵君平：《新出唐墓志百种》，第214页。

月十八日迁厝于东京偃师县首阳山南,从祔大茔,礼也。

铭曰:自他乡兮还故乡,迁顺阳兮祔首阳。龟有化兮雁不行,寿宫冥冥夜何长!

从《大唐故上津县令沈府君墓志铭》中可以梳理出沈子昌以下情况:一是沈子昌是沈佺期长子,名讳是子昌。如此,《元和姓纂》卷七"邺郡内黄沈氏"说沈佺期长子名沈之象即应为沈子昌的表字。按此推测,则东美、唯清均应为第二子、第三子的表字,他们必然各有名讳。可惜现在已经湮灭了。则沈子昌是沈佺期二子沈东美的长兄。据墓志,沈子昌于天宝七载七月十日终于南阳郡顺阳川。

查天宝七载为748年,去世地点是南阳郡顺阳川;终年是62岁。则沈子昌出生于686年。查该年为武则天垂拱二年。具体出生月日已难确定。其出生时沈佺期31岁,或在协律郎任上。与《元和姓纂》记载相对应,则沈子昌应即沈之象,即沈子昌字"之象"。二是沈子昌曾任上津县令。三是沈子昌死于天宝七载七月十日,终年62岁。四是沈子昌死于南阳郡顺阳川客中。五是沈子昌死后大约六年才迁厝于东京偃师县首阳山南,时间是天宝十三载(754)十一月。六是之所以迁厝于偃师首阳山南,是因为其家族墓地在此,因而才有"从祔大茔"之说。七是沈子昌墓志强调其与沈东美的关系,则可能迁葬之举或出于沈东美。由此可见,墓志对沈子昌的生平作了大致勾勒,应该真实可信。

考上津县,属商州所辖。《旧唐书》卷三十九"地理二":"商州　隋上洛郡……上津　汉长利县地,属汉中郡……贞观十年,废上州……上津属商州。"① 《新唐书》卷三十七"地理一·商州上洛郡":"上津,上。"② 即上津县是一个上县。其职级,按《唐六典》规定:"诸州上县,令一人,从六品上。"③ 可知,上津县令是一个从六品上阶的官职。则沈子昌应是一位从六品上阶的官员。

---

① 《旧唐书》卷三十九"地理志",第3669页。
② 《新唐书》卷三十七"地理志",第4235页。
③ 《唐六典》卷三十,第752页。

沈子昌既为上津县令，官居从六品上。唐时制度，一般科举入仕者，其授职应该是从九品下阶，特别优秀者，如制科甲第，可授从九品上阶。但目前材料无沈子昌进士及第的记载。试想唐代进士及第是何等荣耀？如沈子昌进士及第，墓志中一般会有记载。但墓志中却说其"天才未展"，或者是在透露其未入进士之选因而官位不高吧！如此只有考虑沈子昌非进士出身了。非进士出身而入仕，则可考虑沈子昌或为以"资荫"即"流外铨"而入仕者。

《唐六典》卷二"尚书吏部"："凡叙阶之法，有以封爵，有以亲戚，有以资荫，有以秀孝，有以劳考。"① 以唐时进士及第之荣耀以及"忠孝在身，家国之宝；天才未展，神道何欺"等语，墓志中竟无片言及于出身，则可以认为沈子昌非科举及第，按《唐六典》规定之叙阶之法的规定，沈子昌入仕，极大可能属于"资荫"。

按照《唐六典》对于"资荫"的规定"谓一品子，正七品上叙，至从三品子，递降一等，四品五品有正从之差，亦递降一等；从五品子，从八品下叙，国公子，亦从八品下"，还有关于勋官、赠官、散官子孙的荫授具体规定②，可见，官品越高，其"资荫"其子的授官也越高。而五品以下未见规定，则五品为"资荫"基本条件。自然五品以下官员子亦可参加流外铨的选拔任职，但非"资荫"自明。非进士出身者应选，即当时称为"流外铨"入仕者。《唐六典》卷二"尚书吏部"规定：吏部司"郎中一人，掌小选。凡未入仕而吏京司者，复分为九品，通谓之行署。其应选之人，以其未入九流，故谓之流外铨，亦谓之小铨。其校试铨注，与流内铨略同。其在吏部、兵部、考功、都省、御史台、中书、门下，是为'前行要望'，其余则曰'后行闲司'。"注云"其考满，有授职事官者，有授散官者"。又规定"凡择流外职有三：一曰书，二曰计，三曰时务。其工书、工计者，虽时务非长，亦叙限；三事皆下，则无取焉。每经三考，听转选，量其才能而进之，不则从旧任。"注云："谓六品已下、九品已上子及州县佐吏。若庶人参流外选者，本州量其所堪，送尚书省。"此指中、下级官员之子参加

---
① 《唐六典》卷二，第32页。
② 《唐六典》卷二，第32页。

流外铨的情况。综合这些情况，如沈子昌真为"资荫"，即因沈佺期之官职为正五品之后得以从"流外铨"为官入仕，则时间应该在他成人之后一段时间。唐时男二十行冠礼即成人。考沈子昌出生于武则天垂拱二年，即686年，其二十岁时，为706年，即唐中宗神龙二年。神龙三年底沈佺期方得赦从驩州回到京城，但官职未复，不可能该年即荫其子。查神龙三年九月改元景龙，则沈佺期回到京城时已经是景龙年号了。第二年，即景龙二年四月二十二日修文馆始置大学士直学士，沈佺期即预直学士之选，其时沈佺期任起居郎、修文馆直学士之职，沈佺期还参与了景龙二年"秋诸学士饯送唐贞休赴永昌令任"的唱和活动，有《饯唐永昌》诗。[①]《唐六典》卷八"门下省"："起居郎二人，从六品上。"[②] 则沈佺期此时官品为从六品上。《新唐书》卷四十七"百官二"："门下省，弘文馆：武德四年，置修文馆于门下省；九年，改曰弘文馆……武德后，五品以上曰学士，六品已下曰直学士……神龙元年，改弘文馆曰昭文馆，以避孝敬皇帝之名。二年曰修文馆。景龙二年，置大学士四人，以象四时；学士八人，以象八节；直学士十二人，以象十二时。"[③] 可见沈佺期所任之直学士，是六品以下官员为之，并未增加品级。沈佺期其时所任为从六品上阶官员，仍不符合五品以上"资荫"其子的条件。

或曰：沈佺期长安二年（702）任考功郎中，即为从五品上阶；长安三年（703）正月为给事中，其职级为正五品上。《新唐书》卷四十七"百官二"："门下省 给事中四人，正五品上。"[④] 何以此时仍不到"资荫"其子的资格？

按照《唐六典》规定："有除免而复叙者，皆循法以申之，无或枉冒。"其注云："谓官人犯除名限满应叙者，文武三品已上奏闻；正四品于从七品下叙，已下递降一等；从五品于从八品上叙，六品、七品从九品上叙；八品、九品从九品下叙"的规定，则正五品或可以授予从八品上或正八品下

[①] 见武平一撰《景龙文馆记》，陶敏辑校本，中华书局2015年6月第1版，第9、22、23页。
[②] 《唐六典》卷八"门下省"，第248页。
[③] 《新唐书》卷四十七"百官志"，第4260页。
[④] 《新唐书》卷四十七"百官志"，第4260页。

的官职。① 这个规定适合于被流放遇赦返京的沈佺期本人。他被流放时官位是正五品上，按照规定，返京后授官需要准"正四品于从七品下叙，已下递降一等"的规定，所授官职不可能达到正五品。而正五品正是"资荫"其子的基本条件。

《新唐书》"选举志"下："凡用荫……正五品子，从八品上。"② 沈佺期被赦回归时所叙官职必不能达到五品。至神龙三年九月改元景龙，其时沈佺期任起居郎、直学士之职，职级为从六品上，都不具备荫子的基本条件。直到景龙三年（709）正月人日中宗登清辉阁遇雪，命群从赋诗，沈佺期作《回波词》"身名已蒙齿录，袍笏未复牙绯"，向中宗皇帝请求恢复职级，"帝大笑，遂赐之"③，此时沈佺期才得以恢复正五品职级，也就是赢得了"资荫"其子的基本条件。

沈佺期诗中"袍笏未复牙绯"需要解释。所谓"牙"，即官员手中所执之手板、笏板。《旧唐书》卷四十五"舆服"志规定："文武之官皆执笏，五品以上，用象牙为之，六品以下，用竹木。"所谓"绯"，即红色服装。《唐六典》卷四"礼部尚书"规定："凡常服亦如之。"注云："亲王、三品已上、二王后服用紫，饰以玉；五品已上服用朱，饰以金；七品已上服用绿，饰以银。"④"朱"，即是红色。可见五品官员服用红色。

景龙三年（709）正月人日（初七）沈佺期赋诗之后，即被中宗赐授中书舍人，此是属于中书省的正五品上的官职，亦即"复牙绯"了，沈佺期之官职即已超过从五品下阶，也才能按照唐代官制所定"正五品子，从八品上"，沈佺期既是正五品官职，则获得了"荫子"的基本条件，沈子昌才具备"用荫"授予从八品上阶品级的可能。但可能并非必然，考其年沈佺期53岁，其长子沈子昌应为23岁，如此少年，即使再有才华，授从八品上阶，亦非适宜。由此或可推测，沈子昌之"资荫"为从八品下阶，应在其父沈佺期任正五品的中书舍人后数年间。

---

① 《唐六典》卷二，第32页。
② 《新唐书》卷四十五"选举志"下，第4256页。
③ 陶敏辑校《景龙文馆记集贤注记》卷二，中华书局2015年6月第1版，第47页。
④ 《唐六典》卷四"尚书礼部"，第118页。

《唐六典》规定，"凡出身非清流者，不注清资之官"，注云："谓从流外及视品出身者。其中书主书、门下录事、尚书都事，历任考词、使状有清干及德行、言语，兼书、判、吏用，经十六考已上者，听拟寺、监丞、左右卫及金吾长史。"① 何谓"清流"？陈寅恪在《唐代政治史述论稿》中说："凡籍进士词科仕进之士大夫不论其为旧族或新门，俱目为清流。"② 指进士出身者为"清流"。陈寅恪说的是唐末情况，实际上在唐玄宗的盛唐时期即已如此。《旧唐书》"张九龄传"记：玄宗祭祀泰山后，主持者张说令张九龄草诏，"说自定侍从升中之官，多引两省录事、主书及己之所亲，摄官而上，遂加特进阶，超授五品。初，令九龄草诏，九龄言于说曰'官爵者，天下之公器，德望为先，劳旧次焉。若颠倒衣裳，则讥谤起矣。今登封霈泽，千载一遇。清流高品，不沐殊恩；俗吏末班，先加章绂。但恐制出之后，四方失望。'"可见在唐玄宗时代，清浊之别即已明显。③ 凡出身于进士科举的官员，均称为清资官，又称"流内官"。进士出身称为"入流"，又称"流内"，此外则称"流外官"。

凡非进士科第出身者，如果极其优异，"其中书主书、门下录事、尚书都事，历任考词、使状有清干及德行、言语，兼书、判、吏用，经十六考以上者，听拟寺、监丞、左右卫及金吾长史。"任职为中书省、门下省、尚书省这些"前行要望"重要部门的主书、录事、都事等职务者，如果表现优异，考词、使状评价好，且经过"十六考"也就是任职经过十六次年度考核者，可以破格"听拟"为上述职务。可参见《唐六典》的具体规定。④可见，如沈子昌这类非清流出身者所授职务品级不会太高，且升迁很难，能做到六品县令已经很不错了。

虽然沈子昌非科举出身，但其政绩应该是不错的。沈子昌墓志中用"化凫"一典，"化凫"当系以王乔为叶令典故来表明沈子昌任县令。《后汉书·王乔传》："王乔……为叶令。乔有神术，每月朔望，常自县诣台朝。

---

① 《唐六典》卷二"尚书吏部"，第 28 页。
② 陈寅恪：《唐代政治史述论稿》，载《陈寅恪先生论集》，"中研院"历史语言研究所特刊之三 1970 年，第 167 页。
③ 《旧唐书》卷九十九，第 3849 页。
④ 《唐六典》卷二，第 36 页。

帝怪其来数，而不见车骑，密令太史伺望之。言其临至，辄有双凫从东南飞来。于是候凫至，举罗张之，但得一只舄焉。"① 所谓"化凫"云云，当系赞美沈子昌知县是王乔一类人物。古人常以子游、王乔事对举以赞美县令，如唐吴筠《酬叶县刘明府避地庐山言怀诒郑录事昆季苟尊师兼见赠之》诗有"从此罢飞凫，投簪辞割鸡"②。吴筠诗中的"割鸡"也是对刘县令政令教化施行的美称，所谓"牛刀割鸡"，轻而易举就化成其地的意思。当然，墓志一类文字，难免有过誉之词，后人也有所谓"谀墓"之讥。但沈子昌为政也当无过错则应可信。但不知何故，沈子昌最高官职仅做到一个从六品上阶的上津县令。而自"资荫"入仕的从八品上阶到上津县令的从六品上阶，中间还隔着三个品级。如果其任职属于按部就班正常升迁，需要三任以上即十年次考核才能达到，那时沈子昌也才三十余岁。这可能因为他非由进士出身，属于"流外铨"进入官场者，升迁很难，其父沈佺期于唐玄宗开元四年（716）即已去世，失去了其父的庇护、提携之故吧！

雁行，原指排列飞行的雁的行列。一般借指兄弟并翅而飞。《墓志》中用"凫有化兮雁不行"，是说沈子昌不幸早逝，与沈东美兄弟再无相见之日。

关于沈子昌逝世之地南阳郡顺阳川，杜佑《通典》卷一百七十七"州郡七"有"古荆河州""南阳郡·邓州"："今理穰县。""始皇平天下，置南阳郡，两汉因之。晋为南阳国及顺阳、义阳二郡之境。宋齐并为南阳郡。后魏置荆州。西魏为重镇。隋初改为邓州；炀帝初，为南阳、淯阳二郡地。大唐为邓州，或为南阳郡。领县七：穰、南阳、向城、内乡、菊潭、新野、临湍"。"穰"下注"汉顺阳县故城在今县西，亦后汉穰县地"；"内乡"下注"于中即此地，本楚之析邑，有丹水、淅水"。③ 由这些材料可见，汉顺阳县至唐时已几经变易，后来变易亦多。但至今均属于南阳所辖，顺阳川唐时属于顺阳县，后则属于淅川县，位于河南省南阳市淅川县东南，地处

---

① 《后汉书》卷一百十二上，第二册，上海古籍出版社、上海书店据武英殿《二十五史》缩印，1986年12月第1版，第1038页。
② 吴筠：《酬叶县刘明府避地庐山言怀诒郑录事昆季苟尊师兼见赠之》，《全唐诗》下册，上海古籍出版社1986年11月第1版，第2090页。
③ 《通典》卷一百七十七"州郡七"，第4673-4674页。

鄂豫两省交界之东南阳，西郧阳，南襄阳，北洛阳四阳之间。南、北和西三面有山包围，东边是起伏的丘陵，与淅川之丹阳川、板桥川并称为该县三大平川。现均被丹江口水库所淹没，成为南水北调和工程水源地和取水口。

（二）沈东美的入仕、交游与任职时间

沈佺期之二子，即沈子昌二弟沈东美，曾任给事中、朔方郡太守等职务。这与《元和姓纂》所记名相合，然任职职名有异。沈子昌墓志说沈东美任职为"朔方郡太守"亦即夏州刺史，还说"今朔方郡太守东美之长兄"。"今"特指沈子昌"以天宝十三载十一月十八日迁厝于东京偃师县首阳山南，从祔大茔"这个时间。查唐玄宗天宝十三载，即公元754年。即沈东美天宝十三载在朔方郡太守任上。而《元和姓纂》则曰沈东美任过"给事中，夏州都督"，职务名称不同，但朔方郡太守和夏州都督这两个职务其实并不矛盾。查《旧唐书》"地理志"："夏州都督府，隋朔方郡。贞观二年，讨平梁师都，改为夏州都督府……其夏州，领德静、岩绿、宁朔、长泽四县。其年，改岩绿为朔方县。"① 《新唐书》卷三十七"地理一"："夏州朔方郡"："中都督府。"② 《唐六典》卷三十："中都督府，都督一人，正三品。"③ 而都督则由该州刺史兼任，或者说是由该府都督兼其治所州刺史。则都督、刺史即是一人。可知，正三品的夏州中都督府都督，亦即夏州刺史。

考沈佺期《被弹》诗中说"幼子双囹圄，老夫一念室"，可见其二子均与他一同入狱。其长子沈子昌生年已由其墓志推定为武则天垂拱二年（686），则沈东美必然于长安四年（704）与其父兄一同入狱，其时已十余岁。考虑其兄沈子昌的生年，一般情况下沈东美的出生年份与其兄不致相差十岁。但沈佺期流放中作《赦到不得归题江上石》诗谓"小儿应离襁，

---

① 《旧唐书》卷三十八"地理志一"，第3657页。
② 《新唐书》卷三十七"地理志"，第4236页。
③ 《唐六典》卷三十"三府督护州县官吏"，第743页。

幼女未攀笄"①，则沈东美出生前有一姐，当时尚未"攀笄"，即未及十五岁，沈佺期《赦到不得归题江上石》诗作于神龙二年（706），则沈佺期此女当出生于天授三年（692，天授三年四月改元如意，九月改元长寿）左右，具体考证详后。由此看来，沈东美当出生于696年，即武则天万岁登封元年前后较为合情合理。其年沈佺期正好40岁左右，在神都洛阳任职于门下省的从六品下的官职。而到圣历元年（698），则升任从六品上阶的中书省通事舍人。沈佺期在《哭苏眉州崔司业二公序》中说"苏往在凤阁侍郎，佺期忝通事舍人"，即可证。则沈东美为其兄沈子昌迁坟时58岁，即沈东美58岁时尚任夏州刺史兼夏州中都督府都督，官职为正三品。

沈东美应该是进士出身。北宋李昉等编撰的《文苑英华》中，存有《荐贤能判》，题曰："甲，荐贤能之士，三诣公车，试皆高第。表请锡彤弓矢，廷尉致诘。词云：三适有功。"② 应对者依次有赵子余、沈东美、王昌龄、刘润等四人。又有《大斝酌酒判》，题曰："元日会序，宾光禄以大斝酌醴，祈黄耇，比部以无令式勾征，诉称以引以翼，古之道也。"③ 应对者依次为沈东美、王昌龄和刘润三人。胡问涛等《王昌龄集编年校注》注认为"刘润""刘涧"或为一人。引《全唐文》卷三百三十"刘润"作"刘涧"，则当是"润"误为"涧"；又说《全唐文》卷四百一言"刘润，开元时擢书判拔萃科"④，然不知《全唐文》何据。至于赵子余，现亦无可以证明其出身的材料。

考唐代科举制度，该二判词似为沈东美、王昌龄等参加科举考试中举后，参加吏部释褐试或参加制举"宏词拔萃"科时所作。据《唐六典》卷二"尚书吏部"谓："以三铨分其选：一曰尚书铨，二曰中铨，三曰东铨。以四事择其良。一曰身，二曰言，三曰书，四曰判。"注曰："每试判之日，皆平明集于试场。识官亲送，侍郎出问目，试判两道。或有糊名，学士考

---

① 沈佺期：《赦到不得归题江上石》，见陶敏等《沈佺期宋之问集校注》上册，第104页。
② 《文苑英华》卷五百一十五，中华书局1966年5月第1版，2003年10月印刷，第四册，第2638页。
③ 《文苑英华》卷五百四，第2638页。
④ 《王昌龄集编年校注》，胡问涛、罗琴校注，巴蜀书社2000年10月第1版，第263页。

为等第。"① 又《新唐书》卷四十五"选举志"："凡择人之法有四。一曰身：体貌丰伟；二曰言：言辞辩证；三曰书：楷法遒美；四曰判：文理优长。四事皆可取，则先德行。德均以才，才均以劳。得者为留，不得者为放。五品以上不试，上其名中书门下，六品已下始集而试。观其书判，已试而铨，察其身言，已铨而注，询其便利而拟，已注而唱，不厌者反通其辞。三唱而不厌，听冬集。厌者为甲，上于仆射，乃上门下省，给事中读之，黄门侍郎省之，侍中审之，然后以闻。主者受旨而奉行焉，谓之奏受""凡试判登科谓之入等，甚拙者谓之蓝缕，选未满而试文三篇，谓之宏词；试判三条谓之拔萃，中者即授官。"② 按此规定，无论是参加科举考试中举后的吏部"铨选"或制举"宏词拔萃"科，都需要试书判。吏部的铨选，需要"试判两道"，制举则需要"试判三条"。从《文苑英华》保存下来的沈东美、王昌龄等的试判为两道来看，更大可能是参加科举考试后再参加吏部铨选时的试判应对。如此，则似可推测，刘润以及同时撰写判文的赵子余，或也当为该年得第。

　　沈东美等何时应举、得第？现在虽无直接材料证明，但可以通过王昌龄的科举经历得出大致准确的结论。查辛文房《唐才子传》卷二"王昌龄"条"开元十五年李嶷榜进士……又中宏词"③；傅璇琮《唐才子传校笺》又确定其中宏词科的时间为开元二十二年（734），并纠正了辛文房对于王昌龄中进士后任职的错误④，可从。再查徐松《登科记考》卷七："开元十五年"条下记该年知贡举者为严挺之，除进士、明经科之外，所设制举名目有武足安边科、高才沉沦草泽自举科等。其中"进士科十九人"，进士科李嶷为状元，得第者有王昌龄、常建、杜颋等，所留下名字者共四人。⑤ 由此大致可以确定，沈东美等留下判文者，或是当年进士或其他科目得第者，即于开元十五年（727）得第。沈东美时年约31岁。唐代科举有"三十老

---

① 《唐六典》卷二，第27页。
② 《新唐书》卷四十五"选举志"，第4256页。
③ 见傅璇琮《唐才子传校笺》第一册，中华书局1987年5月第1版，第253页。
④ 见傅璇琮《唐才子传校笺》第一册，第254页。
⑤ 徐松：《登科记考》卷七"开元十五年"，见孟二冬《登科记考补正》上，第290-292页。

明经，五十少进士"①之说，谓进士科考试之难，如沈东美 31 岁登第，也算是少年得志了！

胡问涛、罗琴《王昌龄集编年校注》"前言"引闻一多《唐诗大系》，陆侃如、冯沅君《中国诗歌史》，谭优学《王昌龄行年考》，皆定王昌龄生年为 698 年，即武则天圣历元年；又引傅璇琮先生《王昌龄事迹考略》推断"其生年当在六九〇年左右"及傅先生修正后的说法"大致当在六九八－七〇一年之间"，认为"闻一多等所定王昌龄的生年有相当的合理性"。②总之，王昌龄生于 698 年已为学界大多数人所采认，笔者亦予认同。由此，王昌龄开元十五年应举时为 29 岁左右，小于沈东美两岁。

沈东美与杜甫有交往。天宝十三载（754），杜甫在长安与之游从，见《杜甫诗集》三《承沈八丈东美除膳部员外郎阻雨未遂驰贺奉寄此诗》："今日西京掾，多除南省郎。通家惟沈氏，谒帝似冯唐。诗律群公问，儒门旧史长。清秋便寓直，列宿顿辉光。未暇申宴（安）慰，含情空激扬。司存何所比，膳部默凄伤。贫贱人事略，经过霖潦妨。礼同诸父长，恩岂布衣忘。天路牵骐骥，云台引栋梁。徒怀贡公喜，飒飒鬓毛苍。"杜甫原有自注"府掾四人同日拜郎"，即所谓"多除南省郎"也。③

从诗题可知，沈东美当时任膳部员外郎，因为遇雨未能及时上任，杜甫驰书祝贺。按：本年之秋雨，非是短时之雨，而是绵延了 60 余日之霖雨。《旧唐书》卷九"玄宗纪"天宝十三载："秋八月丁亥，以久雨，左相许国公陈希烈为太子太师，罢知政事，文部侍郎韦见素为武部尚书同中书门下平章事。是秋霖雨积六十余日，京城垣屋颓坏殆尽，物价暴贵，人多乏食。令出太仓米一百万石，开十场贱粜以济贫民。东都瀍洛暴涨，漂没一十九坊。"④ 确是一场巨大的霖灾。杜甫等许多诗人均有诗及之。

杜甫致沈东美诗自述与沈氏有通家之好是确实的。杜甫祖父杜审言与沈佺期同为珠英学士，又一起被流放。沈佺期流放驩州，杜审言则流放峰

---

① 见陶绍清《唐摭言校证》，中华书局 2021 年 7 月第 1 版，第 15 页。
② 胡问涛、罗琴：《王昌龄集编年校注》，巴蜀书社 2000 年 10 月第 1 版，第 1－3 页。
③ 《集千家注杜工部诗集》卷二，吉林人民出版社据钦定四库全书荟要缩印本，2002 年 5 月第 1 版第 3 次印刷，78 册，第 340－389 页。
④ 《旧唐书》卷九"玄宗纪"。

州，均在交趾之地，感情自是不同，说是"通家"自无不妥，且沈东美还高于杜甫一辈。而从杜甫诗句"礼同诸父长，恩岂布衣忘"中也可以看出沈东美还曾以通家长辈身份给予杜甫一定的帮助。杜甫诗中还透露出一些信息，一是沈东美除膳部员外郎之前曾任京兆府属官，西京即是长安，当时置京兆府。西京掾或即指京兆府属官。唐时制度并无称"掾"的官职。"掾"的称呼乃是承前代州府各曹官吏的职务名称而来。查《唐六典》卷三十"三府督护州县官吏"："京兆、河南、太原府"所属官曹与沈东美任膳部员外郎职务前职务相近者有"司录参军事二人，正七品上"。还设有功、仓、户、兵、法、士六曹，各设参军事二人，职级均为正七品下。① 沈东美在京兆府所任职务可能是正七品上的司录参军事。这个职务与其后所任从六品上的膳部员外郎最相契合。或可认定，沈东美任膳部员外郎前所任的应该是正七品上的京兆府录事参军事之职。二是诗题中称沈东美为沈八丈，可知沈东美在沈氏大排行中为"八"，更加具体的情况难以细知了。杜甫称其为"沈八丈"，是一种尊称，也显得亲切，且沈东美还高杜甫一辈。与沈东美交往应该是杜甫生平中的一件大事，可惜傅璇琮主编《唐五代文学编年史》未曾收录杜甫此诗②，亦无言及之，对于理解杜甫当时交友及与沈东美世交关系，是个遗漏。

膳部员外郎，属于礼部官员。按《唐六典》卷四"尚书礼部"："膳部郎中一人，从五品上；员外郎一人，从六品上。"③ 则此时沈东美所任为膳部员外郎为从六品上的职务。此前沈东美所任京兆府正七品下的官职，虽然这两个职务中间还有一个级差，但当时有清望官等历职十考"得隔任授官"的制度，《唐六典》卷二"尚书吏部"规定："若都畿、清望，历职三任，经十考以上者，得隔品授之。不然则否。"④ 所以从正七品上的司录参军事到从六品上的膳部员外郎是合于制度的。由清望官"经十考以上者，得隔品授之"可知，沈东美此时至少任职十年。再考虑沈东美应为进士出

---

① 《唐六典》卷三十"三府督护州县官吏"，第 741－742 页。
② 傅璇琮主编《唐五代文学编年史》。
③ 《唐六典》卷四，第 127 页。
④ 《唐六典》卷二，第 27 页。

身，若非进士出身，则不可能得授郎官之类清望官。进士出身初授可能从九品下，由从九品下至正七品上，中间还隔着七个品级，至少还需要八年才能达到。前文笔者曾推断沈东美出生于696年，即武则天万岁登封元年、万岁通天元年，到天宝十三年任膳部员外郎时的754年，亦是58岁。也就是沈东美初入仕到任膳部员外郎有二十个品级之差。但考虑到"经十考以上者，得隔品授之"的制度规定，就不需要经二十次考课。唐玄宗之后，铨叙之法较为严格，除遇合非常，实难逾越。查《唐六典》卷二"尚书礼部""凡叙阶之法"下注曰："应入五品者，皆须先在六品已上官及左右补阙、殿中侍御史、太常博士、詹事司直、京兆、河南、太原府判司，皆限十六考已上、本阶正六品上；技术官本司无六品者，频任三政七品者，仍限二十考已上。"① 杜甫诗中还透露出沈东美任膳部员外郎的时间是秋天，"清秋便寓直，列宿顿辉光"，"清秋"二字就是其任职时间的确证，也与"玄宗纪"载秋雨发生、绵延时间的记载相合。古时"清秋"特指深秋，也就是晚秋，即九月。可见沈东美和他同时任职的几位郎官是在天宝十三年九月得到任命的。

综合《元和姓纂》、沈子昌墓志、杜甫《承沈八丈东美除膳部员外郎阻雨未遂驰贺奉寄此诗》等材料，可见沈东美曾任过的几个职务：京兆府掾（或为录事参军事）、膳部员外郎、给事中、夏州都督（夏州刺史）。膳部员外郎、夏州都督品级已见上考。现就给事中一职做些考证。查《唐六典》卷八"门下省"："给事中四人，正五品上。"其职任为"掌侍奉左右，分判省事。凡百司奏抄，侍中审定，则先读而署之，以矫正违失"。沈东美此前在礼部任膳部员外郎，是正六品上的职级。从正六品上到给事中的正五品上，中间有三个级差。考虑到《唐六典》"若都畿、清望，历职三任，经十考以上者，得隔品授之"之规定，沈东美以正六品上的职级再任正五品上给事中职务，就顺理成章了。但是也有问题，以下与其任夏州都督事一并考证。

沈东美能诗，《全唐诗》存其诗一首，诗题是《奉和苑舍人宿直晓玩新

---

① 《唐六典》卷二，第32页。

池寄南省友》。全诗如下：

"传闻阊阖里，寓直有神仙。史为三坟博，郎因五字迁。晨临翔凤沼，春注跃龙泉。去似登天上，来如看镜前。影摇宸翰发，波净列星悬。既济仍怀友，流谦欲进贤。弹冠声实贵，覆被渥恩偏。温室言虽阻，文场契独全。玉珂光赫奕，朱绂气蝉联。兴逸潘仁赋，名高谢朓篇。青云仰不逮，白雪和难牵。苒苒胡为此，甘心老岁年。"①

细玩沈东美诗意，可得到若干较为明确的信息。试题中可见沈东美诗是对苑舍人《宿直晓玩新池寄南省友》诗的和诗。苑舍人这诗今已不存。可以看出，当时沈东美任职于"南省"，即尚书省的礼部。陆游《老学庵笔记》卷六："唐人本以尚书省在大明宫之南，故谓之南省。"② 当时沈东美正好任属于尚书省所辖礼部的膳部员外郎，亦即苑舍人所谓的"南省友"；苑舍人则任职于中书省，为舍人，是由"郎"官升迁的，或许是苑舍人协助李林甫最终完成《唐六典》后升为郎官，而任中书舍人则是由郎官职务上升迁的，即所谓"郎因五字迁"也。

按："郎因五字迁"属用典。陈寿《三国志》"钟会传"："钟会字士季，颍川长社人。太傅繇小子也……正始中，以为秘书郎。"裴松之注引《世语》曰："司马景王命中书令虞松作表，再呈辄不可意，命松更定。以经时，松思竭，不能改。心苦之，形于颜色。会察其有忧，问松，松以实答。会取视，为定五字。松悦服，以呈景王。王曰：'不当尔邪，谁所定也？'松曰：'钟会。向亦欲启之，会公见问，不敢饕其能。'王曰：'如此，可大用，可令来。'会问松，王所能，松曰：'博学明识，无所不贯。'会乃绝宾客，精思十日，平旦入见，至鼓二乃出。出后，王独拊手叹息曰：'此真王佐材也！'"③ 沈佺期有《同韦舍人早朝》"一经传旧德，五字擢英材"④，亦用此典。钟会升迁事、原职与升迁职务，均略同与苑咸。用以称颂苑咸有王佐之才，所以得到升迁。大概是指苑舍人受李林甫之委任，参

---

① 沈东美：《奉和苑舍人宿直晓玩新池寄南省友》，见《全唐诗》上册，第643页。
② 陆游：《老学庵笔记》卷六，中华书局1979年11月第1版，第81页。
③ 《三国志》卷二十八"魏书·钟会传"，上海古籍出版社、上海书店据武英殿《二十五史》缩印，第二册，1986年12月第1版，第1160-1161页。
④ 沈佺期：《同韦舍人早朝》，见《沈佺期宋之问集校注》上册，第176页。

与《唐六典》之撰著，并做出很大贡献因而升迁而言吧。

考《唐六典》，设郎官职务之机构，尚书省所属之吏、礼、户、兵、刑、工六部均设有郎官；门下省设起居郎、城门郎、符宝郎，均为从五品上官职，而员外郎则为从六品上的官职；秘书省设秘书郎，其著作局设著作郎、校书郎、著作佐郎；其太史局设灵台郎等，其中著作郎为从五品上的官职；秘书郎为从六品上的官职。其余郎官品级较低。中书省无郎官之设。① 若苑舍人此前任从五品上的某司郎中，再任中书舍人的正五品上的职位，当然属于升迁了。苑舍人作诗是因"宿直"，即夜宿在衙中值班，以备皇帝下达制令。苑舍人清晨早起，沿着衙内新池玩赏，诗兴大发，赋诗赠沈东美，可见二人关系匪浅。沈东美和诗也体现了二人关系之深并表达感谢之意，亦表露对于其才华的赞叹和能够宿直的羡慕，还表达了自己对于仕途的失望，"苒苒胡为此，甘心老岁年"，说的是甘心安于其位，不再执着于个人的升迁了。

沈东美诗中的苑舍人，当为苑咸。据《全唐诗》② 说，苑咸为成都人。《新唐书》"艺文志"卷六十录"苑咸集"注云："卷亡。京兆人，开元末上书，拜司经校书、中书舍人。贬汉东郡司户参军。复起为舍人、永阳太守。"③《唐故中书舍人集贤院学士安陆郡太守苑公（咸）墓志铭并序》对于苑咸的籍贯亦无记载。究竟苑咸是何处人，待考。

查徐松《登科记考》卷八"开元二十九年""上书拜官二人"记，该年上书拜官者二人：是光乂、苑咸④，则《新唐书》所言"开元末上书，拜司经校书"即其时。此记谓是光乂、苑咸同年献书得官当可信，但时间或有误。武平一著、陶敏辑校《景龙文馆记集贤注记》卷下"学士名氏·是光乂"条据《玉海》卷五四引"集贤注记"谓："开元二十二年十一月，秘书正字是光乂上《十儿部书语类》，敕留院修撰。"则是光乂入集贤院，时间是开元二十二年十一月。又陶敏该书同卷"苑咸"条说"咸，开元二

---

① 见《唐六典》相关各卷。
② 《全唐诗》上册，第 302 页。
③ 《新唐书》卷六十，第 4294 页。
④ 见孟二冬《登科记考补正》卷八，第 341 页。

十四年为李林甫奏入院修《六典》"①，则于集贤院修《唐六典》时间晚于是光乂。

再查《全唐文补遗》（第九辑）录苑论《唐故中书舍人集贤院学士安陆郡太守苑公（咸）墓志铭并序》："七岁诵诗书，日数千言，十五能文，十八应乡赋，耻以文字进，以经济为己任。开元中，声明文物，振迈汉魏；求名之士，难于登天。今当此时，年始弱冠，为曲江公张九龄表荐，玄宗亲临前殿策试，除太子校书，仍留集贤院。上以董仲舒、刘向比之。由是除右拾遗。无何，丁大（太）夫人忧。服阕，历左拾遗、集贤院学士。旋除左补阙，迁起居舍人，仍试知制诰。"②查《唐六典》卷二十六"太子·司经局"："校书四人，正九品下……校书、正字掌校理刊正经、史、子、集四库之书。"③校书一职，正九品下。北齐时曾设太子校书郎，因此太子司经局校书亦可称太子校书郎。由此可知，沈东美诗中"郎因五字迁"中的"郎"，即太子校书。苑咸既经张九龄推荐，唐玄宗亲试，时间亦应与是光乂同，即开元二十二年十一月。苑咸既得授正九品下的太子司经局校书，但是并未到东宫供职，而是留在了集贤院。但可能未参与《唐六典》之修撰，待到开元二十四年十一月李林甫代张九龄为中书令集贤殿大学士兼修国史后，作为修撰《唐六典》的主要负责人，推荐苑咸参加《唐六典》的修撰，亦应成为集贤院学士。因此，徐松《登科记考》谓是光乂、苑咸开元二十九年献书拜官的时间必误，准确时间应该是开元二十二年十一月。

然王洪军《登科记再补正》"开元十七年己巳（729）"据苑论《唐故中书舍人集贤院学士安陆郡太守苑公（咸）墓志铭并序》"开元中""年始弱冠，为曲江公表荐"之语，以及徐松《登科记考》卷二十七中附列"苑咸，进士第"等语，认为苑咸当为开元十七年进士及第。④但张九龄开元十七年尚在洪州刺史任上，既无由与苑咸交往，了解苑咸之能，也无向唐玄宗表荐之可能。可见王洪军此说实误，当仍从开元二十二年张九龄表荐

---

① 陶敏辑校《集贤注记》卷下，第 335-336 页。
② 见《全唐文补遗》第九辑，三秦出版社 2007 年 7 月第 1 版，第 389-391 页。
③ 《唐六典》卷二十六"太子·司经局"，第 666 页。
④ 王洪军：《登科记考再补正》，广西师范大学出版社 2010 年 1 月第 1 版，第 91 页。

之说。

《旧唐书》说李林甫"自无学术,仅能秉笔……而郭慎微、苑咸阘茸者,代为题尺"①。"阘茸"指品行卑劣,这是后世史家对苑咸的评价,当是因为李林甫的缘故。作为李林甫属官,为其起草文书表章,乃职责所在,不应得"阘茸"之讥,何况张九龄也曾举荐他,那又当何说呢?然以上材料也表明苑咸与张九龄、李林甫关系较为密切,才有张九龄荐举对策、李林甫荐修《唐六典》之举。尤其是委修《唐六典》,更表明李林甫对他的信任。

陶敏辑校《集贤注记》卷中:"开元十年,起居舍人陆坚被旨修《六典》,上手写白麻纸凡六条,'理、教、礼、政、刑、事'典,令以类相从,撰录以进。张说以其事委徐坚,思之历年,未知所适。又委毋煚、余钦、韦述(参撰),始以今事入六司,象《周礼》'六官'之制,其沿革并入注,然用功艰难。其后,张九龄又以委陆善经,李林甫委苑咸。二十六年奏草上。"②由此可见,苑咸文史造诣很高,既受李林甫之委撰《唐六典》,亦必任过集贤学士。关于苑咸的仕历和交游,陶敏辑校《景龙文馆记集贤注记》卷下"学士名氏"③中有较丰富材料。《清华大学学报》2009年第4期刊载胡可先《新出土〈苑咸墓志〉及相关问题研究》一文,依据新出土"苑咸墓志"对其生平事迹做了全面研究,可参。

沈东美与著名诗人綦毋潜亦有交往。綦毋潜有《题沈东美员外山池》:"仙郎偏好道,凿沼象瀛洲。鱼乐随情性,船行任去留。秦人辨鸡犬,尧日识巢由。归客衡门外,仍怜返景幽。"④表明沈东美在长安有属于自己的庄园,园中有山池,可见当时其经济状况还是不错的,当然这处山池有可能是其父沈佺期所遗也未可知。山池远离尘世,环境清雅绝俗。诗中还透露出沈东美当时的职务"仙郎",即指沈东美当时所任的膳部员外郎。由此可见,綦毋潜这诗写作时间当在天宝十三年(754)九月或之后月余时间,因

---

① 《旧唐书》卷一百六"李林甫传",第3866–3867页。
② 陶敏辑校《集贤注记》卷中,第255页。
③ 陶敏辑校《集贤注记》卷中,第337页。
④ 綦毋潜:《题沈东美员外山池》,见《全唐诗》上册,第314页。

为到十一月，沈东美即任夏州都督了。诗中对于沈东美的思想状况也有体现，"仙郎偏好道"，"仙郎"是对郎官的美称，是说沈东美过的是神仙般日子，"好道"也与"仙郎"相对应，是不着痕迹的赞美之词。

考证沈东美的仕历，有一个问题不容回避，即他任夏州都督的时间。《元和姓纂》说他任过给事中、夏州都督，沈子昌墓志说他任过朔方郡太守。考沈子昌墓志，沈子昌迁坟下葬的时间是"天宝十三载十一月十八日"，而墓志开篇即说：沈子昌乃"皇朝詹事府君之子，今朔方郡太守东美之长兄"，这里的"今"字值得重视，"今"者，当下之意也。即是指天宝十三载（754）十一月十八日这时候，沈东美已任夏州都督。这个时间点和沈东美所任职务是不应该怀疑的。沈子昌墓志是当时的洛阳县尉张寰所撰，绝对不可能伪造，以其对于官制和朝中人事变化的了解，也不可能误记。

但据杜甫《承沈八丈东美除膳部员外郎阻雨未遂驰贺奉寄此诗》，沈东美任膳部员外郎的时间是天宝十三载（754）九月，据沈东美《奉和苑舍人宿直晓玩新池寄南省友》诗，该年九月还与中书舍人苑咸和诗。沈东美何以能在短短不到两个月时间里，即从膳部员外郎升至正五品的门下省给事中，再升至正三品的夏州刺史呢？甫任膳部员外郎不到两月从膳部员外郎升至给事中，已是逾越，再升至夏州刺史兼都督，则更不可思议。这是必须弄清楚的问题。

天宝十三载（754），是一个极其特殊的年份，其后一年即是安史之乱发生的时间。这时的执政宰相是杨国忠。考杨国忠于天宝四载（745）以王鉷手下判官进入官场，天宝五载（746）被授予监察御史正式入仕后，因杨贵妃受宠，亦因经过十数年经营，形成根深蒂固势力，终至与李林甫分庭抗礼，明争暗斗，而李林甫也无可奈何。至天宝十一载（752）十一月，李林甫死，杨国忠为右相，其威权已达极致，对于官制的破坏也前所未有。《旧唐书》卷一百六"杨国忠传"记："国忠自侍御史以至宰相，凡领四十余使，又专判度支、吏部。三铨事务鞅掌，但署一字，犹不能尽。皆责成胥吏，贿赂公行。国忠既以宰臣典选，奏请铨目，便定留放，不用长名。先天已前，诸司官知政事，午后归本司决事。兵部尚书、侍郎亦分铨注拟。

开元已后，宰臣数少，始崇其任，不归本司。故事：吏部三铨三注三唱，自春及夏才终其事。国忠使胥吏于私第暗定官员，集百僚于尚书省对注唱，一日令毕，以夸神速。资格差缪，无复伦序。明年注拟，又于私第大集选人，令诸女弟垂帘观之，笑语之声，朗闻于外。故事：注官讫，过门下侍中、给事中。国忠注官时，呼左相陈希烈于座隅。给事中在列曰：既对注拟，过门下了矣。吏部侍郎韦见素、张倚皆衣紫，是日与本曹郎官同咨事，趋走于屏树之间。既退，国忠谓诸妹曰：'两员紫袍主事何如？'人相对大噱。"①《新唐书》卷四十五"选举志"下亦有相同记载。② 又王溥《唐会要》卷七十五"选部下"记，此事发生于天宝十一载七月、十二月。③ 可见杨国忠执政后对于选注之法的彻底破坏，以及由此形成的"私第暗定官员"为"贿赂公行"创造了条件，产生"资格差缪，无复伦序"的选官结果是必然的。由此似可找到沈东美骤然升迁至正三品官职的秘密。但更加具体的情况则难于考知。

综合以上材料和考证，可以排出沈东美的生平和仕历（此处略，可参本书"沈佺期生平简表"）。

（三）沈佺期驩州诗中透露还有一子一女

从沈佺期驩州诗中看，他应该还有一子一女。《赦到不得归题江上石》诗中说到他当时的家庭情况："小儿应离襁，幼女未攀笄。"可见沈佺期当时有一个"离襁"的"小儿"和尚未"攀笄"的"幼女"。

先说这个"小儿"。这个男孩可能就是沈佺期第三子沈唯清，这应无问题。按：襁褓，古人称一岁以下孩子为襁褓。"离襁"就是离开襁褓，即已满一岁。沈佺期诗中说的"小儿应离襁"，是说最小的孩子应该已经满一岁了。查沈佺期于神龙元年二月被流放离开东京洛阳，并于神龙元年末或二年初到达驩州，又于神龙三年二月离开驩州北返长安。这样，这首诗的写作时间就在神龙二年仲春。查《旧唐书》"中宗纪"：神龙元年"九月壬午，

---

① 《旧唐书》卷一百六，第 3867 页。
② 《新唐书》卷四十五"选举志"，第 4256 页。
③ 王溥：《唐会要》卷七十五"选部下"，第 1613 页。

亲祀明堂，大赦天下。……十一月戊寅，加皇帝尊号曰应天，皇后尊号曰顺天。壬午……大赦天下，赐酺三日"①。陶敏先生等认为："诗所云'赦'当此两次大赦中之一次。赦令到达驩州，当已是神龙二年（706）春、夏间。"② 陶先生等注释《答宁爱州报赦》时也引《旧唐书》"中宗纪"：神龙二年"十一月乙巳，大赦天下"，并说"佺期神龙三年北归，八月至潭州，其闻赦当在三年春"③。陶敏等做此推测看似谨慎，实则不够准确。考唐代赦令制度，大赦令的发布和下达到地方是有严格时限要求的。赦令下达，因涉及人命，所以往往最为紧急。其速度与军情等同。即韩愈所谓"赦令一日行千里"，似有夸张，但速度很快则无可怀疑。笔者倾向于确定沈佺期所谓的"赦到不得归"的赦令是神龙元年"十一月……壬午"发布的，但也不可能迁延到"春、夏间"才到达驩州。

虽然驩州距京城长安、东都洛阳均有万里之遥，但因为赦令下行速度极快，按照每日十驿，即日行五百里的速度，仅需二十余日即可到达；如以每天六驿，即每日三百里的速度，也只需要一个月多一些的时间。再迟一些，以每日四驿、即日行二百里的程限计算，也仅需要五十余日时间即可到达驩州。即使按日行四驿二百里计算，则赦命亦应于神龙二年二月初到达驩州。由此笔者认为，沈佺期《赦到不得归题江上石》诗所说赦令下达的时间，最快是在神龙二年正月，至迟也应该是二月之初。以此时间来确定沈佺期写作《赦到不得归题江上石》为神龙二年仲春初，确定《答宁爱州报赦》《绍隆寺》诗的准确时间为神龙三年（707年，九月后改元景龙元年）的二月初或二月中，不会大误。

同时，考虑到沈佺期诗中"小儿应离褓"之句的含义，沈唯清的出生时间应该就在神龙元年初沈佺期流放后，至神龙二年二月，确实应该满一岁，已"离褓"了。如此看来，沈唯清应该出生于神龙元年（705）二月沈佺期离开洛阳后一些时间。

沈佺期诗中说"幼女未攀笄"。笄，女子所用的簪子。唐代女子十五而

---

① 《旧唐书》"中宗纪"，第 3500-3501 页。
② 陶敏等：《沈佺期宋之问集校注》上册，第 105 页。
③ 陶敏、易淑琼：《沈佺期宋之问集校注》上册，第 123 页。

笄，表示成人了，可以成婚了。"未攀笄"即未达十五岁。是说女儿尚未成年，古人将父母娶媳、嫁女作为人生的责任。联系上下文"小儿应离襁，幼女未攀笄"，沈佺期诗中实际上表达的是对流放不得归的恐惧，也是一种对于不能尽到父辈责任的遗憾。作为一位被流放到大唐极边之地驩州的朝廷高官，其内心的痛苦和酸楚是不言而喻的。从诗句透露出来的家庭信息来看，沈佺期此女在神龙二年（706）正月或二月的时候，尚未满十五岁，也就是十四岁吧。以706年减去14，则沈佺期这位"幼女"出生于692年，查该年为武后天授三年（该年四月改元为如意；九月改元为长寿），至神龙二年（706）为十四岁，方才符合沈佺期诗中"幼女未攀笄"诗意。由此可知，这位"幼女"出生时，沈佺期已经37岁了。

（四）沈佺期之妻为韩氏

沈佺期妻子的情况，他在被弹入狱和被流放后的诗中提到过。《移禁司刑》中说"累饷唯妻子"，说自己下狱之后，连累妻子每日为他送饭；在赴流放地驩州路途中，他也时时关心着兄弟和妻子的遭遇，在《度安海入龙编》诗中说"昆弟推由命，妻孥割付缘"，是说自己对于兄弟和妻子遭遇的无奈和无能为力，他们只能依靠自己的命运与缘分了。这里说的"妻孥"含义应该与《移禁司刑》中的"妻子"有别。此处的"妻孥"是指妻与子，"累饷唯妻子"中是专指妻，而不包括子在内。因为"幼子双囹圄，老夫一念室"，两个孩子也一并入狱，而"昆弟两三人，相次俱囚桎"，只有靠老妻送饭了。在驩州时，他在《赦到不得归题江上石》诗中说："翰墨思诸季，裁缝忆老妻。"在诗中说到"老妻"，可见沈佺期身在驩州，常常触物思人，思念他的兄弟和妻子，由此可见，沈佺期被流放驩州，其妻子未曾同行，因此才产生"忆老妻"的心理活动。这也说明，沈佺期被流放时，其妻可能因为身怀六甲已经临产，不能按照《唐六典》规定一起流放。

如此，则沈佺期流放不可能孤身前往，除了携带用人之外，还可能携带一位相对年轻的女性同行，这个年轻女性，则可能是沈佺期的妾。沈佺期《答魑魅代书寄家人》诗中说"戚属甘胡越，声名任秕糠"，"戚属"二字可以理解为他是携带了家人的，这"戚属"，应该包含这个"妾"在内。

但无更加具体材料证明,只能揣测。

根据《沈氏族谱》所记,沈佺期夫人为韩氏。其墓地在今湖北英山,其子沈魁多墓地也在此地发现。① 沈氏这三人墓地不在一处。具体情况可参本书"唐诗人沈佺期郡望、籍贯和墓地新证"和"沈佺期兄弟事迹考析"。简单说,就是沈佺期长安四年入狱后,其弟沈全交、沈全宇和他两个儿子沈子昌、沈东美均随之入狱。神龙二年,因为唐中宗复位,连发数道赦书,沈全交贬到"剑外"某地任县尉,沈全宇则可能携带着嫂夫人韩氏及其子沈唯清赴兰溪县任职,随即在兰溪县某处定居下来,随着县域、县名的演变,就成为今湖北省黄冈市英山县的居民了。到韩氏夫人去世时,极可能由沈全宇会同沈唯清为其父兄建立衣冠冢。这可能就是英山何以出现沈佺期墓地的缘由。

(五) 沈佺期生平简表

根据以上各文的考证,可以为沈佺期生平及家族排出一个年表来(沈佺期行实只列与其子相关者)。

沈佺期字云卿,唐相州内黄人。父名贞松。有兄弟三人:沈佺期、沈全交、沈全宇;沈佺期妻韩氏;沈佺期有子三人:沈子昌、沈东美、沈唯清;有女一人,名无考。

唐高宗显庆元年(656):沈佺期约生于本年。

总章二年(669):沈佺期十三四岁,随父有荆襄之行,其父当时或在襄阳、巫山区域内任县职,时间可能不短,约三五年之内。

上元二年(675):沈佺期20岁,郑益榜进士,科举得第。本年或与韩氏成婚。

仪凤元年(676):沈佺期21岁,本年春即任从九品上或下的官职。具体职务不详。

武则天垂拱元年(685):沈佺期30岁,本年沈佺期或任正八品上的太常寺协律郎。

---

① 参考杨彦明《大唐诗人沈佺期后裔寻踪》,《决策论坛》2014年第2期,第45页;《安阳史话》2014年第1期,第47页。

垂拱二年（686）：沈佺期31岁，本年沈佺期在神都洛阳任协律郎；长子沈子昌或本年出生。

天授三年（692）：本年沈佺期或37岁，该年四月改元为如意；九月改元为长寿；沈佺期在神都洛阳任职，本年或其女出生。

万岁登封元年，本年三月改为万岁通天元年（696）：沈佺期在神都洛阳任职，本年次子沈东美出生。

长安四年（704）正月：沈佺期"考功受赇"案发，被逮入狱。其弟沈全交、沈全宇及其子沈子昌、沈东美亦入狱，只能依靠其妻韩氏送饭。

唐中宗神龙元年（705）正月：沈佺期在狱约一年后，张柬之等发动神龙政变，武则天退位，唐中宗复位。

本年二月，沈佺期被张柬之等执政者流放驩州。离开洛阳后，其幼子沈唯清出生。

神龙二年（706）：沈佺期自驩州计吏处得知沈全交、沈全宇出狱，分别贬授"剑外""荆南"某县尉，沈全宇或授兰溪县尉，沈全宇或携其长嫂、侄女和小侄赴任，后定居于兰溪，后随着县域变动，成为今湖北黄州市英山县土著居民。

神龙三年（707）：该年九月改元为景龙。二月初或二月中，沈佺期得赦，自驩州北返。秋八月到潭州，至京师已近年末。其时沈佺期任起居郎、直学士之职，从六品上。

景龙二年（708）：沈佺期任修文馆直学士。武平一《景龙文馆记》卷一"四月二十二日修文馆始置大学士学士直学士"记："初，中宗景龙二年，始于修文馆置大学士四员，学士八员，直学士十二员，象四时、八节、十二月。于是李峤、宗楚客、赵彦昭、韦嗣立为大学士，（李）适、刘宪、崔湜、郑愔、卢藏用、李乂、岑羲、刘子玄为学士，薛稷、马怀素、宋之问、武平一、杜审言、沈佺期、阎朝隐、韦安石为直学士，又召徐坚、韦元旦、刘允济等满员，其后被选者不一。"[1]

景龙三年（709）正月初七日：中宗登清辉阁遇雪，命群从赋诗，沈佺

---

[1] 陶敏辑校《景龙文馆记集贤注记》卷一，第9页。

期作《回波词》索取官职，中宗大笑，复其官职，赐牙绯。任中书舍人，官职为正五品上。得到"资荫"其子的资格。其长子沈子昌或因"资荫"入仕，多年后任上津县令。

开元二年（714）六月：沈佺期在太府少卿任。

开元三年（715）："三年春正月丁亥，立郢王嗣谦为皇太子"（《旧唐书》），此时沈佺期任太子少詹事。

开元四年（716）冬十月癸丑：太子詹事毕构卒，此职或由沈佺期接任。时沈佺期61岁或略多一些。考虑到沈佺期任此职或经年，则其卒年应在这之后一段时间。

开元十五年（727）前后：沈东美或31岁，或与王昌龄同榜进士出身，由此入仕。

天宝七载（748），沈子昌该年七月十一日"终于南阳郡顺阳川"，年62岁，曾任上津县令。

天宝十三载（754）：沈东美58岁，任膳部员外郎、给事中、夏州刺史（朔方郡太守）。

沈子昌墓由沈东美于"天宝十三载十一月十八日迁厝于东京偃师县首阳山南，从祔大茔"。

沈佺期夫人韩氏生卒年不详，但有墓在今湖北英山县；其妾生卒年不详；沈东美、沈唯清均卒年不详；然英山县亦发现有沈佺期长子沈魁多墓。此沈魁多或即是沈子昌之别字，墓或即为沈子昌之衣冠冢。

第二卷　沈佺期仕历考

本卷提要

本卷含"沈佺期早期仕历新考""沈佺期任太子少詹事、太子詹事时间及卒年新考"两个部分。

1. "沈佺期早期仕历新考"。本节结合唐代官制规定研究沈佺期早期仕历，否定沈佺期神龙三年任台州录事参军事之说；认为沈佺期任台州录事参军事非贬授，而是正常授职，且任职时间应为武周天授元年之后四年间。对于沈佺期任协律郎的时间也做了考证，补充了沈佺期早期仕历。

2. "沈佺期任太子少詹事、太子詹事时间及卒年新考"。本节考证李隆基任太子时东宫官吏设置情况，作为开元三年正月玄宗立太子属官配置的参考，以翔实材料为据，考证沈佺期任太子少詹事的准确时间为唐玄宗开元三年（715）正月；根据唐玄宗天宝年间芮挺章编辑的《国秀集》和近年出土的沈佺期之子沈子昌墓志提供的材料，认为沈佺期很可能任过太子詹事一职，并由此对沈佺期的卒年提出了新的看法。

一　沈佺期早期仕历新考

关于沈佺期的生平和仕历，新旧唐书本传有简略记载。20世纪80年代以来，傅璇琮主编《唐才子传校笺》①、谭优学先生有《沈佺期行年考》②、连波、查洪德先生《沈佺期诗集校注》前言和所附《沈佺期年谱》③、陶敏、易淑琼《沈佺期宋之问诗集校注》前言及该书所附《沈佺期宋之问简谱》④ 等，均做了梳理和研究，解决了很多此前未能解决或未引起注意的问题，对沈佺期研究做出很大贡献，对于人们全面深入地认识沈佺期具有重要参考价值，应该高度肯定。但由于这些著作成书较早，一些材料未曾发现，有的材料尚未出土等多种原因，或者对现有材料未能深入发掘，也存在一些问题，需要继续进行研究。

笔者拟依据现在已经发现的沈全交墓志、沈子昌墓志⑤，结合沈佺期诗文中透露出来的信息，对于沈佺期的生平经历和仕历再作研究。主要集中在以下几个方面：一是关于沈佺期早期仕历情况，即他入仕后至协律郎之前的历任情况的研究；二是沈佺期任太子少詹事之前的散官、勋位和职事问题；三是沈佺期任东宫詹事府太子少詹事的准确时间及沈佺期的卒年问题；四是沈佺期是否任过太子詹事一职的问题。希望能够有所发现、有所深入、有所完善。

（一）关于沈佺期任台州参军的诸家异说

沈佺期入仕后的早期仕历，一直缺乏材料证实。前贤时彦们根据沈佺期诗中的信息做了一些勾勒。有些说法是有道理的，有的则明显错误。如谭优学先生将《狱中闻驾幸长安》一诗系于唐高宗永隆元年庚辰（680），沈佺期时年25岁。其说谓"佺期于上元二年进士及第入仕，至此已五年，不悉为何犯罪入狱"⑥。对此，笔者已在"沈佺期入狱准确时间和长安四年武则天幸西京事件辨正"和"沈佺期狱中生活考析"两节中做了辨正（见

---

① 傅璇琮主编《唐才子传校笺》第 1 册，第 75－84 页。
② 见谭优学《唐诗人行年考补编》，第 38－63 页。
③ 连波、查洪德：《沈佺期诗集校注》，第 218－230 页。
④ 陶敏、易淑琼：《沈佺期宋之问集校注》下册，第 776－810 页。
⑤ 沈全交墓志，见赵振华等《沈佺期之弟沈全交墓志的文学史价值》，第 27－29 页；沈子昌墓志，见赵文成、赵君平《新出唐墓志百种》，第 214 页。
⑥ 见谭优学《唐诗人行年考续编》，第 41 页。

后文），主要谓沈佺期该诗作于长安四年（704）因"考功受赃"案入狱的当年正月，沈佺期一生亦仅入狱一次。可参。

沈佺期的仕历，《旧唐书》卷一百四十"文苑传中"："沈佺期……进士举。长安中，累迁通事舍人，预修《三教珠英》……再转考功员外郎，坐赃配流岭表。神龙中，授起居郎，加修文馆直学士。后历中书舍人、太子詹事。开元初卒。"①

《新唐书》卷二百二"文艺中"："沈佺期……及进士第，由协律郎累除给事中，考功受赃，劾未究，会张易之败，遂长流驩州。稍迁台州录事参军事。入计，得召见，拜起居郎兼修文馆直学士。既侍宴，帝诏学士等舞《回波》，佺期为弄辞悦帝，还赐牙、绯。寻历中书舍人、太子少詹事。"②新旧唐书所记沈佺期仕历有些不同：《旧唐书》本传无沈佺期任协律郎和台州录事参军事的记载，而《新唐书》则补上了一个任协律郎和台州录事参军事的仕历。并强调"由协律郎累除给事中"，表明沈佺期由协律郎到给事中之间有一个逐级升迁的过程。《旧唐书》说沈佺期任过太子詹事，《新唐书》则说他任过太子少詹事。这两个职务官位差别较大。总的看来，两唐书对于沈佺期仕历中相对不太重要的职务都有所省略。一般而言，朝廷正史中的人物传记，无论何人，均不可能事无巨细地加以记载。对于文学类人物的记载就更加简略了，这是正常现象。

关于沈佺期何时任台州录事参军事有几种说法。按照《新唐书》本传所记，沈佺期是神龙三年自流放地驩州召回后任此职的，他的回京，是因为"入计"得召见。拜起居郎兼修文馆直学士，然后才有在京城的一系列任职。陶敏、易淑琼从此说。在他们编的《沈佺期宋之问简谱》景龙元年（707）条下说："沈佺期遇赦北归，授台州司马，迁起居郎。"③神龙三年就是景龙元年。然而陶敏等对沈佺期是否于景龙元年在台州的态度是游移的。在《沈佺期宋之问简谱》中，对于沈佺期的《同工部李侍郎适访司马子微》诗和《乐城白鹤寺》诗均不能作为他在台州的强证。认为《嘉定台

---

① 《旧唐书》卷一百九十"文苑传中"，第4079页。
② 《新唐书》卷二百二"文艺中"，第4740页。
③ 陶敏、易淑琼：《沈佺期宋之问集校注》下册，第799页。

州志》所录沈佺期的《有饯台州袁刺史入计序》才"可证佺期曾在台州为官"。也就是说，他们认为沈佺期于神龙三年亦即景龙元年（707）曾在台州短暂为官。[①] 陶敏等是维护了《新唐书》的说法。

谭优学先生认为沈佺期曾于唐高宗永隆元年（680）系狱，并将沈佺期《夜泊越州逢北使》系于该年，文谓："余又疑佺期之为台州录事参军，或即结案后贬之台州者。《新唐书》本传云：'会张易之败，遂长流驩州。稍迁台州录事参军事，入计，得召见，拜起居郎兼修文馆直学士。'今自佺期之进退参以其作品考之，绝不可能由驩州内移台州司录，故兹姑定佺期为司录在开耀（681）迄至垂拱（685）此四五年间。佺期在台州凡三年，有诗为证。"[②] 谭先生所举诗为沈佺期《同工部李侍郎适访司马子微》。又引《夜泊越州逢北使》证之。谭先生这段考证否定沈佺期自驩州内迁台州录事参军事，是有道理的；疑沈佺期开耀至垂拱年间在台州，也具有启发性。但是这段考证文字中存在两个错误。一是将录事参军事一职与司录混为一谈。其实，这是两个职务，品级差距也不小；二是谭先生将沈佺期诗中的越州误为江南之越州了。其实沈佺期诗中的越州，指的是岭南的越州城，该城即现在的广东廉州。陶敏、易淑琼《沈佺期宋之问诗集校注》在注释《夜泊越州逢北使》诗时，将其作为"越州"的渊源讲得很明白，即宋于此地置越州，隋大业初废为合浦郡，唐武德年间又改越州，贞观中改为廉州。陶敏等对于沈佺期诗中这个"越州"的注释是准确的。

按照谭优学先生的说法，沈佺期之任台州录事参军事的时间是唐高宗开耀元年（681）至垂拱元年（685）年间，始任台州录事参军事时沈佺期入仕恰好五年，26岁，离开台州回朝是三年后的垂拱元年（685），沈佺期时年30岁。谭先生承袭旧说，认为沈佺期此任为"贬"任。

而连波、查洪德《沈佺期诗集校注》所附《沈佺期年谱》则认为"武后天授元年""春，佺期贬台州"。在台州三年。连波、查洪德等说："按佺期《少游荆湘因有是题》'忆昨经过处，离今二十年'，知是年有东南之行。且知佺期延载元年由台州召拜通事舍人，佺期在台州三年。天授元年与延

[①] 陶敏、易淑琼：《沈佺期宋之问集校注》下册，第800页。
[②] 谭优学：《唐诗人行年续编》，第41页。

载元年之间恰隔三年。故知此行为赴台州。""佺期有《夜宿七盘岭》诗,也当为此行途中作。则此行当在春季,由长安出发",其路线是越七盘岭,由川路沿长江而下到台州;但又引沈佺期《少游荆襄因有是题》诗以证。"在台州,《新唐书》云为录事参军,别无记载。此说可信。"此谱还认为沈佺期于武后长寿二年亦即693年回朝,长寿三年(延载元年)迁任通事舍人。他们引沈佺期《过蜀龙门》诗,认为沈佺期回程是经长江、嘉陵江回长安的。谱谓"所谓'西南出巴峡,不与众山同,'即不与由西南出巴峡以来所见之众山相同。巴峡指长江自巫峡到湖北巴东一段,则佺期此行显然由今湖北沿长江入蜀,之巴县转嘉陵江北上。这是三年前由长安去台州旧路,佺期又循旧路回到长安。诗有'我行当季月,烟景共春融'句,时间或在三月,因此只能是被召入朝而不会是《旧唐书》所谓入计"①。据此可以概括出连波、查洪德先生对沈佺期任台州录事参军事时间和相关问题,即:沈佺期贬任台州录事参军事的时间是武后天授元年(690),此时沈佺期是35岁;离任还朝时间是武后长寿二年(693),此时沈佺期已经38岁了;沈佺期自台州回长安的路线是经长江到湖北,经巴东三峡,到巴县转嘉陵江越秦岭而入长安;沈佺期《夜宿七盘岭》《过蜀龙门》诗为台州之行途中作;沈佺期自台州还长安后即于第二年即长寿三年、延载元年(694)初拜通事舍人。

诸史书之中,仅《新唐书》"沈佺期传"言及沈佺期曾任协律郎,其他均未涉及此事;对沈佺期自台州回到长安后任通事舍人的时间也有分歧。《旧唐书》说"长安中,累迁通事舍人",则沈佺期任通事舍人在长安中。"长安"是武后时的年号,一共使用四年,即701-704年。按此说法,沈佺期此任时间应该是在长安二年或者三年;而谭优学先生否定此说,认为沈佺期任通事舍人至迟也在武后延载元年(694),时年39岁;任职时间一直到武后长安二年(702),时年47岁。② 连波、查洪德对于沈佺期任通事舍人的时间同于谭优学先生,唯认为沈佺期转任考功员外郎的时间应为大

---

① 连波、查洪德:《沈佺期诗集校注》,第220-221页。
② 见谭优学《唐诗人行年考补编》,第44-45页。

足元年亦即长安元年（701）。① 而陶敏、易淑琼则将沈佺期任通事舍人的时间定为圣历元年（698）。在《沈佺期宋之问简谱》该条下说：'沈佺期在洛阳通事舍人任上'。"而此前自沈佺期上元二年（675）中进士后至永昌元年（689）这十四年间，均言"沈佺期在洛阳为官"或"沈佺期在洛阳"②，究竟为何官或在洛阳何干？均未言及。但这个时段中，即沈佺期20岁至34岁这个时段中，谱文也有时间的间隔。在证圣元年（695）至圣历元年（698）间，即沈佺期40岁至43岁前的这三年间，均只言宋之问而不及沈佺期。此后则逐年排列沈佺期、宋之问的仕历，历历可考了。

（二）沈佺期任台州录事参军事的时间应为武则天"天授元年"

针对以上四个方面的问题，笔者逐一进行考辨。首先说沈佺期任台州录事参军事是否"贬"任的问题。考新旧唐书以及今人周勋初的《唐人轶事汇编》③ 所辑古人的材料，并未见沈佺期任台州录事参军事一职属于"贬"任的说法。可见此说是今人根据《新唐书》"沈佺期传"臆想出来的。其实，如果沈佺期开耀至垂拱（681－685）年间在台州，仅就居官品级而言，可能所任职务为正九品下的台州录事。这个职位才与沈佺期之前的仕历完全相合。可见，即使是授台州录事，也是正常升迁，亦非如谭先生所谓"贬"授；如按谭先生所言沈佺期当时所授职务为台州录事参军事，则是一种超规格的升迁，更不得言"贬"授。所谓贬授之说，无史料依据已明。但考虑唐代人重京官而轻外任，一旦外任就视为"左迁"或"贬"，说沈佺期任台州录事参军事为"贬"也勉强说得通。

其实，如说沈佺期开耀元年（681）任台州录事参军事，既非贬授，亦无可能。查《旧唐书》"地理三·台州上"④。台州属于江南东道，是一个上州。查《唐六典》卷三十"三府督护州县官吏"："上州……录事参军事一人，从七品上；录事二人，从九品上……司功参军事一人从七品下。"还

---

① 见连波、查洪德《沈佺期诗集校注》附《沈佺期年谱》，第220－221页。
② 陶敏、易淑琼：《沈佺期宋之问集校注》下册，第799－800页。
③ 周勋初：《唐人轶事汇编》上，上海古籍出版社2006年4月新1版，第442页。
④ 《旧唐书》卷四十"地理志"，第3674页。

有司仓参军事一人、司户参军事二人、司兵参军事一人、司法参军事二人、司士参军事一人，并为从七品下。① 而按照《唐六典》："凡叙阶之法，有以封爵，有以亲戚，有以勋庸，有以资荫，有以秀孝，有以劳考。有除免而复叙者，皆循法以申之。无或枉冒。"在"有以秀孝"注云："谓秀才上上第，正八品上；已下递降一等，至中上第，从八品下。明经降秀才三等。进士、明法甲第，从九品上；乙第，降一等。"② 沈佺期上元二年（675）与宋之问等同科进士，该科状元为郑益。《唐才子传》"沈佺期字云卿，相州人，上元二年郑益榜进士。"③ 由此可见，沈佺期入仕时应为从九品下，与他同时的进士宋之问也仅授一个从九品下的县尉，可证。如果此时沈佺期任台州录事参军事，即为从七品上。而那时沈佺期历官仅仅五年，仅历四度考核，最多也只能升一级或两级，他是不可能由一个从九品下阶的品级升到台州录事参军事这个从七品上阶的职位的。何况《新唐书》还记沈佺期曾任正八品上阶的协律郎一职，说明沈佺期是不可能从初任的从九品下阶官位跃升到从七品下阶的台州录事参军事的。

由此，谭先生所谓沈佺期授台州录事参军事的时间在开耀元年（681）之误已明。连波、查洪德认为沈佺期贬任台州录事参军事的始任时间是武后天授元年（690），从沈佺期此前的任官资历来说，就有可能了。沈佺期于高宗上元二年（675）中举入仕，仕历至此已达15年之久，已历十五考，即使按照四年一任，也可以从初仕的从九品下阶升到从八品上阶了。何况当时还有"若都畿、清望，历职三任，经十考已上者，得隔品授之"④ 的规定。由此可见，沈佺期如此时担任从七品上阶的台州录事参军事是完全符合唐代任官规定的。因此，笔者认为连波、查洪德确定沈佺期任台州录事参军事的时间为武后天授元年（690）是可从的。而陶敏、易淑琼《沈佺期宋之问简谱》根据《新唐书》记载，认为沈佺期任台州录事参军事是在神龙三年（707）之说，其实不能成立。试想沈佺期自神龙元年被流放到驩

---

① 《唐六典》卷三十，第745–746页。
② 《唐六典》卷二，第32页。
③ 孟二冬：《登科记考补正》上册，第73页。
④ 《唐六典》卷二，第27页。

州,他《初达驩州》诗说"自昔闻铜柱,行来向一年",凡流放者的程限是十分紧迫的,还有人押送,自洛阳到驩州尚需将近一年的时间,那他遇赦的回程所需时间亦应相当。沈佺期有诗《喜赦》"去岁投荒客,今春肆眚归",说明沈佺期是在神龙三年春得到赦免回归的。神龙三年他又有《岁夜安乐公主满月侍宴》一诗,说明冬末他已回到长安。沈佺期还有《哭苏眉州崔司业二公》诗,其序中有"同时郎裴怀古者,作牧潭府。神龙三年秋八月,佺期承恩北归,途中觐止,访及故旧"云云。可见沈佺期从贬所驩州到长沙就走了六七个月。其行程是从驩州出发,经韶州,入湘江到潭州,出洞庭湖而沿江上行去长安的。如果是自驩州内迁至台州任录事参军事,则当经大庾岭入赣江到洪州,经衢州去台州。这个时间和路线行程,都表明沈佺期是直接由驩州去长安的。因此,《新唐书》将沈佺期任台州录事参军事的时间系于流放驩州之后,还说"稍迁台州录事参军事",是靠不住的。

至于沈佺期自长安去台州和回长安的具体路线问题,仅连波、查洪德先生正式提出,其他诸家均未涉及。试就此论之。上面已经就沈佺期自驩州回长安的行程做了考证,确证沈佺期回程未曾经湖北入三峡,再入蜀地。连波、查洪德此说即不攻自破。而连波、查洪德致误之由,在于其对当时岭南入长安的路线失察。当时的路线是从长安出发,"东南方,通往蓝田、商洛与武关,去今河南南阳、湖北襄阳",至此分途,向西折向四川,这与沈佺期无涉。另一条路线是"从襄阳向南通往荆州、武陵(常德)、潭州(长沙)"①,然后乘船溯湘江南去,至衡阳分途西去入经灵渠、漓江至广西桂州(桂林)。南下则越过南岭的骑田岭,至韶州,由此进入岭南。沈佺期当时即是反向沿着南下过骑田岭至韶州的路线而入长安的,这可以肯定。

(三) 沈佺期任通事舍人和协律郎的时间考

关于沈佺期所任的通事舍人,诸家异说已具前文。《唐六典》卷九:通事舍人属于中书省,"通事舍人十六人,从六品上"。② 沈佺期所任台州录事

---

① 陈洪彝:《中华交通史话》,中华书局2013年4月北京第1版,第263页。
② 《唐六典》卷九,第279页。

参军事为从七品上，在台州任职四年，考课合格，如无意外，按照隔品授官的规定，应该可以升到正七品下阶，再入京转任从正七品上阶或者从六品下阶的官职，再转任从六品上阶的通事舍人，既可能是朝中有人施以援手，从品级上说，也应该是正常授职。但是，唐朝时人们轻外任而重京官，沈佺期得以回京任职，即使未按隔品授官的规定，也是一件比较荣耀的事情。再经一任授通事舍人，在中枢机构供职，应该也是春风得意了。

沈佺期有《同工部李侍郎适访司马子微》诗，说"昔尝游此郡，三霜弄溟岛"。这首诗作于唐睿宗景云二年（711）十一月，诗说的司马子微就是司马承祯，自号白云子，时人称白云先生，是当时著名的道士。当时居于今浙江天台山。天台山就在台州境内。睿宗于景云二年令其兄司马承祎追至京师咨询阴阳术数之事。因此，沈佺期诗句中的"昔尝游此郡"，就是指在台州任职；"三霜弄溟岛"，是说在台州任职经历过三个秋天。沈佺期这个自述，就有力否定了他从驩州赦归后任职台州的说法。如果他果然由驩州赦回后任职台州，如何有"三霜弄溟岛"的时间？

且按照《唐六典》规定，对于官吏的考课，由吏部的考功郎中、员外郎负责。"凡应考之官，皆具录当年功过、行能，本司及本州长官对众读，议其优劣，定为九等考第，各于其所由司准额校定，然后送省。内外文武官，量远近，以程限之有差。其外官附朝集使送簿至省。"注云："京师百僚，九月三十日已前校定，十月一日送省。外官去京一千五百里内，八月三十日；三千里内，七月三十日；五千里内，五月三十日；七千里内，三月三十日；万里内，正月三十日已前校定。"[1] 年度考核是不需要被考核的地方一般官员赴京的。考《元和郡县图志》"台州，八到：西北至上都四千五百里。西北至东都三千一百四十里"[2]，则台州至神都洛阳三千一百四十里，属于三千里之外、五千里之内，当年五月台州的考课材料即应送至吏部。考虑到沈佺期初任台州录事参军事，经洛阳赴任到台州需要数月时间，虽有比较严格的程限规定，但也需要不短的时间。按《唐六典》卷三"度支郎中"规定："凡陆行之程：马日七十里，步及驴五十里，车三十里。水

---

[1] 《唐六典》卷二，第42页。
[2] 李吉甫：《元和郡县图志》下"江南道二"，中华书局1983年6月第1版，第627页。

行之程：舟之重者，泝河日三十里，江四十里，余水四十五里；空舟泝河四十里，江五十里，余水六十里。"① 沈佺期赴任台州，所行多为水路，即使按照每日六十里的行程，三千一百四十里需要将近两月时间才能到达台州。本年任职至考课之时不足二百日，按照《唐六典》"凡流内、流外官考前釐务不满二百日者，不考"② 和"内外六品已下，四考满，皆中中考者，因选，进一阶；每二中上考，又进两阶；每一上下考，进两阶。若兼有下考，得以上考除之"③ 的规定，六品以下官员一任四年，符合考课的规定才能与选。所以沈佺期所谓"三霜弄溟岛"，经过三个整年，经历四次考课，也就是四年一任了。按当时考课，录事参军事等并非主官，要拿到上下考是一件很难的事情。一般的也就是中中考或者中下考，也就是称职而已。因此，在台州的地方官考课中，沈佺期是不可能快速升职的。如此，正常情况下，沈佺期在台州录事参军事任上应该是四年。

前文已确认沈佺期任台州录事参军事的时间为武后天授元年（690），则经过"三霜"即四次年考之后离开台州赴京任职。考虑到《唐六典》注："凡内外官清白著称、强干有闻，若上第，则中书门下改授；五品已上，量加进改；六品已下，至冬选量第加官。若第二、第三等人，五品已上，改日稍优之；六品已下，不待秩满，听选，加优授焉。"还规定："凡选授之制，每岁孟冬，以三旬会其人：去王城五百里之内，集于上旬；千里之内，集于中旬；千里之外，集于下旬。"④ 可见沈佺期于如意元年（692）离开台州去长安赴选，应该是该年十月下旬到达。那他离开台州，应该是在当年八月中，至迟不得超过八月下旬。到达长安后赴选后被任为从六品下的某个官职，经一任再授任通事舍人。

《新唐书》卷二百二"文艺中"："沈佺期……及进士第，由协律郎累除给事中。"⑤ 可见是将沈佺期任协律郎职务的时间置于他入仕之后，任通事舍人之前一段时间内。查《唐六典》卷十四"太常寺"，协律郎是太常寺属

---

① 《唐六典》卷三，第80页。
② 《唐六典》卷二，第42页。
③ 《唐六典》卷二，第32页。
④ 《唐六典》卷三，第34、27页。
⑤ 《新唐书》卷二百二"文艺中"，第4740页。

官。"协律郎二人,正八品上。协律郎掌和六律、六吕,以辨四时之气,八风五音之节。"① 可见,协律郎的任职条件是要精通音律。而沈佺期在这方面具有深厚的家学渊源,其本人又精通韵律,作为唐律的定型者之一就是证明。他自然是可以胜任协律郎职务的。关键是他何时担任这个职务?

谭优学先生引《新唐书》《唐才子传》,认为二书"均以初仕为协律郎",这个说法有误,原因在于不明唐代科举任官制度。其他诸家对于沈佺期何时任协律郎均不著一辞。笔者以为,如能确定沈佺期任台州录事参军事的时间为武则天天授元年(690),则可以大致确定沈佺期任协律郎的时间。查陶敏、易淑琼《沈佺期宋之问简谱》可知,在天授元年之前的十数年间,即唐高宗上元二年(675)沈佺期中举至武则天天授元年(690)这十五年间,即沈佺期21岁至35岁,均说沈佺期"在洛阳为官",至于什么职务,则未明确。笔者则认为,从唐代任官制度来看,既然沈佺期此阶段任官,则担任协律郎必在任台州录事参军事前三数年,也就是唐垂拱三年(687)至唐载初元年、武则天天授元年(690),亦即沈佺期32岁至35岁间。沈佺期于唐上元二年(675)中举至垂拱三年(687),入仕已经十二年,从初仕的从九品下或者正九品下到正八品上阶,间隔七个品级,历考十二年,经历三次以上转任,达到正八品上阶的协律郎职务。再从协律郎的正八品上阶到台州录事参军事的从七品上阶,按照唐代都畿、清望官三任、十考以上"得隔品授官"的任官制度规定,确实是丝丝入扣的。因此可以确定,沈佺期任协律郎的时间,应为唐垂拱三年(687)至武则天天授元年(690),此后,协律郎任满,即于天授元年出京任台州录事参军事。

如考虑沈佺期台州录事参军事任满即回京任通事舍人,则台州录事参军事为从七品上阶,到通事舍人的从六品上阶还隔着三个差级。因此可知,沈佺期从台州录事参军事任满回到洛阳任通事舍人,他必然还任过正七品下阶或者从六品下阶的官职,才可能达到任通事舍人的级别。因此,可以认定,沈佺期自录事参军事任满后回洛阳任通事舍人,应该具有任从六品下阶经历三年之后,也就是一任从六品下阶的职务的经历。具体任何职不

---

① 《唐六典》卷十四,第398页。

详。沈佺期有《和中书侍郎杨再思春夜宿直》诗,沈佺期作此诗的时间,陶敏、易淑琼定为证圣元年(695)春,并有详细考证,谓杨再思的中书侍郎有误,当为鸾台侍郎,或门下侍郎、黄门侍郎,可参。[①] 按照《唐六典》规定,"每日以六品已上清官两人待制于衙内"[②],也就是说,具有六品以上的官资才能待制于衙内。这里未说这个六品是正六品还是从六品,应该是无分正、从的六品官员均有资格待制于衙内。杨再思是侍郎,正四品上的官员,自然具备待制条件,沈佺期也必然具备待制的资格,属于六品官员。考虑到此前沈佺期所任台州录事参军事为从七品上阶,因此,沈佺期此时担任从六品的官位比较可信。又因为当时杨再思时任鸾台侍郎,或称黄门侍郎,属于门下省,沈佺期得与杨再思共同入衙待制,赋诗唱和,因此,沈佺期此时应该是在门下省任职。查《唐六典》,门下省六品官职,有起居郎二人,从六品上;城门郎四人,从六品上;符宝郎四人,从六品上。沈佺期所任很可能就是这些职务中的某一个职位。

(五) 沈佺期早期任职履历表

由此,可以顺序排列从沈佺期入仕后到任通事舍人的任官经历如下:

唐高宗上元二年(675):沈佺期中郑益榜进士,其年20岁。同时中举者还有宋之问、刘希夷、梁载言、张鷟、陈该、附不疑、魏愍等进士四十五人。别敕有钱令绪等四人;应制及第有杨炯、李至远等二人。知贡举者为骞味道。[③] 随即入仕。初仕当为从九品下或从九品上阶。

唐高宗上元三年、仪凤元年(676)至武后垂拱三年(687):沈佺期在洛阳任职,年龄是21岁至32岁。

武则天垂拱三年(687)至天授元年(690):沈佺期任协律郎,正八品上阶,任职共三年(32-35岁)。曾作《则天门赦改年》诗。

武则天天授元年(690)至长寿二年(693):沈佺期任台州录事参军事,从七品上阶。其年35岁至38岁。任职共四年,经过三个秋天。

---

① 陶敏、易淑琼:《沈佺期宋之问诗集校注》上册,第23-24页。
② 《唐六典》卷二,第34页。
③ 孟二冬:《登科记考补正》上册,第72页。

武则天长寿三年（694）二月：沈佺期在洛阳任官。所任官职当为门下省从六品的职务。曾宴于考功员外郎李秦授宅。有《李员外秦授宅观妓》诗。

　　武则天证圣元年（695）至圣历元年（698）：沈佺期在洛阳任职。曾陪鸾台侍郎杨再思值宿。有《和中书侍郎杨再思春夜宿直》诗，然杨再思所任非中书侍郎，应为鸾台侍郎或门下侍郎，或黄门侍郎。沈佺期所任具体职务不详，但至少应是门下省的从六品下的官职，或者就是其任通事舍人期间的事情。

　　圣历元年（698）：沈佺期在洛阳，任通事舍人，从六品上阶。其后，则常陪侍武则天游幸。预修《三教珠英》。遂为二张势力所重。历官考功员外郎（从六品上）、考功郎中（从五品上）、给事中（正五品上）等，直至长安四年（704）正月"考功受赇"案发入狱，于神龙元年（705）二月被流放于驩州。

二　沈佺期任太子少詹事、太子詹事时间及卒年新考

　　沈佺期任过太子少詹事，史有明载。但是任哪位太子的少詹事，则存在分歧。连波、查洪德说他睿宗时期任李隆基的太子少詹事[①]。陶敏、易淑琼则认为沈佺期是在玄宗开元初任此职务的。陶敏、易淑琼《沈佺期宋之问简谱》据《唐会要》卷二十二谓沈佺期约于先天元年（712）迁太府少卿，证据确凿，当从。而沈佺期开元二年（714）六月尚在太府少卿任，推定沈佺期任太子少詹事"当在去年（开元二年）六月后或本年"[②]。即开元二年六月后或开元三年，推测看似合理，其实未必然。笔者认为，沈佺期任太子少詹事的准确时间是可以考证出来的。据考证，沈佺期或曾任过太子詹事一职，由此，其逝年也就存在疑问，惜乎未能引起学界注意。本节拟就这些问题做一些探讨。

---

① 连波、查洪德：《沈佺期诗集校注》，第229页。
② 陶敏、易淑琼：《沈佺期宋之问集校注》下册，第810页。

（一）从东宫属官设置看沈佺期任太子少詹事的准确时间

连波、查洪德《沈佺期集校注》所附"沈佺期年谱""睿宗景云二年"记，"二月，李隆基以太子监国，秉决政事"，说沈佺期"当于是年冬迁太子少詹事"。其所据为苏颋所行《授沈佺期太子少詹事等制》，则认为沈佺期任太子少詹事在李隆基为太子时。考李隆基于景云元年（710）七月平韦后之乱，得立为太子，景云二年（711）二月监国，先天元年（712）七月以其父皇睿宗意践皇帝位。其为太子时的太子太师为宋王李成器[①]，太子少保为韦安石，太子詹事为魏知古[②]。而当时沈佺期则官职较低，据陶敏等考证，沈佺期于开元二年六月始任太府少卿，李隆基为太子时，沈佺期不到任太子少詹事所需品级，又未见在平定韦后之乱时有何突出表现，其时沈佺期任太子少詹事是不可能的。

沈佺期任过太子少詹事无可怀疑。《新唐书》本传谓："寻历中书舍人，太子少詹事。"[③] 查李希泌主编《唐大诏令集补编》录有："授沈佺期太子少詹事等制：黄门：正议大夫、太府少卿、昭文馆学士、上柱国、吴兴县开国男沈佺期，才标颖拔，思诣精微，早升多士之行，独擅词人之律。正议大夫、行卫尉少卿、上柱国杨崇礼，神情凝正，器识沉敏，久闻忠义之风，克树循良之绩。储闱总务，卿寺推能，伫执纪纲，爰司帑藏。佺期可太子少詹事，余如故。崇礼可行太府少卿，散官、勋如故，主者施行。"[④] 作者是苏颋。

沈佺期任太子少詹士的始任时间，即是《授沈佺期太子少詹事等制》发布的时间则无可怀疑。

确定沈佺期任太子少詹事的准确时间，须具备三个条件。一是要有太

[①] 李隆基任太子，有《景云元年册皇太子敕》，见宋敏求《唐大诏令集》卷二十九，中华书局 2008 年 4 月第 1 版，第 103 页；宋王李成器任太子太师，有《授宋王成器太子太师制》，此制为苏颋所作。见李希泌主编《唐大诏令集补编》上册，第 461 页。其余东宫任职者，见《新唐书》卷五。

[②] 《旧唐书》卷八"玄宗纪"上，第 3503 页；《新唐书》卷五"睿宗玄宗纪"，第 4145－4146 页。

[③] 《新唐书》卷二百二"沈佺期传"，第 4740 页。

[④] 李希泌主编《唐大诏令集补编》上册，第 471 页。

子，或确定要立太子。有太子必置太子宫，也就必然配备太子东宫属官，尤其是配备太子詹事、少詹事职位；二是沈佺期必须有任太子少詹事的资格；三是撰写制书的苏颋需要具备代天子立言的资格。或者说苏颋必须具备中书舍人知制诰的职任。三者相合，方能确定《授沈佺期太子少詹事等制》的发布时间，亦即可以确定沈佺期任太子少詹事的准确时间。

  查宋人宋敏求《唐大诏令集》"开元三年册皇太子敕"："黄门：朕闻王者神器，天之大业。震百里而崇孟侯，昭四方而建元子，其所由来尚矣！我国家参天贰地，济以丰功；祖武宗文，承以密命。顾循菲德，寅畏鸿名。太上皇命朕以位，卿大夫补朕之阙，金率先自迩，稽古为新。国本不可以不立，故宵衣当宁，闻义是将。朝服升阶，择贤而举。皇太子嗣谦，生知礼乐，性成仁孝。子孙之爱，则敬不绝驰；问竖之安，则恭而至寝。观其言精视牒，思敏题鞭，固以核东序之讨论，契南山之调护。今少阳践位，献岁发春；草树自荣，乾坤交泰。副君之牓，已别其宫。太史之书，更藏于府，帝图斯永，人望所归。庶符知子之明，岂独在予之庆？用施宽宏，光于政理。今望苑初开，端僚是切。天下有高才懋德，硕学纯儒，比迹春卿，齐名夏绮，具以征辟。"文后注曰"正月"，与题目相系，则此敕作于开元三年正月也。① 李希泌主编《唐大诏令集补编》亦录如此文，只文题为"册皇太子制"，个别文句、文字亦有差，当是传抄致误。但不影响基本内涵。文末注有"开元三年正月"② 字样。再查《旧唐书》卷八"玄宗上"，开元"三年春正月丁亥，立郢王嗣谦为皇太子"③，与之相合。可见开元三年（715）正月丁亥日，唐玄宗立郢王李嗣谦即李瑛为太子，这是唐玄宗所立的第一个太子。唐玄宗开元二十五年以前，太子均是李瑛，至开元二十五年四月，玄宗因宠爱武妃，才废李瑛太子位。《新唐书》卷五"玄宗"开元二十五年四月"乙丑，废皇太子瑛及鄂王瑶、光王琚为庶人，皆杀之"④。由此可知，李瑛在太子位自开元三年（715）正月至开元二十五年（737）

---

① 宋敏求：《唐大诏令集》，第103页。
② 李希泌主编《唐大诏令集补编》上册，第86–87页。
③ 《旧唐书》"玄宗上"，第3504页。
④ 《新唐书》卷五"玄宗"，第4147页。

四月，一共是二十二年多一点。唐玄宗开元三年正月已立太子，即此时需要配备东宫属官。虽然东宫重要官员的确定需要一个选拔过程，但这个时间不会太长。

太子属官是一套完整的机构，学界此前于此较少关注，此处对李隆基为太子时的东宫属官略做探讨，或者对于李隆基立李嗣谦为太子后东宫属官配置有所启发。

查《唐六典》卷二十六、卷二十七、卷二十八，太子属官有太子三师、太子三少、太子宾客、太子詹事、太子司直、太子左春坊、太子左庶子、太子司议郎、太子左赞善大夫等，太子左春坊中有崇文馆学士、司经局洗马、典膳局典膳郎、药藏局药藏郎、内直局内直郎、典设局典设郎、宫门局宫门郎等。太子右春坊中设太子右庶子、太子舍人、太子右喻德等。以上见卷二十六。还设有太子家令寺、太子率更寺、太子仆寺。太子家令寺中设食官署、典仓署、司藏署；太子仆寺内设厩牧署。以上见卷二十七。太子属官还有太子左右卫率府、太子左右司御率府、太子左右清道率府、太子左右监门率府、太子左右内率府等。其中太子左右卫率府中设有左右率亲、勋、翊等府。以上见卷二十八。①

据《唐六典》，东宫属官中，"太子太师一人，太傅一人，太保一人，并从一品。太子三师，以道德辅教太子者也。至于动静起居，言语视听，皆有以师焉。太子少师一人，少傅一人，少保一人，并正二品。太子三少掌奉皇太子以观三师之道德而教喻焉。""凡三师、三少，官不必备，唯其人，无其人则阙之。"可见太子属官中太子三师、三少职数均一人，一般授予年高德劭、品级巍崇的亲王或大臣，有时还是追赠，如玄宗功臣郭元振"开元十年，追赠太子少保"②。因唐代执事官品最高者为三品，如加授或赠太子三师三少职务，则可能成为从一品或二品，是很荣耀的。太子宾客职数四人。这些职务任职者的选择十分慎重，非有适任者则不授。

"太子宾客四人，正三品。太子宾客掌侍从规谏，赞相礼仪，而先后

---

① 《唐六典》目录，第 9–10 页；《唐六典》卷二十六"太子三师三少詹事府左右春坊内官"，第 654–660 页。
② 《旧唐书》卷九十七"郭元振传"，第 3843 页。

焉。凡皇太子有宾客宴会，则为之上齿。"①

《唐六典》卷二十六："太子詹事府：詹事一人，正三品；少詹事一人，正四品上。太子詹事之职，统东宫三寺、十率府之政令，举其纲纪，而修其职务；少詹事为之贰。凡天子六官之典制，皆视其事而承受焉。"② 可见，沈佺期所任职的太子少詹事属于太子詹事的副职，是詹事府中履行统筹协调职务的重要官员。

太子宫中最为关键的机构就是太子詹事府，这是总理太子东宫各项事务、协调主管东宫运行的实体机构，如主要官员缺位，东宫运行必然失序而陷入混乱，因此，太子詹事府主要官员是不会缺员的。这也即是说，只要册封太子，必然设立太子詹事府。

苏颋撰有《授宋王成器太子太师制》③，以宋王李成器为李隆基太子太师，与《旧唐书》"睿宗纪"所记合。《旧唐书》载：景云元年六月二十四日睿宗登极后，乙巳日，即以"左卫大将军宋王成器为太子太师"④，也就是说确定由李隆基任太子的同时即已经确定由李成器任太子太师。据许道勋、赵克尧著《唐玄宗传》考定，铲除韦后势力是六月二十日，六月二十七日宣布李隆基为太子，七月二十日举行册封李隆基位于太子的册命仪式。⑤ 而李隆基为太子，就意味着李隆基将成为未来的皇帝。但李隆基非长子，按照古代礼制，长子是自然的继位者，睿宗的长子李成器在其父首次登极时曾被立为太子，到此时被立为太子也顺理成章。但李成器因李隆基为江山社稷立有大功，极力推举他为太子。因而授予太子太师予以表彰，作为长兄得此荣宠，也较为合理。因此，李成器的太子太师一职，应该就是在平定韦后之乱后，已经确立李隆基为太子，但又未行正式册封之礼时所授。

《旧唐书》"睿宗纪"又记"十一月……辛亥，太子太师、宋王成器为尚书左仆射，苏瓌为太子少傅、侍中，郇国公韦安石为太子少保，改封郇

---

① 《唐六典》卷二十六，第 660－661 页。
② 《唐六典》卷二十六，第 662 页。
③ 李希泌主编《唐大诏令集补编》上册，第 461 页
④ 《旧唐书》卷七"睿宗纪"，第 3502 页。
⑤ 见许道勋、赵克尧《唐玄宗传》，人民出版社 2015 年 3 月第 2 版，第 40－41、48 页。

国公，并罢知政事。"① 韦安石任太子少保职已经在立太子之后了。景云元年李成器"十一月拜尚书左仆射，寻迁司徒，其太师都督并如故。明年表让司徒，拜太子宾客兼扬州大都督如故"（《旧唐书》"让皇帝宪"）。到"二年"，"二月……甲申……宋王成器为太子宾客，仍依旧遥领扬州大都督"。"八月……己巳，韦安石为尚书右仆射，同中书门下三品兼太子宾客。"② 何以宋王李成器由太子太师、韦安石由太子少保直接降为太子宾客？原因是出于李成器"表让"，也就是李成器上表辞让。韦安石之降则因保护太子李隆基，为太平公主"构飞语"所中，赖郭元振保护获免。《旧唐书》"韦安石传"载其"俄而迁尚书左仆射兼太子宾客"③。李隆基的太子宾客还有徐彦伯。《旧唐书》卷九十四"徐彦伯传"记"景云初，加银青光禄大夫，迁右散骑常侍、太子宾客"④。

查《唐大诏令集补编》存有苏颋所撰《授唐休璟太子少师制》，则作于唐睿宗景云元年七月己巳（二十日）唐睿宗册立平王李隆基为太子之时。则唐休璟乃太子李隆基的太子少师。

除以上职务之外，睿宗于正式册立李隆基为太子前，安排"宋州刺史、兵部尚书姚元之（崇）兼太子右庶子，吏部尚书宋璟兼太子左庶子"。景云二年（711）二月李隆基以太子身份监国后，睿宗又对太子东宫属官设置进行完善，"复置太子左右谕德、太子左右赞善，各置两员"。当然这也可能是李隆基出于扩大人才储备、建立未来的执政队伍所采取的措施。至八月"己巳，韦安石为尚书右仆射同中书门下三品，兼太子宾客。吏部尚书窦希玠为太子少傅""太子詹事崔湜为中书侍郎""冬十月甲辰……兵部侍郎兼左庶子张说为尚书左丞，罢知政事""景云三年（是年春正月改元太极）……二月……丁亥，皇太子释奠于国学，追赠颜回为太子太师，曾参为太子太保"。再至先天"二年春正月""乙亥，吏部尚书兼太子右谕德、郯国公萧至忠为中书令"⑤。是年夏六月，平定太平公主之乱后，其党与太子少保薛

---

① 《旧唐书》卷七"睿宗纪"，第 3502 页。
② 《旧唐书》卷七，第 3502 页。
③ 《旧唐书》卷九十二"韦安石传"，第 3832 页。
④ 《旧唐书》卷九十四"徐彦伯传"，第 3838 页。
⑤ 《旧唐书》卷七，第 3502 - 3503 页。

稷等皆被诛杀。可见，崔湜任过太子詹事，萧至忠任过李隆基的太子右谕德，薛稷任过其太子少保。还有刘子玄任过太子左庶子。《旧唐书》卷一百二"刘子玄传"谓其"景云中累迁太子左庶子兼崇文馆学士"[1]；徐坚亦任过太子詹事。《旧唐书》卷一百二"徐坚传"谓"坚妻即侍中岑羲之妹，坚以与羲近亲，固辞机密，乃转太子詹事"[2]。岑羲当时任侍中之职，先天元年因参与太平公主之谋被李隆基诛杀。徐坚任太子詹事应该就在先天元年中。史书还记高力士曾任东宫官。《旧唐书》卷一百八十四"高力士传"："唐隆平内难，（李隆基）升储位，奏力士属内坊"[3]，内坊就是太子内坊，太子内坊设典内职二人，从五品下。高力士原与李隆基倾心交结，由此成为李隆基的亲信。由以上所引材料，可以列出睿宗时太子李隆基东宫官属情况。

太子太师：李成器；

太子少师：唐休璟；

太子少傅：窦希玠、苏瓌；

太子少保：韦安石、薛稷；

太子宾客：李成器、韦安石、徐彦伯；

太子詹事：崔湜、徐坚；

太子左庶子：宋璟、张说、刘子玄；

太子右庶子：姚元之；

太子右谕德：萧至忠；

太子内坊：高力士。

可见，李隆基任太子前，睿宗即授出太子少师等高级职务，立太子后又陆续配置东宫属官，而且配备比较完备。当然李隆基此时面临的情况是复杂的，其属官的情况也有人事的参差，机构建设也有个完善的过程。但总的说来，除少数人之外，绝大多数还是归心于李隆基的。

到李隆基登基的开元之后，因为彻底扫除了反对势力，政权是十分稳

---

[1] 《旧唐书》卷一百二"刘子玄传"，第3858页。
[2] 《旧唐书》卷一百二"徐坚传"，第3858页。
[3] 《旧唐书》卷一百八十四"高力士传"，第4049页。

固的。开元三年正月既已立太子,时间也比较从容,所以,必然设置较为完备的太子属官机构,配备比较完备的东宫属官。

下面拟对开元三年东宫主要属官进行考证,或者可以还原出当时东宫官员架构的基本情况。

太子三师:这些职务在开元三年时的情况笔者尚未考见。开元八年后,岐王李范为太子太傅;薛王李业为太子太保。

太子少师:岐王李范:《旧唐书》卷九十五"睿宗诸子":"惠文太子范,睿宗第四子也。本名隆范,后避玄宗连名,改单称范……开元初拜太子少师,带本官历绛、郑、岐三州刺史。八年迁太子太傅。"① 可知,岐王李隆范于开元初任太子少师,开元八年升任太子太傅。

太子少保:薛王李业:《旧唐书》卷九十五"惠宣太子业":"惠宣太子业,睿宗第五子也。本名隆业,后单名业……开元初,历太子少保,同、泾、豳、卫、虢等州刺史。八年,迁太子太保。"② 可知薛王李隆业开元初任太子少保。

查李希泌主编《唐大诏令集补编》上,卷十二存有苏颋《授岐王范太子少师等制》:"黄门:赞翼皇储,允归师保。崇敬叔父,谅属亲贤。虢州刺史、上柱国岐王范,秘书监兼幽州刺史、上柱国薛王业等,明允笃诚,温良恭俭,忠孝先于令典,文儒伟于成业,自为我藩翰,拥其干旌,雅闻邵伯之诗,尤羡鲁公之政。虽颁条是务,而导礼兼资,因入拜于承明,伫来仪于博望。范可太子少师、虢州刺史,业可太子少保,兼幽州刺史。"③ 这道制文无写作时间,但后文笔者将确定,苏颋具有撰写制书资格即任中书舍人知制诰是两个时期:一是唐中宗神龙年间至唐睿宗景云元年十一月,二是唐玄宗开元元年四月至开元四年十二月。《旧唐书》既云岐王李范、薛王李业开元初曾任太子少师和太子少保,则苏颋这道制书应作于册立太子之时,即开元三年正月。

太子少保:刘幽求。《旧唐书》本传谓"开元初改尚书左右仆射为左右

---

① 《旧唐书》卷九十五"睿宗诸子",第 3839 页。
② 《旧唐书》卷九十五,第 3839 页。
③ 李希泌主编《唐大诏令集补编》上册,第 463 页。

丞相。乃授幽求尚书左丞相兼黄门监，未几除太子少保，罢知政事"①。《旧唐书》卷八"玄宗纪"谓刘幽求于开元元年十二月癸丑任太子少保，开元二年二月丁亥出为睦州刺史。②

太子宾客：韦嗣立、郑惟忠、解琬。李希泌主编《唐大诏令集补编》卷十二存有《授韦嗣立太子宾客制》和《授郑惟忠太子宾客制》③ 两道。考韦嗣立为唐代名臣、武则天垂拱年间纳言韦思谦之子。《旧唐书》本传未记其任太子宾客事。但记其"开元初入为国子祭酒……开元七年卒"④。《新唐书》则记其"唐隆初拜中书令"，"以定策立睿宗，赐封百户，徙汝州，入为国子祭酒、太子宾客"⑤。然《旧唐书》卷八"玄宗纪"上记开元二年三月"太子宾客、逍遥公韦嗣立为岳州别驾"⑥，则可见韦嗣立确实由国子祭酒任太子宾客，时间应该也是在开元二年三月前，亦即玄宗未立太子之前。

按：韦嗣立左降岳州别驾，乃由于姜皎陷害。查《旧唐书》"韦安石传"："安石初在蒲州时，太常卿姜皎有所请托，安石拒之。皎大怒。开元二年，皎弟晦为御史中丞，以安石等作相时，同受中宗遗制，宗楚客、韦温削除相王辅政之辞，安石不能正其事，令侍御史洪子舆举劾之，子舆以事经赦令，固称不可。监察御史郭震希皎等意，越次奏之，于是下诏曰：'青州刺史韦安石、太子宾客韦嗣立、刑部尚书赵彦昭等，往在先朝，曲蒙厚赏，因缘幸会，久在庙堂，朋党比周，闻于行路……安石可沔州别驾，嗣立可岳州别驾，彦昭可袁州别驾，并员外置。'"⑦

再考郑惟忠，郑惟忠新旧唐书有传，亦为名臣。《旧唐书》卷一百"郑惟忠传"记其"开元初为礼部尚书，转太子宾客，十年卒，赠太子少保"⑧。

---

① 《旧唐书》卷九十七"刘幽求传"，第3842页。
② 《旧唐书》卷八"玄宗纪"，第3504页。
③ 李希泌主编《唐大诏令集补编》卷十二，第465－466页。
④ 《旧唐书》卷八十八"韦嗣谦传"附，第3821页。
⑤ 《新唐书》卷一百一十六"韦嗣立传"，第4560－4561页。
⑥ 《旧唐书》卷八"玄宗纪"上，第3504页。
⑦ 《旧唐书》卷九十二，"韦安石传"，第3832页。
⑧ 《旧唐书》卷一百"郑惟忠传"，第3851页。

《新唐书》本传所记较略，但仍记其"迁太子宾客，卒，赠太子少保"①。综合考虑，郑惟忠应于开元三年正月任太子宾客。由此确定，苏颋这道制文，亦当作于此时。

《旧唐书》卷五十七"庞卿恽传"："庞卿恽者，……子同善，官至右金吾大将军。同善子承宗，开元初为太子宾客。"② 可见庞承宗于开元初任太子宾客。

考《旧唐书》卷一百八十五"杨元琰传"谓其"开元初，拜太子宾客，致仕。六年卒于家，年七十九"。杨元琰在《旧唐书》中列入"良吏"下，曾任安南副都护，历蕲、蒲、晋、魏、宣、许六州刺史，凉、梁二都督，荆府长史。前后九度清白，是当时著名地方大员。参与定谋诛杀二张，是发动神龙政变的重要人物之一。睿宗时升至刑部尚书，封魏国公。以这样对恢复唐室有大贡献、道德才干十分优异的人物担任太子宾客，玄宗自然十分放心。③《新唐书》亦记其任太子宾客事④，然未明言任职时间。

《旧唐书》卷一百"解琬传"载：解琬"迁太子宾客，开元五年出为同州刺史，明年卒，年八十余"。解琬是魏州元城人，任过御史中丞、右台御史大夫兼持节朔方行军大总管。"在军二十余载，务农习战，多所利益，边境安之。"功劳很大。"寻授右武卫大将军兼检校晋州刺史，赐爵济南县男。"⑤ 数次请求致仕，均未得准许。《新唐书》本传亦云他曾任太子宾客，开元五年卒于同州任。⑥ 可见解琬曾出任太子宾客，但时间可能非开元三年正月。

以上所考，有郑惟忠、庞承宗、杨元琰均于开元初任太子宾客，而解琬则未明确任职时间。查太子宾客职数仅四人，则解琬之任太子宾客的时间应该晚于开元三年正月，早于开元五年。因任太子宾客之人，一般年事、职务较高，或许有开元三年正月任职后不久即退出此位，解琬由此接任也

---

① 《新唐书》卷一百二十八"郑惟忠传"，第4588页。
② 《旧唐书》卷五十七"庞卿恽传"，第3752页。
③ 《旧唐书》卷一百八十五"杨元琰传"，第4055 - 4056页。
④ 《新唐书》卷一百二十"杨元琰传"，第4570页。
⑤ 《旧唐书》卷一百"解琬传"，第3850 - 3851页。
⑥ 《新唐书》卷一百三十"解琬传"，第4593页。

未可知。

按照唐时制度，太子詹事府设詹事一人，少詹事一人。

在开元初任过太子詹事的人中，张暐是与唐玄宗和太子李嗣谦（瑛）关系最为密切的人之一。《旧唐书》卷一百六"张暐传"：张暐乃李隆基为太子时之东宫旧人。在此之前中宗景龙初年，张暐任铜鞮令时即与当时的临淄王、潞州别驾李隆基交好，且"潜识英姿，倾身事之，日奉游处。及乐人赵元礼自山东来，有女美丽，善歌舞，王幸之。止于暐第，生废太子瑛。唐隆元年（710）六月，王清内难，升为皇太子，召暐拜宫门大夫，每与诸王、姜皎、崔湜、李令问、王守一、薛伯阳在太子左右以接欢。其年擢拜左台侍御史，数月迁左御史台中丞"。先天元年（712），李隆基即位后，太平公主有异谋，广树朋党，"暐与仆射刘幽求请先为备，太平闻之，白于睿宗，乃流暐于岭南峰州，幽求谪于岭外。及太平之败，幽求追拜尚书左仆射兼侍中，暐为大理卿、封邓国公，实封三百户。逾月又加权兼雍州长史，其年十二月改元开元，以雍州为京兆府，长史为尹，暐首迁京兆尹。入侍宴私出。主都政，以为荣宠之极。暐亦有应务才干，迁太子詹事，判尚书左右丞，再除左羽林大将军，三为左金吾大将军。又为殿中监、太仆卿。（开元）二十年，以暐年高，加特进"。张暐逝于天宝五载（746），年九十余岁。赠开府仪同三司。[1] 以其逝年九十计，开元元年时张暐57岁，先任雍州长史，正四品下，再任京兆尹，从三品。至李嗣谦为太子时，张暐59岁，为首任太子詹事，则为正三品。张暐无论功劳，拟或是与玄宗和太子的亲密关系，还有对于东宫事务的熟悉，任正三品太子詹事，是很合适的。

元行冲也在开元初任过太子詹事。《旧唐书》卷一百二"元行冲传"说他"博学多通，尤善音律及诂训之书。举进士，累转通事舍人……开元初自太子詹事出为岐州刺史，又充关内道按察使"[2]。元行冲名澹，以字行。乃后魏常山王素连之后，开元七年之后又任过左散骑常侍、检校集贤、太子宾客、弘文馆学士等职，著述甚丰。《新唐书》"元澹传"列入"儒学"

---

[1] 《旧唐书》卷一百六"张暐传"，第3867–3868页。
[2] 《旧唐书》卷一百二"元行冲传"，第3858–3859页。

下,谓:"元澹,字行冲,以字显。后魏常山王素连之后……充使检校集贤,再迁太子宾客、弘文馆学士。……(开元)十七年卒,年七十七,赠礼部尚书,谥曰献。"① 这是当时颇具名望的人物,他任太子詹事,无论人品学识,还是名望,均为合适。

《旧唐书》卷九十七"钟绍京传":"玄宗即位,复召拜户部尚书,迁太子詹事。"② 则钟绍京当于开元初年任过太子詹事。《新唐书》卷一百二十一"钟绍京传"则谓"玄宗即位,复拜户部尚书,增实封,改太子詹事。不为姚崇所喜,与幽求并以怨望得罪,贬果州刺史"。如此,则钟绍京任太子詹事当在开元二年闰二月被贬果州刺史之前。其准确任职时间,或与刘幽求开元元年十二月癸丑任太子少保同时。

《旧唐书》卷一百八十九"柳冲传":"中宗命冲与左仆射魏元忠及史官张锡、徐坚、刘宪等八人依据《氏族志》重加修撰,元忠等施功未半,相继而卒。乃迁为外职。至先天初,冲始与侍中魏知古、中书侍郎陆象先及徐坚、刘子玄、吴竞等撰成《姓族系录》二百卷奏上。冲后历太子詹事、太子宾客、宋王傅、昭文馆学士,以老疾致仕。开元二年又敕冲及著作郎薛南金刊定《系录》奏上,赐绢百匹。五年卒。"③《旧唐书》"玄宗纪"记"(开元)二年……七月……丙午,昭文馆学士柳冲、太子左庶子刘子玄刊定《姓族系录》二百卷上之,以兴庆里旧邸为兴庆宫诸王傅"④。可知柳冲亦任过太子詹事、太子宾客,时间在先天初至开元二年七月前。

据李希泌主编之《唐大诏令集补编》《旧唐书》"毕构传"载,开元四年时的户部尚书毕构也曾任过太子詹事,详后考证。

太子少詹事:沈佺期,已见制书,后文还要做一些考证,此处不赘。

开元三年太子属官中还有一些人可以考知。如韦抗"开元三年自左庶子出为益州长史"⑤,则韦抗开元三年为太子左春坊左庶子明也。李希泌主编之《唐大诏令集补编》中尚收录有苏颋所撰《授韦抗太子左庶子制》亦

---

① 《新唐书》卷二百"元澹传",第4733页。
② 《旧唐书》卷九十七"钟绍京传",第3842页。
③ 《旧唐书》卷一百八十九"柳冲传",第4074页。
④ 《旧唐书》卷八"玄宗纪",第3504页。
⑤ 《旧唐书》卷九十二"韦安石传",第3832页。

可证明。《旧唐书》卷七十一"魏征传"谓，魏征"四子：叔琬、叔璘、叔瑜、叔玉，袭爵国公……叔瑜子华，开元初太子右庶子"[1]，则魏华开元初任太子右庶子。

再如李林甫"开元初迁太子中允"[2]。李希泌主编之《唐大诏令集补编》中尚收录有苏颋所撰《授于光寓太子中允制》《授李寮太子中允制》《授魏愨太子司仪郎制》《授张肩太子司仪郎制》《授许诚感司仪郎等制》《授杨祯太子右喻德制》《授王瑀太子左赞善大夫制》《授苏徵太子右赞善大夫制》《授吴昇太子左赞善大夫制》《授窦元泰太子洗马制》《授萧嵩太子舍人制》《授姚奕太子舍人制》《授崔宥太子舍人制》《授纪千钧太子舍人等制》。这些制文或行非一时，但都出于苏颋之手，则可以确定，都写于中宗、睿宗年间和开元元年四月始，至开元四年十二月止这两个时间段落中。这两个时间段落内苏颋具有写作制文的条件：中书舍人、知制诰（详后考证）。结合这个时间段内的其他材料，可以考知这些人的任职时间。

为便于阅检，特制《开元八年前东宫职官任职情况一览表》附于书末。从这个表格中可以看出，开元初任东宫官职者最多，似可认为，这个"开元初"，即是册立太子之时或前后，准确时间应为开元三年正月前后一段时间内。也有个别人在开元元年或二年即得授任。

由此可知，开元三年立李嗣谦为太子时，东宫机构的配备是比较完备的，则确定沈佺期任太子少詹事的准确时间的第一个条件已经具备。

按照陶敏、易淑琼《沈佺期宋之问简谱》，开元二年六月，沈佺期还在太府少卿任上。所谓太府，即太府寺。查《唐六典》："太府寺，卿一人，从三品；少卿二人，从四品上。"太府卿之职："掌邦国财货之政令，总京、都四市、平准、左、右藏、常平八署之官属，举其纲目，修其职务，少卿为之贰。"[3] 可见，太府寺是一个专门管理国家财政、物资的实权机构。太府少卿也是一个从四品上阶的高级官员。

按《唐六典》规定（卷二十六）："太子詹事府：詹事一人，正三品；

---

[1] 《旧唐书》卷七十一"魏征传"，第3784页。
[2] 《旧唐书》卷一百六"李林甫传"，第3866页。
[3] 《唐六典》卷二十，第540页。

少詹事一人，正四品上。"太府少卿是从四品上的官位，太子少詹事是正四品上的官位。中间隔着一个正四品下阶的官职。陶敏、易淑琼认为："佺期自从四品上至太府少卿迁正四品上之太子少詹事，是为合理。"① 但是也并未说明为什么这种越级提拔为"合理"。其实，说"合理"仅仅是以情理而言。沈佺期如此看似越级提拔，不仅合理，而且合法合典。

查《唐六典》卷二"尚书吏部"："若都畿、清望，历职三任，经十考已上者，得隔品授之，不然则否。"② 沈佺期无论是为官资历还是品级，均符合隔品授官的规定。沈佺期由太府少卿转任太子少詹事的资历是足够的。由此，确定沈佺期任太子少詹事的准确时间的第二个条件已经具备。

至于苏颋代天子立言即任中书舍人知制诰的资格问题，史书有明确记载。苏颋乃宰相、许国公苏瓌之子。考苏颋履历，他曾在睿宗时期任过中书舍人。考《旧唐书》卷八十八"苏瓌传"："神龙中，累迁给事中，加修文馆学士，俄拜中书舍人。寻而颋父同中书门下三品。父子同掌枢密，是以为荣。机事填委，文诰皆出颋手。中书令李峤叹曰：'舍人思如涌泉，峤所不及也。'俄迁太常少卿。"③ 考《唐六典》卷九"中书舍人六人，正五品上。中书舍人掌侍奉进奏，参议表章。凡诏旨、制敕及玺书、册命，皆按典故起草进画；既下，则署而行之。"注曰："今中书舍人、给事中每年各一人监考内外官使。其中书舍人在省，以年深者为阁老，兼判本省杂事；一人专掌画，谓之知制诰，得食政事之食，余但分署制敕。六人分押尚书六司，凡有章表，皆商量可否，则与侍郎及令连署而进奏。其掌画事繁，或以诸司官兼者，谓之兼制诰。"④ 可见当时苏颋即以中书舍人知制诰，在中宗和睿宗年间，苏颋均具备撰写诏诰制书的资格。《旧唐书》云其父苏瓌"景云元年（710），以老疾转太子少傅。是岁十一月薨"，即苏瓌卒于唐睿宗景云元年（710）十一月，苏颋依制守制，"景云中，瓌薨，诏颋起复，为工部侍郎，加银青光禄大夫。颋抗表固辞，辞理恳切，诏许其终制。服

---

① 陶敏、易淑琼：《沈佺期宋之问简谱》，见《沈佺期宋之问集校注》下册，第 810 页。
② 《唐六典》卷二，第 27 页。
③ 《旧唐书》卷八十八"苏瓌传"，第 3821－3822 页。
④ 《唐六典》卷九，第 276 页。

阁就职，袭父爵许国公。玄宗谓宰臣曰：'有从工部侍郎得中书侍郎否？'对曰：'任贤用能，非臣等所及。'玄宗曰：'苏颋可中书侍郎，仍供政事食。明日，加知制诰。'……时李乂为紫微侍郎，与颋对掌文诰。……开元四年，迁紫微侍郎、同紫微黄门平章事，与侍中宋璟同知政事"①。

景云是唐睿宗的年号，实际上只使用了两年。睿宗即传位于玄宗，因此景云三年又称先天元年（712）。第二年，唐玄宗平定太平公主之乱，睿宗将政权全部交付玄宗，改先天二年为开元元年（713）。苏颋的父亲苏瓌卒于唐睿宗景云元年十一月，按照礼制，苏颋必须为父守制三年，守制满后才能任官。也就是到开元元年十二月才能任官。但当时守制是以九个月代替一年，因此，苏颋终制时间应为开元元年（713）三月，这个时间就是实际的守制期。《旧唐书》说苏颋任中书侍郎、加知制诰的准确时间，应该在开元元年（713）四月间。苏颋于开元四年（716）"迁紫微侍郎、同紫薇黄门平章事"，苏颋迁紫微侍郎的准确时间，《新唐书》卷五·玄宗开元四年"十二月乙卯，定陵寝殿火。丙辰，幸温汤。乙丑，至自温汤。闰月己亥，姚崇、源乾曜罢。刑部尚书宋璟为吏部尚书兼黄门监，紫微侍郎苏颋同紫微黄门平章事"②。即是进入了宰相行列，知制诰的职责应该免去了。则苏颋担任中书侍郎、加知制诰自开元元年四月始，至开元四年十二月止，共三年半多点时间。

由此可以确定。苏颋具有撰写制诰资格有两个时期。一是唐中宗神龙年间至唐睿宗景云元年十一月，二是唐玄宗开元元年四月至开元四年十二月。查李希泌主编《唐大诏令集补编》卷十二"东宫"中存有不少苏颋撰写的东宫官员任职制书及其他任命制书，均作于这两个时期。

明乎此，可知开元三年（715）正月册立皇太子时，为沈佺期任太子少詹事起草任命制书，正是苏颋之职任。由此确定，苏颋起草这份制书的时间应该是在开元三年（715）正月间。确定沈佺期任太子少詹事准确时间的第三个条件即已具备。然司马光《资治通鉴》卷二百一十一"开元二年"

---

① 《旧唐书》卷八十八"苏瓌传"，第 3821—3822 页。
② 《新唐书》卷五"玄宗纪"，第 4146 页。

十二月记"辛巳，立郢王嗣谦为皇太子"①，所记应该是确定李嗣谦为太子的时间，而制书时间是册立太子的时间，二者之间是有差异的。例如唐睿宗宣布立平王李隆基为太子是六月二十七日，举行册命仪式是七月二十日，相差二十余天。② 同时，考虑到新旧唐书之记载和宋敏求《唐大诏令集》、李希泌《唐大诏令集补编》所录敕书、制书文前文末对写作年代的标注，不取司马光所记时间。

由此可以确定，沈佺期任太子詹事府少詹事的时间，即开元三年正月册立太子之时。沈佺期或是玄宗所立第一个太子李嗣谦即李瑛的首任太子少詹事，亦可证陶敏、易淑琼等人"确定沈佺期任太子少詹事当在去年六月后或本年"，即开元二年或开元三年的说法失之过于宽泛。连波等说沈佺期在睿宗景云元年冬李隆基做太子时任太子少詹事更是错误的。

（二）沈佺期或曾任太子詹事

沈佺期是否任太子詹事，也是一个有争议的问题。《新唐书》本传记沈佺期最后任官"太子少詹事"，当是依据《文苑英华》所收之苏颋那篇《授沈佺期太子少詹事等制》，这确实是现在甚至也许是欧阳修、宋祁那时所能见到的涉及沈佺期的最后文件了。但对成书于此前的《旧唐书》沈佺期本传说他曾任太子詹事一事，陶敏、易淑琼认为属于误记。傅璇琮则据该制认为："据此，则以《新传》作太子少詹事为是。"③ 如果以苏颋《授沈佺期太子少詹事等制》为依据，当然会得出《旧唐书》记沈佺期任太子詹事"误记"的结论来。但今人所能见到的唐代大诏令，除宋敏求《唐大诏令集》外，虽经李希泌等整理出版《唐大诏令集补编》，遗失之文仍然很多则可肯定，而《旧唐书》的修纂者能够见到的材料比欧阳修、宋祁所见的应该多得多，真实得多。据此否定沈佺期曾任太子詹事，是不够慎重的。何况唐玄宗开天之交的芮挺章编选《国秀集》时，选沈佺期诗五首，其目录

---

① 司马光：《资治通鉴》卷二百一十一，第449页。
② 许道勋、赵克尧：《唐玄宗传》，第48页。
③ 傅璇琮主编《唐才子传校笺》第一册，第83页。

中即标沈佺期为"太子詹事"。①　按：芮挺章生卒年、籍贯均不详。但据楼颖为之作的序文，《国秀集》是奉当时"秘书监陈公、国子司业苏公"意旨而认真编选的。这里所说的"陈公""苏公"尚未考出，不能明指。芮挺章与楼颖在目录中均列名为进士，但或应曾与国子监相关。楼颖序文中有"自开元以来，维天宝三载，谴谪芜秽，登纳菁英，可被管弦者都为一集"。有秘书监陈公、国子司业苏公的支持，芮挺章所见材料应是十分权威、丰富的，其生活的年代又距沈佺期生活年代三十年左右，其注其他诗人的职务也大致准确，因此列沈佺期为太子詹事，当为可信。更为重要的是近年公布出土不久的沈佺期之子沈子昌的墓志明确说："公姓沈氏，讳子昌。皇朝詹事府君之子。"这里说的"詹事府君"就是指沈子昌之父沈佺期，太子詹事就是指沈佺期最后一个官职。可见在墓志撰写者心中，或者是沈子昌家人提供的行状中，沈佺期是任过太子詹事的。沈子昌"以天宝十三载十一月十八日迁厝于东京偃师县首阳山南，从祔大茔"②，墓志亦当作于此时。宋代学者王楙说："大抵碑之述事，不无浮夸。然载履历则甚详且确也，故仆于碑，率以此补史文之阙。"③ 如果说在人际交往中，也存在着对副职官员以正职相称的现象，则以墓志记履历的准确性，是其他材料所不能代替或否定的。

再有唐大历年间独孤及撰《唐故左补阙安定皇甫公集序》中说："五言诗之源，生于《国风》，广于《离骚》，著于李、苏，盛于曹、刘，其所自远矣。当汉魏之间，虽以朴散为器，作者犹质有余而文不足。以今揆昔，则有朱弦疏越、太羹遗味之叹。历千余岁，至沈詹事、宋考功始裁成六律，彰施五色，使言之而中伦，歌之而成声，缘情绮靡之功，至是乃备。"④ 独孤及序中所谓沈詹事、宋考功，即指沈佺期、宋之问而言。可知一些唐人都称沈佺期为詹事，认为沈佺期任过詹事之职。北宋李昉等撰《太平广记》卷四百四十八引《纪闻》说："唐沈东美为员外郎（太子詹事佺期之子。）

---

① 见《唐人选唐诗》，昆仑出版社2006年7月第1版，第117页。
② 沈子昌墓志，见赵文成、赵君平《新出唐墓志百种》，第214页。
③ 王文锦校点《野客丛书》，中华书局1987年7月第1版，2007年4月第3次印刷，第205页。
④ 独孤及：《唐故左补阙安定皇甫公集序》，见《毗陵集》（据四库全书本缩印），上海古籍出版社1993年6月第1版，第103页。

家有青衣，死且数岁，忽还家，曰：'吾死为神，今忆主母，故来相见，但吾饿，请一餐可乎？'因命之坐，仍为具食，青衣醉饱而去。"① 文后还注"出《纪闻》"。此记事内容或属不经，但所云沈东美及其任职则确实可考，如任员外郎事。又称沈佺期为"太子詹事"，尤可注意。

按照该条所标明的"出《纪闻》"三字，当是《太平广记》编者所加，而"太子詹事佺期之子"八字，则可能是崔造对《纪闻》的注文。查《太平广记》引用书目，确有《纪闻》一书。再查《新唐书》"艺文志"著录牛肃有《纪闻》十卷。而《宋史》"艺文志"则著录有"牛肃《纪闻》十卷"，小注云"崔造注"②，已佚。《太平广记》采录自《纪闻》者 101 条，又有《记闻》20 条。其"记闻"当为"纪闻"之误，或编著者误引书名。南京图书馆藏有抄本《牛肃纪闻》十卷，亦当从《太平广记》中抄出。

据今人卞孝萱、陈端端、石鳞、夏广兴、汪辟疆、李建国、李时人、内山知也、黄楼等对《纪闻》及其作者牛肃的研究，对于牛肃的生平事迹已经大致清楚。现引黄楼先生发表于《史学月刊》2005 年第 6 期之《牛肃〈纪闻〉及其史料价值检讨》所述情况以作参考："牛肃其人，新旧唐书无传，生平事迹亦不可详考。岑仲勉《元和姓纂四校记》卷五云：牛肃祖籍京兆泾阳，开元、天宝时人。父名上士，弟名耸，太常博士。据《广记》存文，卞孝萱、李建国等学者对牛肃生平又做出如下推断：牛肃，怀州河内人，祖籍京兆泾阳，大约生于武周时期，有一弟名成。长女名应贞，适弘农杨唐源，博学多闻，卒于开元二十八年（740），时年仅 24 岁。牛肃母家姓张，一姨为濮州刺史李全璋之妻，一舅曾为晋阳尉，从其姻族看，牛肃当出身名族。肃宗时牛肃尚在世，六十余岁，所终之官为岳州刺史。"黄楼先生还对《纪闻》流传情况做了系统考证，此处不引。李建国先生在《纪闻辑校》"前言"中对牛肃生平事迹及其亲族的考证更为详细，更说牛肃"《纪闻》之成当在肃宗朝乾元元年至上元三年（758-762）间，乃晚年

---

① 李昉等撰《太平广记》卷四百四十八，中华书局 1961 年 9 月新 1 版，第九册，2003 年 6 月第 7 次印刷，第 3663 页。

② 《新唐书》卷五十九"艺文志·小说家类"，第 4291 页；《宋史》卷二百六"艺文五"，上海古籍出版社、上海书店据武英殿《二十五史》缩印，1986 年 12 月第 1 版，第 5822 页。

之作",可以参考。

至于《宋史》记"崔造注"的崔造,新旧《唐书》均有传。李建国在《纪闻辑校》"前言"中:"崔造(737—787),字玄宰,博陵安平(今属河北衡水市)人,代宗朝任左司员外郎,德宗朝任建州刺史、吏部郎中、给事中。贞元二年(786)拜相,秋罢为太子左庶子。明年九月卒,年五十一。《旧唐书》卷一三〇、《新唐书》卷一五〇有传。"① 如《纪闻》真为此崔造所注,则"太子詹事佺期之子"八字也确为他所注,即表明在崔造这个历玄宗、肃宗、代宗至德宗朝的人也认为沈佺期是任过太子詹事的。

此外,明嘉靖《内黄县志》卷七"选举"中所记第一人即为沈佺期。说他"修文馆学士,历升太子詹事"②。明代王廷相在校阅沈佺期诗集后写下的《校唐沈詹事诗集序》中,也径称沈佺期为"詹事",他所校的《沈詹事诗集》书名中就称沈佺期为詹事。③ 万曼《唐集叙录》:"沈诗宋元旧椠,未见著录,但明代刻本除活字本外,有正德间王廷相刊《沈詹事集》。"他引傅增湘《群书题记》云:"明刊本《沈詹事集》,壬子春得之于秀水庄氏,前有戊寅王廷相序与宋之问并举。"④ 可见,在明代一般学者眼中,沈佺期确实任过詹事一职。因此,《旧唐书》言沈佺期曾任太子詹事应该是有依据的,不能仅据苏颋《授沈佺期太子少詹事等制》轻易否定。认为沈佺期仅担任太子少詹事一职的各家,均未注意距沈佺期卒后三十年左右的芮挺章《国秀集》、独孤及《唐故左补阙安定皇甫公集序》及沈子昌墓志关于沈佺期任太子詹事之说法,而否定他曾任太子詹事,是不慎重的。

《唐大诏令集补编》紧接《授沈佺期太子少詹事等制》之后,还有《授裴君士太子少詹事制》:"黄门:正议大夫、行殿中少监员外置同正员裴君士,外以凝止,中唯雅实,地称垂棘之宝,门降秾华之贵。自迈迹朝行,

---

① 牛肃:《纪闻辑校》,李建国辑校,中华书局2018年7月第1版,第3页。
② 嘉靖《内黄县志》卷六"人物",上海书店1963年12月,据宁波天一阁本影印。
③ 明正德王廷相刻《沈詹事集》这段话,转自陶敏、易淑琼《沈佺期宋之问诗集校注》上册,第342—343页。
④ 万曼:《唐集叙录》,河南大学出版社2008年4月第1版,第43页。该书也引用了傅增湘在校注《沈佺期诗集》时的话。

升荣御府，尤闻密静，益重柔嘉。亚彼储端，允符公选。可太子少詹事。"①制书起草者亦为苏颋。查《唐六典》："殿中省：监一人，从三品；少监二人，从四品上。""殿中监掌乘舆服御之政令，总尚食、尚药、尚衣、尚乘、尚舍、尚辇六局之官属，备其礼物，而供其职事；少监为之贰。"② 可见殿中省是皇帝的服务、保障性部门。这位新任太子少詹事的裴君士此前就是在这里任殿中少监，皇帝的身边人。官品虽然也是从四品上，担任太子少詹事的官资也是符合规定的。他此前职务是"正议大夫、行殿中少监员外置同正员"，可见裴君士既无封爵，亦无勋位，其资历比较沈佺期而言，就浅了许多。而且裴君士新旧唐书均无传，可见他并非当时知名之士。或是唐玄宗为了沟通两宫、及时了解太子的情况而布下的一枚棋子吧。

相较于沈佺期来说，裴君士也是属于晚辈，他接沈佺期之任的可能性较大。而接任的时间，应该在开元四年（716）闰十二月己亥苏颋升任紫微侍郎、同平章事之前。按照《唐六典》之规定，太子少詹事之职位，仅为一人。按：太子少詹事职数仅一人，裴君士之接沈佺期之任，唯一解释，就是沈佺期已不在太子少詹事任上而导致该职缺位。至于沈佺期为何不在太子少詹事职位上，合理的解释就是沈佺期或者被贬，或者已卒于任上，或者另有任用。

各类史料皆无沈佺期在太子少詹事任上被贬谪的记载，此种猜测可以排除。沈佺期之卒年其实并无准确记载。新旧唐书本传皆谓沈佺期卒于开元初。"开元初"是一个笼统的说法。开元年号一共使用29年，则沈佺期之卒于开元初的说法所涵盖的时间就比一般使用三数年时间的年号要长一些。

查《旧唐书》"玄宗纪"，开元四年"冬十月癸丑，户部尚书、新除太子詹事毕构卒。"③ 李希泌主编《唐大诏令集补编》也存有苏颋所撰《授毕构太子詹事制》④，可以相互印证。查毕构，有唐一代名臣，新旧唐书皆有

---

① 李希泌主编《唐大诏令集补编》上册，第471页。
② 《唐六典》卷十一，第27页。
③ 《旧唐书》卷八"玄宗纪"，第3504页。
④ 李希泌主编《唐大诏令集补编》上册，第469页。

传①，深为玄宗所信赖。任太子少詹事前任户部尚书，遘疾。因当时议论以户部尚书为凶官，因此遽授太子詹事，期以痊愈。但终至不起。可见除毕构为太子詹事，其实是仓促间为避凶而采取的临时举措。此时距沈佺期任太子少詹事的时间相距仅一年又十个月。

毕构任太子詹事须有一个前提，即是太子詹事一职空缺，因为太子詹事之位亦仅一人。笔者疑开元三年正月立太子时任詹事者为张暐，考证已见前文。但其任职时间可能不长，很快即转任左羽林大将军了。又查《旧唐书》"元行冲传"谓"开元初自太子詹事出为岐州刺史"，可知开元初即开元三年元行冲也任詹事，或者毕构之前的太子詹事为元行冲，因出任岐州刺史而詹事职务空缺，或者就是因为此詹事职务要授予毕构，才将元行冲调出，腾出詹事一职授予毕构也未可知。所以《旧唐书》说他"开元四年遇疾，上手疏医方以赐之。时议户部尚书为凶官，遽改授太子詹事"②。用"遽改授"一语，可见事情之紧急，所以让现任太子詹事外任。此时沈佺期在太子少詹事任，此职授予毕构，以其资历声望是很合适的。巧的是毕构虽然新除，但未曾到任即辞世，所以《旧唐书》特别用"新除"一词。以太子詹事职务对冲户部尚书的"凶官"晦气的愿望自然未能达成。毕构因在重病中得授太子詹事，实际上并未履职，授职不久即亡故。因此，《旧唐书》"玄宗纪"才说"新除太子詹事毕构卒"，则自授职到去世时间或仅数日。既然毕构已卒，沈佺期之接任太子詹事，即有可能。假如这个推论可以成立，沈佺期接任的时间，应该在毕构卒后，亦即开元四年（716）冬十月癸丑之后不长的时间里。这个时间也和裴君士接任太子少詹事时间大致相合。因为苏颋至开元四年十二月"迁紫微侍郎、同紫薇黄门平章事"，在这之前，沈佺期任太子詹事，他的太子少詹事一职出缺，苏颋又具有知制诰的职责，为裴君士任太子少詹事撰写制书就顺理成章了。由此可见，如无更加确实的材料，沈佺期曾任过太子詹事职不宜轻易否定。

---

① 《旧唐书》卷一百，第 3850 页；《新唐书》卷一百二十八，第 4588 页。
② 《旧唐书》卷一百"毕构传"，第 3851 页。

（三）沈佺期卒年考异

沈佺期约生于唐高宗显庆元年（656），学界已无太多争议。但是关于沈佺期的卒年，则有 713 年、714 年、715 年、716 年，即开元元年、开元二年、开元三年、开元四年诸说。罗庸先生说，沈佺期"卒开元元年（713），约年四十余"[①]，不知何据。谭优学先生说沈佺期卒于开元四年，但又说"闻一多《唐诗大系》定佺期卒于是年，不悉何据"[②]。连波、查洪德《沈佺期诗集校注》却说："关于其卒年，两《唐书》均称'开元初'，闻一多先生《唐诗大系》定于开元四年（716），未加论说，不一定可靠。《中国大百科全书》作约 714 年或 715 年，未确指。《中国历史人物生卒年表》定为开元二年（714）。"连波、查洪德考证说："他在开元元年上有《享龙池乐章》第三章（《唐会要》：开元元年，内出祭龙池乐章。），此后未见记载。我们姑从开元二年之说。"[③] 也就是认为沈佺期卒于 714 年。其后出版的郭豫衡主编的《中国古代文学史长编隋唐五代卷》，马积高、黄钧主编的《中国古代文学史》亦从此说。陶敏、易淑琼《沈佺期宋之问简谱》定沈佺期约卒于开元四年。[④]

此外，傅璇琮先生在他主编，亦由他执笔的《唐才子传校笺》第一册中的"沈佺期"的校笺中说："又两《唐书》本传皆谓开元初卒（闻一多《唐诗大系》定沈之卒年在开元四年，未见论说），如卒于开元元年，则为公元七一三年。其生年仍不可考。"[⑤] 傅璇琮主编的《唐五代文学编年史》初盛唐卷"唐玄宗开元四年"条下则说："本年左右，沈佺期卒，约年六十一，有集十卷。"并感叹说："武后、中宗朝文士，至此凋零向尽，唯张说尚存。"[⑥] 似又回到了沈佺期卒于公元 716 年之说了。由此可见，关于沈佺

[①] 见郑临川记录，徐希平整理《笳吹弦诵传薪录》，上海古籍出版社 2002 年 2 月第 1 版，第 278 页。
[②] 谭优学：《唐诗人行年考续编》，第 58 页。
[③] 连波、查洪德：《沈佺期诗集校注》，第 2 页。
[④] 陶敏、易淑琼：《沈佺期宋之问集校注》下册，第 810 页。
[⑤] 傅璇琮主编《唐才子传校笺》第一册，第 83 页。
[⑥] 傅璇琮主编《唐五代文学编年史》，辽海出版社 1998 年 12 月第 1 版，第 532 页。

期的卒年，存在开元元年（713）、开元二年（714）、开元三年（715）、开元四年（716）诸说。开元元年（713）的依据是两唐书，其他诸说，也并无过硬材料依据。而闻一多先生的开元四年说则为更多人所采信。但惜其未做考证，但闻先生实际也必有所考。两唐书均说沈佺期卒于"开元初"。开元初，被视为开元元年（713）。唐代有些年号使用时间不长，说某个年号初，可以定为这个年号使用的前二三年；但是开元年号使用的时间则很长，共使用了29年，即从713年开始至741年止。这样把开元初定为开元前三年就易于误判。如果将开元年号的使用时间分为初中后期，则开元初至少可以涵盖九年时间。即从713年至721年，可见把沈佺期的卒年定为开元一、二、三年，乃是对于"初"字的不同情况未加区别的缘故。

笔者认为闻一多先生将沈佺期卒年定为唐玄宗开元四年（716）是有一定道理的。但如果考虑到沈佺期还可能任过太子詹事，则沈佺期的卒年应在开元五年内，时年61岁或62岁，可能更为合理。

第三卷　沈佺期"考功受赇"考

本卷提要

发生于长安二年的所谓"考功受赇"案件,是沈佺期人生的一大关节点,是沈佺期被流放驩州的主要罪名,因张九龄于该年中举,这也给后来的张九龄研究带来困扰。但对于"考功受赇"案的来龙去脉,殊乏研究,大多依据新旧唐书沈佺期传点滴记载去演绎推展,遂至不实之词流播千年。因此,梳理长安二年前后科举考试和官员任命情况,查清所谓"考功受赇"案的真实情况,显得十分必要。

本卷寻根索源,勾画出"考功受赇"案的全貌,指出沈佺期被流放的真实原因。

1. 沈佺期"考功受赇"与张九龄及第问题辨正。本节证明:徐浩《张九龄神道碑》中所谓沈佺期任考官时"时有下等,谤议上闻",并非指"知贡举"即任进士科举主考官时的行为,而是指任考功员外郎时对于已任官员的年度政绩考核中引发"谤议上闻"。指出当时考功员外郎和考功郎中既有知贡举的职责,也有对于官员年度政绩考核的职责。历来致误之由乃是由于对考功员外郎、考功郎中的职任理解不全面所致。同时,由于沈佺期任考功员外郎时,对内外官员的考课已经结束,又由于武则天派正直无私的崔玄暐再任天官侍郎,纠正选司过误,故沈佺期长安二年知贡举和"考功受赇"并无关联。所谓沈佺期"考功受赇"就是一个冤案。

2. 沈佺期"考功受赇"谤议案真相探源。本节系统梳理关于沈佺期"考功受赇"说的来龙去脉,并根据新旧唐书所载多人传记资料涉及此事的材料,勾画出当时的天官侍郎许子儒主持的这次考核中"考功受赇"案的原委,是由于许子儒侍郎在主持此次"冬集"考核中的严重失职而导致"补授失序,无复纲纪,道路以为口实"的严重事件。确证所谓"谤议上闻"即指许子儒侍郎主持的考核存在不公导致"道路以为口实"。但作为考功司负责官员,沈佺期亦有失职之过,这无可推脱。但说沈佺期本人"受赇"并无扎实证据。总之,被弹入狱的沈佺期其实是武则天暮年时期朝廷中二张势力与以张柬之、崔玄暐等为代表的反张政治势力矛盾尖锐化时的政治牺牲品。

3. 长安二年"考功受赇""谤议上闻"案的政治背景和性质考辨:本节梳理"考功受赇""谤议上闻"事件的前因后果、来龙去脉,指出主要责任人是当时执政专权的李迥秀和张易之、张昌宗等人。认为本案绝非仅仅是一次普通的买官卖官、行贿受贿的案件,在其背后有着深刻的政治原因,这就是武则天的用人政策所致。

4. 沈佺期入狱准确时间和长安四年武则天幸西京事件辨正。本节根据史料的记载,细致研究了沈佺期长安四年因"考功受赇"案入狱的时间问题,确定沈佺期入狱的准确时间是长安四年春正月。还根据《唐会要》所载杨齐哲谏武则天长安四年幸西京书的材料,确定了武则天确有巡幸西京的意旨,原因是"与吐蕃和亲"。但因为吐蕃国内发生变故,吐蕃赞布器弩悉弄因平定内乱身亡,加之洛阳县尉杨齐哲等人的谏诤,实际上并未成行。明确了武则天取消西幸的真实原因是和亲对象死亡;判定沈佺期《狱中闻驾幸长安二首》并非作于同一时间;确定第一首诗的准确写作时间为长安四年沈佺期入狱不久,第二首诗的写作时间为长安四年十月。

5. 沈佺期狱中生活考析。本节根据沈佺期入狱后所作狱中诗,结合《唐律》和《唐六典》的法律规定,梳理新旧唐书和《资治通鉴》的记载,理清了长安年间"考功受赇"案件的大致面貌;同时对于沈佺期在狱中的心理变化过程做了梳理;对于唐代法律制度的实施状况尤其是御史台"台推"的手段和方式进行了研究。还纠正了注家对于沈佺期狱中诗作所做的误注、错注以及由此所做的一些推论。

一 沈佺期"考功受赇"与张九龄及第问题辨正

(一) 沈佺期"考功受赇"说的来源和流传

沈佺期于长安二年以考功员外郎知贡举。考功员外郎属吏部职官,武则天时期改吏部为天官。一直至中宗神龙元年(705)又改为吏部。在武则天时期,吏部尚书、吏部侍郎称天官尚书、天官侍郎。《唐六典》卷二:"吏部尚书一人,正三品",注云:"周之天官卿也。"自汉以来,官名几经改易。汉制置四曹,为常侍曹、二千石曹、民曹、客曹,后又增设三公曹。后汉光武又分六曹。常侍曹为吏部曹。汉末又改吏部为选部。魏改选部为吏部,此后各朝均称吏部。唐"皇朝因之,掌文官选举,龙朔二年改为司列太常伯,咸亨元年复为吏部尚书。光宅元年改为天官尚书,神龙元年复故"[1]。因之,沈佺期当时的职务应称为吏部考功员外郎。唐制:考功员外郎"掌天下贡举之职"[2],即知贡举。

长安二年沈佺期知贡举,是张九龄进士举的主考官。历来因为较张九龄小二十六岁的徐浩所撰《张九龄神道碑》的说法,尤其是新旧唐书的记载,使沈佺期考功"受赇""受贿"成为千古不刊之论。徐浩《张九龄神道碑》说张九龄"弱冠乡试,进士考功郎沈佺期尤所激扬,一举高第。时有下等,谤议上闻。中书令李公,当代词宗,诏令重试,再拔其萃,擢秘书省校书郎。应道侔伊吕科对策第二等,迁左拾遗"[3]。新旧唐书均有更加明确的关于沈佺期考功"受赇"的表述。《旧唐书》"沈佺期传"云:"沈佺期……进士举。长安中,累迁通事舍人,预修《三教珠英》,佺期善属文,

---

[1] 《唐六典》卷二,第 26 页。
[2] 《唐六典》卷二,第 44 页。
[3] 徐浩:《张九龄碑》,见翁方纲著,欧广勇、伍庆禄补注《粤东金石略补注》,广东人民出版社 2012 年 1 月第 1 版,第 166—167 页。

尤长七言之作，与宋之问齐名，时人称为沈宋。再转考功员外郎，坐赃配流岭表。神龙中，授起居郎，加修文馆直学士。后历中书舍人、太子詹事。开元初卒。"① 这里说沈佺期"坐赃"亦即"受赃"之意。《新唐书》"沈佺期传"云："沈佺期……考功受赇，劾未究，会张易之败，遂长流驩州。"② 梳理以上材料，除了沈佺期自作诗文为自己辩诬，从一个侧面直接证实因"坐赃""受赇"流放岭表之外，关于沈佺期"受赇"最早的说法来源于徐浩《张九龄神道碑》，新旧唐书张而大之，遂使沈佺期"考功受赇"一事流布天下，影响后世。

《旧唐书》成书于五代时期，《新唐书》成书于北宋仁宗年间。两书张九龄传和沈佺期传的作者应该是见过当时尚存的唐时宫廷资料的，也应该是见到过徐浩所撰的《张九龄神道碑》。至少欧阳修是见到过的。他的《集古录》即有关于徐浩所撰《张九龄神道碑》的记载："唐张九龄碑"。下注："长庆三年"。然后考辨云："右《张九龄碑》，按《唐书》列传所载，大节多同，而时时小异。传云'寿六十八'，而碑云'六十三'。传'自左补阙改司勋员外郎'，而碑云'迁礼部'。传言'张说卒，召为秘书少监、集贤院学士、知院事'，碑云'副知'，至后作相迁中书令，始云'知院事'。其载张守珪请诛安禄山事，传云'九龄判守珪状'，碑云'守珪所请留中不行，而公以状谏'，然其为语则略同。碑长庆中立，而公薨在开元二十八年，至长庆三年实八十四年。所传或有同异，而至于年寿、官爵，其子孙宜不谬，当以碑为是也。治平元年二月十日书。"③ 可见欧阳修对于徐浩碑还是下过功夫的，自然，可以确认欧阳修作为《新唐书》的主持、撰稿者之一，是见过徐浩所撰碑文的，因此，《新唐书》张九龄传、沈佺期传的作者也应该能见到徐浩撰《张九龄神道碑》。说他们记沈佺期考功"受赇"或"受贿"事是受到徐浩《张九龄神道碑》的影响，或者说是他们是以《旧唐书》为依据，或见到其他唐代材料，说因徐浩碑而强化了这一认识是有依据的。

---

① 《旧唐书》卷一百九十中，第4079页。
② 《新唐书》卷二百二"文艺中"，第4740页。
③ 《欧阳修全集》第五册，中华书局2001年3月第1版，第2283页。

以徐浩巨大的政治地位和影响力,他看似含混不详的说法,以其大致可算作张九龄同时代人的身份,又是为张九龄所做的神道碑文,经张氏子孙刻于碑版,当然具有很强的权威性。尽管碑文并未坐实沈佺期"受赇",但是语焉不详的表述,足以诱发后人的想象。加上唐天宝之乱后大量宫廷资料的散失,使徐浩的记载成为唯一可见的关于沈佺期主持的那届科举的材料,后人由此疑窦丛生,亦在情理之中。因此,尽管沈佺期一再辩别未曾"受赇",他的被流放是因为其"平生守直道,遂为众所嫉",一再表白自己的无辜:"任直翻多毁,安身遂少徒。一朝逢纠谬,三省竟无虞。""吾怜曾家子,昔有投杼疑。吾怜姬公旦,非无鸱鸮诗。臣子竭忠孝,君亲惑谗欺。"他申述自己的冤屈,认为自己竭尽忠孝之心,但是皇帝因为惑于"谗欺"而使自己下狱。他又说:"昔日公冶长,非罪遇缧绁。"称自己"我无毫发瑕,苦心怀冰雪"[①]。但既有徐浩碑言辞闪烁于前,又有新旧唐书记之于后,再加上他是武则天的文学宠臣,又与武则天的面首张易之、张昌宗等人交往密切,是二张领衔的《三教珠英》一书的重要编撰者,被视为依附二张,在政治反对派势力那里和儒家正统史家眼中,自然声名狼藉,即使他自己屡屡辩诬,也很难引起重视了。这可能就是沈佺期"考功受赇"误说流布千古的真实原因。

(二) 徐浩《张九龄神道碑》辨疑

徐浩碑文并未有关于沈佺期"考功受赇"的明确具体记载。他只是说沈佺期于长安二年主持科举考试时,张九龄为"考功郎沈佺期尤所激扬,一举高第。时有下等,谤议上闻。中书令李公,当代词宗,诏令重试",这里提到的关键词是"时有下等,谤议上闻",并未明确说到"谤议"的具体内容。且"谤议"一词本身就有对于传闻内容不能确定之意。唐时考进士,考中者为"得第",落选者称"下第""落第",很少有称"下等"的。当然及第进士中也有排名顺序,王定保《唐摭言》卷二"元和元年登科记京兆等第榜序"谓:"天府之盛,神州之雄,选才以百数为名。等列以十人为

[①] 沈佺期:《被弹》,《沈佺期宋之问集校注》第1册,第66、72-75页。

首。起自开元、天宝之世，大历、建中之年，得之者转跃云衢，阶梯兰省，即六月冲霄之渐也。今所传者，始于元和景戌岁，次序名氏，目曰《神州等第录》。"① 可见这个等第就是登科者的排名顺序。此为疑点之一。

其实，"下等"是官员岁考的特定称谓。唐代法律对于官员的考核有明确规定，"凡考课之法有四善""有二十七最"。"一最已上有四善为上上；一最已上有三善，或无最而有四善为上中；一最已上有二善，或无最而有三善为上下；一最已上有一善，或无最而有二善为中上；一最已上或无最而有一善为中中；职事粗理，善最弗闻为中下；爱憎任情，处断乖理为下上；背公向私，职务废阙为下中；居官谄诈，贪浊有状为下下。"② 这里的上上、上中、上下；中上、中中、中下；下上、下中、下下就是考核官员的等第，是官员履职理事优劣的区分标准，自然也是官员奖惩的依据。对于官员来说，年度考核或任满时吏部对其考核所确定的等次十分重要，关乎其升赏降罚的切身利益。又规定"百司量其闲剧，诸州据其上下，进考之人皆有定限。苟无其功，不要充数；功过于限，亦听量进"。其注云："诸食禄之官，考在中上已上，每进一等，加禄一季；中下已下，每退一等，夺禄一季。若私罪下中已下，公罪下下，并解见任，夺当年禄，追告身；周年，听依本品叙。"又规定"其流外官，本司量其行能、功过，立四等考第而勉进之"③。如果考为下下，则要解除现任职务。可见这个给予各色官员考核的"等"级的重要性，如若考核不公，被考核者有意见而"谤议上闻"是必然的。由此可见，长安二年所谓的"考功受赇"，必非指当年的科举考试，而是指吏部对官员的年度考核。由此可见这个"等"乃是官员年度或任满考核的专用术语。徐浩既使用"下等"一语，则表明是指对官员的年度考核或任期考核。只是后人不知这个"下等"的特指含义产生误解而已。

《旧唐书》说沈佺期"再转考功员外郎，坐赃配流岭表"。将考功员外郎职务与"坐赃"从字面上联系在一起。"坐赃"即"因为……受赃"之

---

① 王定保撰，陶绍清校证《唐摭言校证》卷二，第44页。
② 《唐六典》卷二，第42-43页。
③ 《唐六典》卷二，第43-44页。

意。但《旧唐书》讲"坐赃",未明确其如何"坐赃","坐"谁的"赃"等具体事项,更未说与长安二年即沈佺期知贡举相关。而《新唐书》则明确说沈佺期"累除给事中。考功受赇,劾未究,会张易之败,遂长流驩州。"这才明确将沈佺期"受赇"一事以更加明确的语言记载下来。但是也只是说"考功受赇",并未指明沈佺期是任考功员外郎知贡举时"受赇",更未说"考功受赇"就是沈佺期受赇。应该注意的是,徐浩《张九龄神道碑》说的是沈佺期的职务是"考功郎沈佺期",与新旧唐书所记,沈佺期被流放时的官职是"考功员外郎"或"给事中",流放的原因是"坐赃"或"考功受赇",这些表述有重大差别,也是一个疑点,需要加以辨正。

按照唐制,在唐玄宗开元二十四年(736)前,知贡举者是考功员外郎,而非考功郎中。唐玄宗开元二十四年因为当时的考功员外郎李昂被举人所轻视,唐玄宗下旨才将知贡举一职划归礼部,由礼部侍郎担任知贡举职任。沈佺期确实任过考功郎中,是在以考功员外郎职务知贡举身份主持长安二年科举以后提拔至考功郎中一职的。

唐制,考功郎中为从五品上职务,考功员外郎为从六品上职务。① 按:沈佺期长安元年尚任通事舍人,与修《三教珠英》,长安元年十一月书成,与事者各有升赏。如张说迁右史,徐坚迁司封员外郎,李适迁户部员外郎。沈佺期也迁为考功员外郎。但沈佺期等人的任职时间也还有些疑问。《三教珠英》于长安元年十一月十二日上奏修成,并不是说《三教珠英》就是那一天完成的。可能在此之前一段时间内即已完成,并写出数部上奏。这个上奏的时间是十一月十二日。修书完成应在当年的"冬集"上计即官员年终考核之前,因此参与修书的一干人等因而之得到升赏。

沈佺期长安二年知贡举后不久即升为考功郎中,傅璇琮主编,陶敏、傅璇琮著《唐五代文学编年史》于长安二年(702)条记:"本年,沈佺期自考功员外郎迁考功郎中。"② 按:考功郎中为从五品上,长安三年正月他即升为给事中了。③ 给事中属于门下省。按照《唐六典》记:"给事中四人,

---

① 《唐六典》卷二,第 28-29 页。
② 傅璇琮主编《唐五代文学编年史》长安二年(702)条,第 396 页。
③ 傅璇琮主编《唐五代文学编年史》长安二年(702)条,第 399 页。

正五品上。①"因此，他升任考功郎中应在长安二年年中，不可能刚刚升任从五品上的考功郎中一个月后就升为正五品的给事中。按照唐初至武则天时期制度，既知贡举，沈佺期的职务必为考功员外郎，而非考功郎中。

应该指出，沈佺期在短期内虽似连升数级，看似不正常，但也有制度依据。《唐六典》卷二"尚书吏部"："五品已上以名闻，送中书门下，听制授焉。""若都畿、清望、历职三任，经十考已上者，得隔品授之，不然则否。"其注说："谓监察御史、左右拾遗、大理评事、畿县丞簿尉三任十考已上，有隔品授者。"② 也就是说，沈佺期是隔品授职，其正五品上的职务是由皇帝武则天批准授予、有制度依据的。由此也可见沈佺期确实是受到二张集团的重视和武则天的宠遇的。

辨明沈佺期长安二年担任的职务，明确这些职务各自的执掌，对于准确理解徐浩所谓"时有下等，谤议上闻"的具体内容很有帮助。据傅璇琮主编《唐五代文学编年史》考证，沈佺期长安元年十一月《三教珠英》书成后任考功员外郎，即知贡举。长安二年至长安三年正月自考功员外郎迁考功郎中，又迁给事中。③ 徐松《登科记考》亦记沈佺期知长安二年贡举。④ 徐浩所谓"时有下等，谤议上闻"之事，应该就发生在沈佺期任考功员外郎至任考功郎中期间。

当然考功员外郎与考功郎中，二者均可省称为"考功"。但是"考功"一语，既可指代职务，更是指的一种职责，一项工作。也就是负责每年对于全国官员履行职务的成效进行考察，确定其履职的成绩，并依据京内外各级主管报上来的材料，即"上计"评定等级，以之为依据确定官员的升赏去留。据《唐六典》卷二，吏部考功郎中从五品上，员外郎从六品上。"考功郎中、员外郎之职，掌内外文武官吏之考课""郎中判京官考，员外郎判外官考"。也就是说，考功员外郎既可参与"内外文武官吏之考课"，负责对外官的考课，此外"员外郎掌天下贡举之职"⑤，即还专责科举考试。

---

① 《唐六典》卷八"门下省"，第244页。
② 《唐六典》卷二，第27页。
③ 傅璇琮主编《唐五代文学编年史》"初盛唐卷"，第388、392、399页。
④ 见孟二冬《登科记考补正》上册，第159页。
⑤ 《唐六典》卷二，第44页。

而考功郎中则"判京官考",也就是主持对于京官的年度考课。这两个职务的执掌既有交叉,也有各自明确的分工。徐浩开元五年即以明经科中举,曾长期任职于唐中央政府,亦曾任广州刺史、持节岭南节度使,对于唐代科举制度应该十分熟悉,不可能,也不会把知贡举的考功员外郎和考功郎中故意混为一谈。徐浩说沈佺期知贡举时任"考功郎",当属对于沈佺期知贡举时职务的误记无疑。但沈佺期既任过考功员外郎,又任过考功郎中,亦即既负责过对外官的年度"考课",也负责过对京官的考课,因此,"考功受赇"如是指在对内外官的年度考课,那沈佺期是脱不开关系的。

古人撰写碑文,对于墓主和其他相关人员的仕历记载,因碑文字数所限,不可能详尽,为力求文字简省,略去一些撰者认为次要的职务,对于一些相关人员的事迹语焉不详,是可以理解的。因此,徐浩《张九龄神道碑》中关于沈佺期的记载在撰者认为清晰,而后人不明唐时制度而致误,确实是怪不得徐浩的。

(三) 徐浩《张九龄碑》"时有下等,谤议上闻"的指事实相

回到沈佺期任考功员外郎、考功郎中时所谓"时有下等,谤议上闻"具体所指上来。笔者在《张九龄进士及第"重试"问题正误》①中已经考得长安二年科举考试结果并未作废。既然沈佺期以考功员外郎身份知贡举结果并未作废,所谓"时有下等,谤议上闻"中的"下等"必非进士落第者可知。徐浩《张九龄神道碑》中所谓"谤议上闻"的"谤议"必然涉及进士科之外的其他事件。空穴来风,所谓"谤议"也确实事有起因。

关于"时有下等,谤议上闻"的具体情况,可从《旧唐书》当时人物的传记中窥出一些端倪来。《旧唐书》"崔玄暐传"谓:崔玄暐"遵奉母氏教诫,以清谨见称。寻授天官郎中,迁凤阁舍人。长安元年,超拜天官侍郎。每介然自守,都绝请谒,颇为执政者所忌,转文昌左丞。经月余,则天谓曰:'自卿改职以来,选司大有罪过。或闻令史乃设斋自庆,此欲盛为贪恶耳。今要卿复旧任。'又除天官侍郎,赐杂彩七十段。三年,拜鸾台侍

---

① 《张九龄进士及第"重试"问题正误》,见《广东社会主义学院学报》2017年第3期。

郎、同凤阁鸾台平章事，兼太子左庶子。四年，迁凤阁侍郎，加银青光禄大夫，仍依旧知政事。先是，来俊臣、周兴等诬陷良善，冀图爵赏，因缘籍没者数百家。玄暐固陈其枉状，则天乃感悟，咸从雪免。"①

《新唐书》也说：崔玄暐"以库部员外郎累迁凤阁舍人。长安元年为天官侍郎。当公介然，不受私谒，执政忌之，改文昌左丞。不逾月，武后曰：'卿向改职，乃闻令史设斋相庆，此欲肆其贪耳，卿为朕还旧官。'乃复拜天官侍郎，厚赐彩物。三年，授鸾台侍郎、同凤阁鸾台平章事，兼太子左庶子。四年，迁凤阁侍郎。先是，酷吏诬籍数百家，玄暐开陈其枉，后感悟，皆为原洗。宋璟劾张昌宗不轨事，玄暐颇助璟。及有司正昌宗罪，而玄暐弟昪为司刑少卿，执论大辟，兄弟守正如此。"②两唐书之记载，略有差异。一说崔玄暐自天官郎中迁凤阁舍人，一说是由库部员外郎累迁凤阁舍人，两说并无实质性不同，所谓"累迁"，约指自库部员外郎转天官郎中，《新唐书》省略了这一过程。两唐书"崔玄暐传"这些记载表明，崔玄暐为人十分正直，于长安元年任天官侍郎，杜绝请谒，使"执政忌之"，千方百计使其"改文昌左丞"，文昌左丞即尚书左丞，武则天光宅尚书都省为文昌台，设有文昌左丞二人，品级为正四品下。③崔玄暐调任该职，也就调离考课授官关键岗位的天官侍郎职务，无法影响考课授官之事了。这就为"执政"者大开货贿之门扫除了一大障碍。

新旧唐书均说崔玄暐为"执政忌之"，当时执政者是谁呢？据《新唐书》，长安元年"六月庚申，夏官侍郎李迥秀同凤阁鸾台平章事"④。冬十月，武则天幸京师，大赦天下，改元为长安。李迥秀任凤阁鸾台平章事直到长安四年被贬庐州刺史。史称李迥秀依附二张，为人所不齿。《旧唐书》记"长安初，历天官、夏官二侍郎，俄同凤阁鸾台平章事。则天令宫人参问其母，又尝迎入宫中，待之甚优。迥秀雅有文才，饮酒斗余，广接宾朋，当时称为风流之士。然颇托附权幸，倾心以事张易之、昌宗兄弟，由是深

---

① 《旧唐书》卷九十一，第 3829 页。
② 《新唐书》卷一百二十"崔玄暐传"，第 4130 页。
③ 《唐六典》卷一，第 6-7 页。
④ 《新唐书》卷四"则天皇后传"，第 4144 页。

为谠正之士所讥""迥秀托附,实污台司"。^① 而当时"后既春秋高,易之兄弟专政"^②,那么这个执政,除了李迥秀之外,应该是指实际上左右政局的二张兄弟,即张易之、张昌宗二人。因此,所谓"执政忌之"的执政,必然是指二张及依附二张的李迥秀等人。这在《旧唐书》"马怀素传"中已透出消息:"时夏官侍郎李迥秀恃张易之之势,受纳货贿,怀素奏劾之,迥秀遂罢知政事。"^③《旧唐书》卷七十八:"长安二年,易之赃略事发,为御史台所劾下狱,兄司府少卿昌仪、司礼少卿同休皆贬黜。"至此,情况已经清晰,在崔玄暐任天官侍郎时,因为二张集团卖官鬻爵可能受到阻遏,因此千方百计把他调离这个岗位,换上便于自己作弊的人。而张易之、李迥秀"受纳货贿"是由马怀素所揭发,再由御史台弹劾,因而引致二张及其他当事人被罢黜。当然罢黜时间不长,又被武则天召回。

崔玄暐改任文昌左丞离开天官侍郎任后,天官衙门之书令史们(具体承办此事的人员)以为崔的去职,给他们提供了接受贿赂请托的机会,也可能他们也要接受考核,换上一个不太严格的上司主持考核,也便于他们蒙混过关,或者是二者兼而有之,因此才"设斋自庆"。这些情况被告到武则天处,引起武则天重视,即召见崔玄暐说:"自卿改职以来,选司大有罪过。或闻令史乃设斋自庆,此欲盛为贪恶耳。今要卿复旧任。"由此可见,崔玄暐离开天官侍郎的时间"不逾月",即未及一月。可能"考功受赇"亦即年度考核刚过,即"谤议上闻",因此武则天由此即命崔玄暐回任。

按:长安元年为大足元年十月改元而称。既曰长安元年,则可见崔玄暐任天官侍郎的时间当在长安元年十月。选司,即指天官、吏部的考功司,因其职责是主管官吏选拔任命、年度政绩考核和科举考试,故称。这里说的令史,可能是指天官衙门里的具体办事人员,或即是"流外铨"入职人员。令史全称为"书令史"。《唐六典》记当时规定,唐中央政府各部均设有书令史若干人。而吏部即武周时期的天官衙门内,书令史编制为60人。^④

---

① 《旧唐书》卷六十二"李大亮传附李迥秀传",第3763页。
② 《新唐书》卷一百四"张易之张昌宗传",第4536页。
③ 《旧唐书》卷七十八"马怀素传",第4732页。
④ 《唐六典》卷二,第25页。

"令史乃设斋相庆"在当年崔玄暐离开天官侍郎职务之后，亦即十月之内。

武周时期，官员年度考核沿袭唐初制度，具体时间是在当年十月。唐制规定："吏部尚书、侍郎之职，掌天下官吏选授、勋封、考课之政令……尚书、侍郎总其职务而奉行其制命。凡中外百司之事，由于所属，皆质正焉。凡选授之制，每岁孟冬，以三旬会其人：去王城五百里之内，集于上旬；千里之内，集于中旬；千里之外，集于下旬。""以三铨分其选""以四事择其良""以三类观其异""其优者擢而升之，否则量以退焉。所以正权衡，明与夺，抑贪冒，进贤能也"。① 又说"考功郎中、员外郎之职，掌内外文武官吏之考课。凡应考之官，皆具录当年功过、行能，本司及本州长官对众读，议其优劣，定为九等考第……然后送省。内外文武官，量远近，以程限之有差"。注云："京师百僚，九月三十日已前校定，十月一日送省。外官去京一千五百里内，八月三十日；三千里内，七月三十日；五千里内，五月三十日；七千里内，三月三十日；万里内，正月三十日已前校定。""其外官附朝集使送簿至省。"当然，这种考课，也非天官（吏部）一家说了即算的。制度设计上还有监督。《唐六典》规定："每年别敕定京官位望高者二人，其一人校京官考，一人校外官考。又定给事中、中书舍人各一人，其一人监京官考，一人监外官考。"② 具体考核进退之法前文已具，此处不赘。

制度的设计本来就是为了防止考课不公、营私舞弊。因此，沈佺期一人就想"受赇"而徇私，十分困难。如要较大规模地营私舞弊，则可能有更高职位者的指使袒护、更大范围的贪腐官吏群体参与才有可能。此外，按照这个规定的考课时间看，因为沈佺期于长安元年（701）十一月《三教珠英》成书后甫任考功员外郎，上任履职时，当年最后一批考课已于九月三十日结束，十月一日送省了。如有"受赇"，则已经在崔玄暐离任后的继任天官侍郎和"书令史"们手中完成了。沈佺期履职后的公务，自然只能是主持科举考试了。

如此看来，沈佺期在长安元年的官员考课授官中确实不可能"受赇"，

---

① 《唐六典》卷二，第27页。
② 《唐六典》卷二，第41-42页。

"受赇"者当另有其人。虽然长安元年的"考课"与沈佺期无涉，但是长安二年至长安三年正月沈佺期在考功郎中任上①的对内外官员的年度考课，则是由沈佺期主持的，如果出现"受赇"之事，则难辞其咎了。沈佺期于长安二年科举主持考试后不久即升为考功郎中，长安三年正月即由考功郎中迁给事中。他在任考功郎中时期内，其职责正是"掌内外文武官员之考课。凡应考之官，皆具录当年功过、行能，本司及本州长官对众读，议其优劣，定为九等考第，各于其所由司准额校定，然后送省"②。

这里有个问题必须说明。按照唐时制度，无论考核授官还是科举选人，均是一种跨年度的工作。先说考课。《唐六典》卷二"尚书吏部"规定："凡选授之制，每岁孟冬，以三旬会其人……凡大选终季春之月。"注曰："亦或春中不解而后集，谓之春选。若优劳人有敕即与处分及即与官者，并听非时选，一百日内注拟毕。"③孟冬十月开始对内外官吏考课，次年季春三月依据考课登第完成被考课官员官职选授，可见考课与选授官吏，虽相互联系，但确实是跨越了年度。再说科举。科举考试要求贡举人当年十一月集于京师④，次年正月正式开始进士考试，进士得第者参加吏部铨选，亦在第二年春末结束，也跨越年度。如此，则长安二年进士，实际上长安元年十一月前即需聚集京师，次年正月参加进士考试，得第者还需参加吏部的"铨选"分配官职，这项工作到三月才能最后完成。因此，史书记某人某年知贡举，实际上是按照科举考试的时间来确定的。其考试的具体工作，前一年冬初即已开始，知贡举的考功员外郎也于此时到任了。对于官员的考课亦然。后人未详考此间具体细节，即容易致误。

由此可以理解沈佺期于长安元年迁考功员外郎，竟主持长安二年的科举考试问题了，也可以理解沈佺期虽与长安元年对内外官员的考课无涉，但铨选和长安二年的考课就与他有着直接关系了。但笔者认为，沈佺期在长安二年对内外官员的考课中，亦不能"受赇"，因为当时主管此事的天官

---

① 见《唐五代文学编年史》"初盛唐卷"，第396、399页。
② 《唐六典》卷二，第27页。
③ 《唐六典》卷二，第27—28页。
④ 《唐摭言》谓："国朝旧式：天下贡士十一月一日赴朝见。"见王定保撰，陶绍清校证《唐摭言校证》卷二，第34页。

侍郎是崔玄暐，他长安三年离开天官侍郎转任鸾台侍郎、同凤阁鸾台平章事，兼太子左庶子，沈佺期也于长安三年正月升为给事中。这个时间段中，他们的任职是重合的，沈佺期"受赇"的可能性不大。由此可见，所谓"考功受赇"之事，应该发生于崔玄暐、沈佺期任职天官之前或之后。

但这种对于内外官员的年度考课，也就是年度政绩的考核的不公正，引发了被确定为"下等"一批人"谤议上闻"。因为这是一件与官员个人职务升迁擢降甚至丢官、个人物质利益分配的丰瘠紧密相关的切身大事。因此，"时有下等"者到处呼号不公，以致告到武则天那里，是完全可以理解的。而武则天既说"选司大有罪过"，则可见选司亦即负责考核内外各色官员的考功部门接受请托、选授不公已成事实。事情被举报后，武则天即召见崔玄暐，指出那些令史"欲盛为贪恶耳""今要卿复旧任"，是为了纠正天官衙门的过失的断然举措。当然，"时有下等"者能够把选司的情况一直告到武则天那里，引起武则天的注意，必然另有渠道。关涉到当时一场重大的政治斗争，笔者不能详述，留待另文考证。

但是因为崔玄暐任天官侍郎直到长安三年，长安二年的进士科考试，沈佺期即使有意作弊，也没有太多的机会。由此可证，长安二年进士考试是不可能出现大规模行贿受贿事实的。换句话说，沈佺期是不可能在知贡举时"受赇"的。因此，所谓沈佺期"考功受赇"及科举考试受赇之说不能成立可知。

由此可见，徐浩《张九龄神道碑》中所谓的"时有下等，谤议上闻"中的"下等"，指的应该就是在官员冬集考核中被判为下等而遭贬黜者。所谓"谤议"，就是指对于崔玄暐离开天官侍郎职位后负责考核各级官吏的职官"盛为贪恶"的行为的上诉。崔玄暐任天官侍郎一直到长安三年（703），才转任鸾台侍郎，同凤阁鸾台平章事、兼太子左庶子，可见武则天对他的信任。在这样一个非二张集团的天官侍郎的掌控之下，要想完全遂二张贪赃枉法、卖官鬻爵之意愿，基本上不可能办到。由此可见，武则天掺沙子的用人策略还是起到了一定制约作用的。

应该注意的是，正是在这个时期，沈佺期任天官考功员外郎、考功郎中的。或许因为沈佺期与张易之、张昌宗关系密切的缘故，又因为接替崔玄暐任吏部侍郎者也是二张集团中人，因此被考核的令史即天官衙门的办事人员才认为方便于他们上下其手，因而"设斋自庆"吧。至此徐浩《张九龄神道碑》中所谓"时有下等，谤议上闻"事实已明；《旧唐书》所谓沈佺期"坐赃"，《新唐书》所谓沈佺期"考功受赇"，其实指的就是对于官吏政绩的考核的"考功"，而非"知贡举"的考功。如果沈佺期在这期间营私舞弊，收受贿赂，也就是在崔玄暐离开天官侍郎任到复任天官侍郎这月余时间内发生的事情，而那时沈佺期则尚未到任天官考功员外郎，因此责任并不在沈佺期。

二 沈佺期"考功受赇"谤议案真相探源

（一）沈佺期"考功受赇"谤议案的来龙去脉

徐浩《张九龄神道碑》说沈佺期主考的那届科举考试产生"谤议上闻"，定性为"谤议"，可见对于当时沈佺期是否"受赇"还是有所怀疑的。但为何新旧唐书却断言沈佺期"坐赃""受赇"？对于这个所谓的"坐赃""受赇"，现在能见到的材料，除了沈佺期为自己辩诬的一批诗文证明当时确有此种说法外，也可能就来源于徐浩《张九龄神道碑》中的"谤议上闻"一语，而沈佺期自己的数首自辩诗恰好从反面证实了曾经因"受赇"的指控入狱，新旧唐书又张而大之，遂使沈佺期"考功受赇"一事流布天下，影响后世，直至今日。

南宋计有功辑撰的《唐诗纪事》说："佺期，字云卿。相州人。除给事中、考功郎，受赃劾未究；会张易之败，遂长流驩州。"[1] 元人辛文房《唐才子传》卷一沈佺期条："由协律、考功郎受赇，长流驩州。"[2] 按《唐诗纪事》《唐才子传》二书为后世治唐诗学者必读书籍，其影响可想而知。陆侃如《中国诗史》说：沈佺期"受赃，劾未究，会张易之败，遂长流驩

---

[1] 计有功：《唐诗纪事》卷十一，上海古籍出版社 2008 年 4 月第 2 版，第 162 页。
[2] 傅璇琮主编《唐才子传校笺》第一册，第 76 页。

州"①。郭预衡主编《中国古代文学史长编》隋唐五代卷也强调沈佺期受贿事。说他"受贿入狱在长安四年"②。陈子展《唐代文学》说沈佺期"累除给事中考功，受贿劾未究，会张易之败，遂长流驩州"③。萧涤非等领衔撰写的《唐诗鉴赏辞典》附录的"诗人小传"中也说沈佺期"曾因贪污及诏附张易之，被流放驩州"④。谭优学作《沈佺期行年考》，于"武则天长安四年"条下说此时沈佺期在洛阳，"以考功受贿下狱"⑤。马良春、李福田总主编的《中国文学大辞典》中说沈佺期"长安四年，因受赃下狱，但以依附张易之兄弟，不久获释。唐中宗神龙元年（705）二张伏诛，沈佺期被流驩州"⑥。《中国大百科全书》中国文学卷中由孙望、郁贤皓撰写的沈佺期词条说他"由协律郎累迁考功员外郎，曾因受贿入狱，出狱后复职，迁给事中。中宗即位，因诏附张易之，被流放驩州"⑦。这个说法错误较多，也很明显，这里就不辨析了。可见沈佺期"考功受贿"说流布之广，影响之大，弄清历史真相即成为必要。

（二）对于沈佺期是否"受贿"的疑问以及为其辩诬的尝试

但是，既然最早关于沈佺期长安二年主持科举时是否"受贿""坐赃"的记载是含混的、不明确的，沈佺期的那些诗文又属于自辩性质，确实不能够确证他在长安二年（702）真正"受贿"的事实。

相比较而言，林庚、冯沅君等主编的《中国历代诗歌选》，中国科学院文学研究所《中国文学史》，王仲荦《隋唐五代史》，章培恒、骆玉明《中国文学史》，马积高、黄钧《中国古代文学史》，熊礼汇《隋唐五代文学

---

① 陆侃如：《中国诗史》，百花文艺出版社2008年第1版，第238页。
② 郭预衡主编《中国古代文学史长编》"隋唐五代卷"，首都师范大学出版社2000年9月第2版，第97页。
③ 《中国大文学史》上册，上海书店2001年4月第1版，第222页。
④ 《唐诗鉴赏辞典》，上海辞书出版社1983年12月第1版，第1400页。
⑤ 谭优学：《唐代诗人行年考续编》，第47页。
⑥ 马良春、李福田总主编《中国文学大辞典》第五册，天津人民出版社1991年10月第1版，第3163页。
⑦ 《中国历代诗歌选》上编二，人民文学出版社1964年1月第1版，1979年6月北京第6次印刷，第295页。

史》《辞海》《辞源》① 对于沈佺期"受赇"问题就要谨慎得多。他们在叙及沈佺期时，均只叙其谄附张易之兄弟，属于二张之党，是武则天的文学宠臣等事，而不及其"受赇"事。尤其是《辞源》的说法更为客观："曾以与张易之有牵连，流放驩州。"而傅璇琮主编，陶敏、傅璇琮著的《唐五代文学编年史》初盛唐卷"长安四年"也仅说沈佺期是"被弹"②，并多次征引沈佺期自辩之词，可见傅璇宗先生等也不完全相信沈佺期真的"受赇"，且行文中还隐含有替沈佺期辩诬之意。

真正公开为沈佺期辩诬的是陶敏和易淑琼等。在《沈佺期宋之问集校注》的前言中，他们明确提出沈佺期、宋之问的"考功受赇"案是冤案，指出"沈、宋长期遭受贬抑的原因之一，就是他们人品的卑污……但是，这里确实有一些不实之词。"③ 在为宋之问辩诬之后，又说："沈佺期考功受贿事也当是一个冤案。他于长安四年春被劾下狱，在狱中，写了好几首诗反复辩诬，认为这完全是一椿'事间拾虚证，理外存枉笔'的冤假错案，是由于自己'平生守直道，遂为众所嫉'（《被弹》）造成的。佺期在狱中一年仍'劾未究'，即未能定罪结案，次年二月才因附二张而流放，看来，控方的证据一定十分薄弱，佺期说是'千谤无片实'也并非夸大。"但他们为沈佺期辩诬的证据实际上只有两条：一是沈佺期"写了好几首诗反复辩诬"；二是在狱中一年未曾判决，未曾拿出其他有力证据来证明沈佺期被劾入狱的诬枉。

一般而论，在法制比较正常的情况下，犯罪嫌疑人不可能自承犯罪，必须有确切的证据才能使罪犯承认自己的犯罪事实。因此沈佺期的系列自辩诗，既不能作为他"受赇"的证据，也不能作为他未曾"受赇"的证据。

---

① 见中国科学院文学研究所《中国文学史》第二册，人民文学出版社1962年7月北京第1版，1979年6月北京第6次印刷本；王仲荦《隋唐五代史》下册，中华书局2007年11月第1版，第1109—1110页；章培恒、骆玉明《中国文学史》，复旦大学出版社2005年12月第1版，马积高、黄钧《中国古代文学史》，；熊礼汇《隋唐五代文学史》，武汉大学出版社2009年5月第1版，第43页；《辞海》1999年版，上海古籍出版社2000年1月第1版，第1077页；《词源》第三版，商务印书馆2015年10月第22次印刷本上册，第2297页；《中国大百科全书》中国文学卷第2册，中国大百科出版社1992年4月第1版，第719页。
② 傅璇琮主编《唐五代文学编年史》，第406页。
③ 陶敏、易淑琼：《沈佺期宋之问集校注》前言，第3—4页。

至于沈佺期被关在狱中一年未曾判决，原因可能多种多样，亦不能作为他未曾"受赃"证据。因此，如果仅仅依靠这两条就想洗脱沈佺期"受赃"的罪名和污点，是不能使人信服的。

笔者在上文中已经以确凿证据证明，沈佺期在长安二年任考功员外郎主持贡举期间"受赃"可能性不大；也证明当时所谓"谤议上闻"的事实必然发生过。而所谓"谤议"，当指考功司对于内外官员的年度考试可能存在"受赃"而不公正之事。但不能确认就是由沈佺期所为，也不能确认是沈佺期迫于执政者的压力，放任令史们上下其手，在对于内外官员进行考核时存在不公现象，所以才导致"谤议上闻"，引起了武则天的注意。因为长安元年沈佺期任考功员外郎时，并无"受赃"的时间，那时对内外官员的考课已经结束，更由于"谤议上闻"引起武则天关注，采取断然措施让已经调职的崔玄暐复任。当然，既然武则天要求崔玄暐复任，且言"选司大有罪过"，必然也会要求崔玄暐去查明真相，予以处理，崔玄暐必然也会认真查办此案。"考功受赃"的内外环境已经改变。因此，所谓"考功受赃"一事，只能发生在长安元年崔玄暐调任文昌左丞的那月余时间。而那时沈佺期尚未莅任天官考功员外郎。据新旧唐书，崔玄暐长安元年（701）十月首任天官侍郎即吏部侍郎，但由于"执政忌之"，改任文昌左丞，但是月余后，由于武则天的干预，崔玄暐复任天官侍郎，一直到长安三年。而沈佺期则由天官考功员外郎升迁至考功郎中，于长安三年正月升任给事中。崔玄暐离任后的天官侍郎则为许子儒。考《太平御览》卷二百一十五："天后以许子儒为天官侍郎，儒不以藻镜为意，其补官悉委令史勾直。时谓'勾直'曰'平配'。后崔玄暐为之，介然自守，绝于请谒，为执政者所忌，转文昌左丞，选司令史乃设斋自庆。武太后闻之，复拜为天官侍郎。"① 一直到长安三年。《资治通鉴》长安元年也有类似记载："天官侍郎安平崔玄暐性介质，未尝请谒，执政恶之，改文昌左丞。月余，太后谓玄暐曰：'自卿改官以来，闻令史设斋自庆，此欲盛为奸贪耳。今还卿旧任。'"② 可见崔玄暐自天官侍郎离任时间仅仅一月，这一月中，任天官侍郎者为许子儒。

① 李昉等：《太平御览》卷二百一十五，第 123 – 124 页。
② 《资治通鉴》卷二百七，第 358 页。

考许子儒其人，《旧唐书》谓："许叔牙，润州句容人。少精于《毛诗》《礼记》，尤善讽咏……子子儒。子儒亦以学艺称。长寿中，官至天官侍郎、弘文馆学士。子儒居选部，不以藻鉴为意，委令史句直，以为腹心。注官之次，子儒但高枕而卧，时云'句直平配'。由是补授失序，无复纲纪，道路以为口实。其所注《史记》，竟未就而终。"① 这些材料说，许子儒是许叔牙之子，出生于儒学之家，但是可能专注于儒学，不长于政务，也许还惧于二张势力，根本"不以藻鉴为意"，才为令史们所乘，导致对内外官考课等级和注官不公，而"道路以为口实"，所谓"谤议上闻"之"谤议"，应即指此。但是这里说长寿中任天官侍郎，有误，应为"长安中任天官侍郎"。此前史传并无许子儒任天官侍郎的记载。由于武则天的干预，正直无私的崔玄暐因此得以复任。在这位精明强干的人物手下负责科举考试和官员年度考核，一般而言，中级官员是不可能，也无条件逞其私欲，上下其手，大肆买官卖官的，因此，长安二年（702）的科举考试，沈佺期在主持进士科考试和对内外官员的考课中"受赇"之事，实难以成立。

（三）"考功受赇"案探源

根据以上材料，可以对沈佺期任考功员外郎、考功郎中时发生的所谓"谤议上闻"事件，划出一条较为明显的线索。

事实是，长安元年十一月首任天官（吏部）侍郎的崔玄暐因为"执政忌之"，亦即张易之、张昌宗、李迥秀等对于正直刚劲的政治对手的忌惮而改任后，即由许子儒继任天官侍郎，主持对于内外官员的年度考核。许子儒出生于儒学之家，本人亦有名于时，但可能由于能力不足、责任心不够等，这届选官不公，导致"道路以为口实"，以致"谤议上闻"。《新唐书》"马怀素传"说："宰相李迥秀藉易之势，敛赇渎法，怀素劾罢之。"② 可见当时确实存在着李迥秀和二张势力对于选官的干预，其背后就是"受赇"，就是赃污狼藉。许子儒除了行政事务能力不足，或者也是迫于压力，又不愿同流合污，因而采取了放任自流的办法，以致发生如《旧唐书》所说

---

① 《旧唐书》卷一百八十九"许叔牙、许子儒本传"，第 4072 页。
② 《新唐书》卷一百九十九"马怀素传"，第 4732 页。

"补授失序，无复纲纪，道路以为口实"①。由于许子儒未能认真履行职责，选官事务，一概委之于令史，令史们也能上下其手，从官员考核中得到好处。这也就是那帮令史"设斋相庆"的原因。究竟是谁在"考功受赇"，已经说得十分明确了。

《新唐书》"选举志"记载说，长安二年大量授官，而且授官职务还很高。"举人授拾遗、补阙、御史、著作佐郎、大理评事、卫佐凡百余人。"长安三年，吏部尚书李峤"又置员外郎二千余员，悉用势家亲戚，给俸禄，使厘务，至与正官争事相殴者。又有检校、敕摄、判知之官。神龙二年，峤复为中书令，始悔之，乃停员外官厘务"②。由于张易之、张昌宗、李迥秀等权势人物的干预，当时授官确实到了极其泛滥的程度，终于舆论大哗，加上二张势力的政治对手如崔玄暐、宋璟等人的揭发，终于"谤议上闻"，引起武则天的关注重视，因而才有撤换许子儒，让崔玄暐复任天官侍郎，并对相关人员予以查处的举措。当然，崔玄暐与二张和李迥秀分属不同的政治势力，既然有了武则天的尚方宝剑，崔玄暐对于此案的查处也是必然的。沈佺期既然当时任考功员外郎，继任考功郎中，从当时人的记载中，并未发现沈佺期直接参与卖官枉法一事的记载。如果是沈佺期本人直接"受赇"枉法，当时人是不会为他讳言的，且也不可能在主持科举后再升为考功郎中。考功郎中为从五品上的官职，任命需要皇帝亲自批准，如果沈佺期真的"考功受赇"，或者在主持科举中，或者在年度考核中紊乱法纪，已经掌握情况的武则天还可能批准他升任考功郎中吗？由此可见，沈佺期在此案中并非当事人，这或许也是沈佺期在被弹入狱后不断鸣冤叫屈的真正原因。

由此可见，徐浩《张九龄神道碑》说"谤议上闻"的"谤议"当指当时发生的考课不公的事实以及强大的舆论压力，亦可见"考功受赇"事件确实发生过。但《旧唐书》说沈佺期"坐赃配流岭表"；《新唐书》说他"考功受赇，劾未究，会张易之败，遂长流驩州"，并非事实真相。沈佺期或者只是一个仅因曾任考功员外郎和考功郎中的"背锅顶罪者"，但其受到流放驩州处罚，则当另有原因。

---

① 《旧唐书》卷一百八十九"许叔牙传"附"许子儒传"，第4072页。
② 《新唐书》卷四十五"选举志"，第4256页。

这里还有个问题需要说明。既然为人正直、精明强干的崔玄暐为吏部侍郎，何以继长安二年之后，长安三年又发生滥授官职的事件？那原因不仅是崔玄暐复任天官侍郎后按照武则天要求查处长安二年"谤议上闻"事件中，因矛头直指二张及李迥秀等执政势力，可能引发政坛的混乱，也引起武则天的警觉，所以将其提升调职。《新唐书》"崔玄暐传"载"（长安）三年，授鸾台侍郎、同凤阁鸾台平章事，兼太子左庶子。四年，迁凤阁侍郎"①。离开了天官侍郎岗位的崔玄暐对于冬集选官事件的处理由此失去了话语权。可见，买官卖官，贪赃枉法，确实是官场易发的顽症。更是因为这类事件的产生和武则天的"务收人心""十道举人"政策导致"士无贤不肖，多所进奖"的选官政策紧密相关。因为长安二年、三年选司授官出现的"赃滥"问题，本质上是由武则天的选官政策导致的，也是武则天纵容二张的后果，崔玄暐复任时武则天明确说是"选司大有罪过"，更明确说"乃闻令史设斋相庆"，武则天实际上也是把此次事件的责任限定在选司，限定在"书令史"们了，查处责任人也由此封顶，因此崔玄暐也不得不顾及武则天的态度。更因为武则天"务收人心"的用人政策，导致长安二年、三年的滥授官员的结果。这在《新唐书》"选举志"中有明确记载②，可以参考。正因为是武则天的政策举措，崔玄暐自然无可奈何了。他所代表的政治势力欲借此打倒二张和李迥秀的愿望因投鼠忌器而未能实现。也可能正是由于这个原因，沈佺期在被弹入狱后较长时期内未能判决，一直到张柬之等发动政变，杀死二张，逼武则天退位后才被流放驩州。因为沈佺期与二张关系密切，沈佺期既是因为长安二年"谤议上闻"受到牵连入狱的，同时此案的牵连也必然不仅沈佺期一人。他在狱中有诗《同狱者叹狱中无燕》③，就透露了这一消息。而在武则天时期，同一阵营的二张、李迥秀为了自保必然会予以救护。甚至武则天本人也可能因为牵涉他的两个男宠而不愿穷究到底，仅把责任确定在"选司"、在书令史身上了。武则天这个态度，判案者也不得不有所顾忌。这样看来沈佺期被弹入狱，也就可以对

---

① 《旧唐书》卷九十一"崔玄暐传"，第 3829 页。
② 《新唐书》卷四十五"选举志"，第 4256 页。
③ 沈佺期：《同狱者叹狱中无燕》，见陶敏、易淑琼《沈佺期宋之问集校注》上册，第 76 页。

舆论有所交代了。同时也可能是沈佺期入狱后一直不承认自己"坐赃",申明自己"我无毫发瑕,苦心怀冰雪"①,他对于武则天的心思和二张营救他出狱的希望还是心中有数,也是很强烈的。他的《狱中闻驾幸长安二首》诗就说:"传闻圣旨向秦京,谁念羁囚滞洛城。扈从由来是方朔,为申冤气在长平。"虽然也有些怨言,但是"为申冤气"的期望还是很强烈的。"无事今朝来下狱,谁期十月是横河。君看鹰隼俱罢击,为报蜘蛛收网罗。"② 以为很快就会结案出狱,谁知道竟然拖到秋末冬初,也含有一些不满和失望。

也许有人还有疑问,既然二张势力甚至武则天都可能在暗中保护沈佺期,那他为何还要入狱呢?笔者认为,这主要是因为既然崔玄暐于长安二年复任是由于武则天认为"选司大有罪过",并将事件责任人确定为"选司""书令史",则说明"受赃"枉法事件已经发生,要求崔玄暐予以查处,那么作为选司的主要负责官员是不可能全身而退的,对于查处结果武则天也不能一口否定。何况长安二年许子儒任天官侍郎时因"补授失序,无复纲纪",导致"道路以为口实"。"谤议上闻"也是作为最高统治者所不乐见的事情!因此对于沈佺期案,就采取了拖的策略,等待有利时机予以结案。由此可见,被弹入狱的沈佺期无疑是武则天晚年朝廷内各派政治势力角力的牺牲品而已。如此看来,所谓沈佺期"考功受赃",确实是一个冤案!

三 长安二年"考功受赃""谤议上闻"案的政治背景和性质考辨

笔者此前发表的《张九龄进士及第"重试"问题正误》《沈佺期"考功受赃"浮议案真相探源》《沈佺期流放驩州真实原因考析》③ 等系列论文

---

① 沈佺期:《枉系》二,见陶敏、易淑琼《沈佺期宋之问集校注》上册,第75页。
② 沈佺期二诗见《沈佺期宋之问诗校注》上册,第78-79页。
③ 《张九龄进士及第"重试"问题正误》《沈佺期"考功受赃"浮议案真相探源》诸文,分别见《广东省社会主义学院学报》2017年第3期;《深圳职业技术学院学报》2017年第6期、2019年第2期。

中，以确凿证据证明，长安二年（702）沈佺期主持的贡举考试结果并未作废；沈佺期不可能在这次主持贡举时受贿；当时所谓"谤议上闻"指的是对于官吏的年终"冬集"选官不公而导致的被判为"下等"者的告发；就吏部而言，其直接责任者应该是当时担任天官侍郎的许子儒及其手下的令史们；沈佺期并非因为"考功受赇"流放驩州等事实。指出沈佺期被流放于万里之外的驩州，是因为他属于二张集团，被当时政变后执政的张柬之、崔玄暐等认为是二张集团中重要的文人，被视为大奸大恶，因此在一同流放的数十人中处罚最重、流放最远。因此，沈佺期的被流放驩州，是二张被杀后的政治处罚。但是对于这一案件的真正指使者、案件性质未做进一步考证。笔者拟就这一问题再作探讨。

（一）沈佺期受"考功受赇"案影响的全貌

根据史料，武周长安元年十月，崔玄暐首任天官侍郎，亦即吏部侍郎。因为官公正不阿，在科举考试和对于内外官员的"冬集"即年度考核中秉公持正，使得武则天所宠幸的二张势力不能为所欲为，安插亲信，卖官鬻爵，因此，他们想方设法排挤崔玄暐，把他调任文昌左丞，离开了天官侍郎的岗位，而由当时的儒学之士许子儒继任天官侍郎，主持长安二年的贡举考试和对于内外官员的"冬集"考核。但许子儒侍郎由于张易之、李迥秀等指使，或者慑于二张势力的巨大压力，并未认真履行职责，反而任由"书令史"们上下其手，以致考核极其不公，导致"道路以为口实"，即所谓"谤议上闻"，引起武则天重视，即召崔玄暐再任天官侍郎，从崔玄暐离开天官侍郎职位至复任，仅月余时间。此后崔玄暐一直担任天官侍郎职务，直至长安三年（703）。其间，长安三年春，"考功受赇"案发，沈佺期下狱，至神龙元年（705），张柬之、桓彦范、袁恕己、崔玄暐、敬晖等发动政变，诛杀二张及其党羽，逼武则天退位后，沈佺期等与二张关系密切的文人被全数贬出朝廷，其中沈佺期被流放最远，被流放到万里之外的驩州。

这就是发生于长安二年的所谓"考功受赇""谤议上闻"案的大致面貌。

(二)"考功受赇"案背后的政治原因

行文至此,长安二年"考功受赇""谤议上闻"案似乎已经真相大白了。但是事情远不止此。在这个案子的背后,还有着深层政治原因。也就是说,长安二年发生的这个"考功受赇""谤议上闻"案件,绝不仅仅是一个单纯的买官卖官的贪腐案件,其中隐藏着深刻的政治动机,也是武则天晚年各派政治势力一连串激烈政治斗争的爆发点。

事情得从武则天说起。武则天自唐高宗显庆五年(660)参与政务以来,威权日重。至麟德元年(664)与高宗同称"二圣",再至咸亨五年(674),与高宗并称"天皇、天后",再至载初元年革唐命,改国号为周,改元天授元年(690);再至张易之、张昌宗入宫的武周万岁通天二年、神功元年(697),这个期间,武则天实际执政已经近四十年了。所谓岁月不饶人,精明强健的武则天,此时也无可奈何地进入了她的晚年。武则天参与朝廷政务之前,身处后宫,经历了后宫的极其残酷血腥的斗争,终于踏着其他嫔妃的身躯走上了皇后的宝座;而此时又转向了攫取更大的政治权力,其间她采取各种阴谋手段,以血腥手段清除了关陇集团势力以及一切阻碍她登上皇帝宝座的力量。尤其是她以周代唐,成为名副其实的第一位女性皇帝后,更是权倾天下。但她在满足了权力欲望的同时,庞大帝国的烦冗事务、争权夺利的权力斗争,也使她心力交瘁,朝廷中各种势力的激烈的倾轧和斗争也使她深感厌倦。虽然她采取各种措施延年益寿,试图永居帝位,但在实际上她也感到力不从心。到神功元年(697)时,武则天已经是一位73岁的老人了。她不得不考虑身后朝廷事务的安排了。

武则天的身后事务中,最为重要的是接班人的选择。作为一位封建专制时代极富政治斗争经验的老政治家,武则天深知最高权力的交接往往伴随着极其血腥的权力斗争。因此必须慎重选择。所谓慎重,必然有着以下的考量:一是这个人选必须能够平衡朝廷中各派政治势力,必须能够保证朝廷中各派与武则天关系亲密的力量不受损害;二是必须能够得民心,能够为各派政治力量所接受;三是这个人选必须具备受到各派政治力量所拥护的政治资本。此外,还需要保持各派政治力量的实力较为均衡,能够相互制约，形成一种力量上的相互牵制，才能防止某种势力过于坐大，打破权力平衡的机制，确保诸武、李唐、二张势力不致相互倾轧。

对于未来接班人的选择，武则天是慎之又慎的。对此，武则天极其秘密地征求了王方庆、狄仁杰等人的意见，尤其是至少四次征求狄仁杰的意见。史有明载，周勋初主编《唐人轶事汇编》卷八"狄仁杰"条下多有辑录，可参。现引录数条以见狄仁杰力谏之实。"（武）后纳诸武之议，将移宗社，拟立武三思为储副，迁庐陵王于房陵。诸武阴计，日夜献谋曰：'陛下姓武，合立武氏，未有天子而取别姓将为后者也。'天后既已许，礼问群臣曰：'朕年齿将衰，国无储主，今欲择善，谁可当之？朕虽得人，终在群议。'诸宰臣多闻计定，言皆希旨；仁杰独退立，寂无一言。天后问曰：'卿独无言，当有异见。'公曰：'有之。臣上观乾象，无易主之文；中察人心，实未厌唐德。'天后曰：'卿何以知之？'公曰：'顷者匈奴犯边，陛下使梁王三思于都市召募，一月之外，不满千人。后庐陵王踵之，未经二旬，数盈五万。以此观之，人心未去。陛下将欲继统，非庐陵王，馀实非臣所知。'天后震怒，命左右扶而去之。"①

"后经旬，召公入，曰：'朕昨夜梦与人双陆，频不见胜，何也？'对曰：'双陆不胜，盖为宫中无子。此是上天之意，假此以示陛下，安可久虚储位哉？'天后曰：'是朕家事，断在胸中，卿岂合预焉？'仁杰对曰：'臣闻王者以天下为家，四海之内，悉为臣妾，何者不为陛下家事！君为元首，臣为股肱，臣安得不预焉！'又命扶出，竟不纳。"②"天后御一小殿，垂帘于后（後），左右隐蔽，外不能知，乃命公（狄仁杰）坐于阶下。曰：'前者所议，事实非小，寤寐反复，思卿所言，弥觉理非，甚乖朕意。忠臣事主，岂在多违！今日之间，须易前见。以天下之位在卿一言，可朕意即两全，逆朕心即俱毙！'公从容言曰：'陛下所言，天下之位，何得专之。以臣所知，是太宗文武皇帝之位，陛下岂得而自有也！太宗身陷锋镝，经纶四海，所以不告劳者，盖为子孙，岂为武三思耶？陛下身是大帝皇后，大帝寝疾，权使陛下监国；大帝崩后，合归冢嫡。陛下遂奄有神器，十有余

---

① 《唐人轶事汇编》，第 372 - 373 页。
② 《唐人轶事汇编》，第 373 - 374 页。

年。今议缵承,岂可更异!且姑与母孰亲?子与侄孰近?'云云。天后于是歔欷流涕,命左右褰帘,手抚公背,大叫曰:'卿非朕之臣,是唐社稷之臣!'回顾庐陵王曰:'拜国老!今日国老与尔天子!'公免冠顿首,涕血洒地,左右扶策,久不能起。天后曰:'即具所言,宣付中外,择日礼册。'公挥涕而言曰:'自古以来,岂有偷人作天子!庐陵王留在房州,天下所悉知,今日在内,臣亦不知。臣欲奉诏,若同卫太子之变,陛下何以明臣?'天后曰:'安可却向房陵!只于石像驿安置,具法驾,陈百僚,就迎之。'于是大呼万岁,储位乃定。"①

对此事,《旧唐书》也有记载:"初,中宗在房陵,而吉顼、李昭德皆有匡复谠言,则天无复辟意。唯仁杰每从容奏对,无不以子母恩情为言,则天亦渐省悟,竟召还中宗,复为储贰。初,中宗自房陵还宫,则天匿之帐中,召仁杰以庐陵为言。仁杰慷慨敷奏,言发涕流,遽出中宗,谓仁杰曰:'还卿储君。'仁杰降阶泣贺,既已,奏曰:'太子还宫,人无知者,物议安审是非?'则天以为然,乃复置中宗于龙门,具礼迎归,人情感悦。仁杰前后匡复奏对,凡数万言,开元中,北海太守李邕撰为《梁公别传》,备载其辞。中宗返正,追赠司空,睿宗追封梁国公。"②

实际上,立庐陵王为太子,也是当时一些有政治远见官员的共同看法。比如吉顼、李昭德等为武则天所亲任的高官就是如此。吉顼在张昌宗向他请教在后武则天时代如何自安时就明确说,二张必须支持立李唐代表人物为太子。《旧唐书》卷一百八十六上吉顼传:"初,中宗未立为皇太子时,易之、昌宗尝密问顼自安之策。顼云:'公兄弟承恩既深,非有大功于天下,则不全矣。今天下士庶,咸思李家,庐陵既在房州,相王又在幽闭,主上春秋既高,须有付托。武氏诸王,殊非属意。明公若能从容请建立庐陵及相王,以副生人之望,岂止转祸为福,必长享茅土之重矣!'易之然其言,遂承间奏请。则天知顼首谋,召而问之。顼曰:'庐陵王及相王皆陛下之子,先帝顾托于陛下,当有主意,唯陛下裁之。'则天意乃定。顼既得罪,时无知者。睿宗即位,左右发明其事,乃下制曰:故吏部侍郎、同中

---

① 《唐人轶事汇编》,第372—373页。
② 《旧唐书》卷八十九"狄仁杰传",第3824页。

书门下平章事吉顼,体识宏远,风规久大。尝以经纬之才,允膺匡佐之委。时王命中否,人谋未辑,首陈返政之议,克副祈天之基。永怀遗烈,宁忘厥效。可赠左御史台大夫。"①

至于李昭德,他在劝谏武则天立子不立侄为太子时,说得更加切直。时人刘肃《大唐新语》卷之一:"则天以武承嗣为左相。李昭德奏曰:'不知陛下委承嗣重权,何也?'则天曰:'我子侄,委以心腹耳。'昭德曰:'若以姑侄之亲,何如父子?何如母子?'则天曰:'不如也。'昭德曰:'父子、母子尚有逼夺,何诸姑所能容?使其有便可乘御,宝位其遽安乎?且陛下为天子,陛下之姑受何福庆?而委重权于侄手,大事去矣!'则天矍然,曰:'我未思也。'即日罢承嗣政事。"②

狄仁杰、吉顼、李昭德、王方庆、王及善,甚至张易之、张昌宗反复进言③,武则天终于下定决心,于圣历元年春三月,自房州秘密召回庐陵王,加上皇嗣李旦固请逊位于庐陵王,同年九月丙子,立庐陵王为太子。④这一举措,基本上断绝了诸武继承皇位的希望,以致武承嗣因不得立为太子郁郁而死。武则天虽立庐陵王为太子,但也不愿在其身后李氏新皇帝与诸武势力互不相容。因此,她采取了一系列措施来保护诸武势力。《旧唐书》卷六"武后纪":圣历二年"春二月,封皇嗣(李)旦为相王""秋七月,上以春秋高,虑皇太子、相王与梁王武三思、定王武攸宁等不协,令立誓文于明堂"⑤。司马光《资治通鉴》卷二百六:"太后春秋高,虑身后太子与诸武不相容。壬寅,命太子、相王、太平公主与武攸暨等为誓文,告天地于明堂,铭之铁券,藏于史馆。"⑥试图以对天地盟誓方式来调和李唐势力与诸武势力的矛盾。

从后来事态的发展来看,唐中宗还是遵守了这一誓言的。一是在张柬之、桓彦范等五人发动政变诛杀二张后,他坚决制止了诛灭诸武的行动。

---

① 《旧唐书》卷一百八十六上"吉顼传",第 4060 页。
② 刘肃:《大唐新语》,中华书局 2004 年 6 月第 1 版,第 7 页。
③ 均可见《资治通鉴》卷二百六,第 338–347 页。
④ 见《资治通鉴》卷二百六,第 343 页。
⑤ 《旧唐书》卷六"武后纪",第 3497–3499 页。
⑥ 司马光:《资治通鉴》卷二百六,第 347 页。

二是在后武则天时代重用武三思，甚至不惜贬谪张柬之等五王，客观上造成了五王被武三思残害的事实。三是将安乐公主嫁与武三思之子。可以说，中宗再次即位后，对于诸武势力还是采取了有力的保护措施的。至于武三思后来被太子李重俊起兵杀掉，那是因为武三思暗通韦后，控制朝政，为非作歹，实属咎由自取。而且中宗也视李重俊之举为"大逆"，对武三思父子之死还是很痛惜的，当然，中宗此举也有故作姿态的可能。

武则天为了身后政局的稳定，还采取了一系列措施保证各派政治势力的均势。当时诸武封王者众，武则天又给予诸武更大的政治权力：进武承嗣春官尚书，武三思并同凤阁鸾台三品。但因朝臣建言，担心危害太子地位，很快即罢去。武则天还培植心腹大臣，以备将来成为诸武助力。比如，她大力提拔吉顼任太子少保、天官侍郎同平章事，但是因为吉顼与武懿宗争功，鄙视诸武而罢去。《旧唐书》卷一百八六上"吉顼传"："初，则天以（吉）顼干辩有口才，伟仪质，堪委以心腹，故擢任之。及与武懿宗争赵州功于殿中，懿宗短小俯偻，顼声气凌厉，下视懿宗，尝不相假。则天以为：'卑我诸武于我前，其可倚与！'"①

武则天本意是让吉顼等与诸武形成共同势力，谁知道吉顼对于诸武持卑视态度，这是不可容忍的，因此必须贬去。由此可见，武则天为防范身后李唐势力与诸武势力不能相容，确实是颇费心机的。但是在实际上，最高权力的争夺，是不可调和的。武则天的种种举措，在中宗时期，因为中宗长期被贬居房陵，在朝中并无很深的根基，出于巩固自身权力基础的需要，采取了与诸武结盟的政治态度，保护诸武，实际上也就是保护自身利益。看起来，武则天的盟誓安排还是产生一定效果。但是李唐势力与诸武势力的矛盾从根本上是不可调和的。比如诸武势力折辱太子李重俊，使他感受到了巨大威胁，最终起兵杀了武三思等人；再如相王李旦及其子李隆基就对诸武势力不满。因此，从根本上说，武则天的这种安排是枉费心机的。

---

① 《旧唐书》卷一百八十六上"吉顼传"，第4060页。

（三）武则天扶持二张势力的政治考量

下面说到武则天所做的身后事安排的另一个方面，即二张势力的崛起。

这得从张易之、张昌宗入宫说起。《旧唐书》"武后纪"说：武则天万岁通天二年（697）春二月，由于武则天女儿太平公主推荐张昌宗入宫，张昌宗又推荐其兄张易之，由此，二张同时入宫，"初，为宠臣张易之及其弟昌宗置控鹤府官员，寻改为奉宸府，班在御史大夫下。"① 武则天时年73岁。二张入宫，立即受到武则天的宠爱，立即设立控鹤监，后又设立奉宸府以处之。并且授予很高的职务。"班在御史大夫下"，查《唐六典》，"御史大夫一人，从三品"②，也就是二张在上朝时排序在御史大夫后面，也就是从三品的高级官员了，可谓一步登天。《旧唐书》卷七十八"张行成传"附"张易之、张昌宗"传："易之初以门荫，累迁为尚乘奉御，年二十余，白皙美姿容，善音律歌词。则天临朝，通天二年，太平公主荐易之弟昌宗入侍禁中，既而昌宗启天后曰：'臣兄易之器用过臣，兼工合炼。'即令召见，甚悦。由是兄弟俱侍宫中，皆傅粉施朱，衣锦绣服，俱承辟阳之宠。俄以昌宗为云麾将军行左千牛中郎将；易之为司卫少卿，赐第一区、物五百段、奴婢、驼马等。信宿，加昌宗银青光禄大夫，赐防阁，同京官朔望朝参。仍赠希臧（二张之父）襄州刺史，母韦氏阿臧封太夫人，使尚宫至宅问讯，仍诏尚书李迥秀私侍阿臧。武承嗣、三思、懿宗、宗楚客、宗晋卿候其门庭，争执鞭辔，呼易之为五郎，昌宗为六郎。俄加昌宗左散骑常侍。圣历二年，置控鹤府官员，以易之为控鹤监、内供奉，余官如故。久视元年，改控鹤府为奉宸府，又以易之为奉宸令，引辞人阎朝隐、薛稷、员半千并为奉宸供奉。每因宴集，则令嘲戏公卿以为笑乐。若内殿曲宴，则二张、诸武侍坐，樗蒲笑谑，赐与无算。时谀佞者奏云，昌宗是王子晋后身。乃令被羽衣，吹箫乘木鹤，奏乐于庭，如子晋乘空。辞人皆赋诗以美之，崔融为其绝唱，其句有'昔遇浮丘伯，今同丁令威。中郎才貌是，

---

① 《旧唐书》卷六"武后纪"，第3499页。
② 《唐六典》卷十三"御史台"，第377页。

藏史姓名非'"。①《新唐书》卷一百四"张行成传"附二张传所记略同。真所谓一人得道，鸡犬升天，张易之、张昌宗其他兄弟也一再升迁，张昌期任汴州刺史，张同休任司礼少卿，张景雄任通事舍人。一个以二张为首的张氏政治势力遽然崛起。

二张势力崛起如此之迅速，以往史家们总是视为武则天对于内宠的喜爱所致，或者换言之，是由于武则天为了延年益寿、采阳补阴，满足自己的性欲，离不开二张才如此提拔。对此，笔者有不同看法，即使是武则天有满足自己性欲的需要，即使是采阳补阴离不开二张，但是在这些表象背后，还有更深刻的政治考虑，就是有意培植一股新的政治力量，来平衡身后的朝廷力量结构和势力对比，形成一种政治均势。如果说武则天仅仅是为了自身个人需要，实难想象一位年龄已达73岁的老妇人，还有多少性的需求？即使武则天驻颜有术，但毕竟年岁不饶人。《旧唐书》"张行成传"附二张传载："天后令选美少年为左右奉宸供奉，右补阙朱敬则谏曰：'臣闻志不可满，乐不可极。嗜欲之情，愚智皆同，贤者能节之不使过度，则前圣格言也。陛下内宠，已有薛怀义、张易之、昌宗，固应足矣。近闻尚舍奉御柳模自言子良宾洁白美须眉，左监门卫长史侯祥云阳道壮伟，过于薛怀义，专欲自进堪奉宸内供奉。无礼无仪，溢于朝听。臣愚职在谏净，不敢不奏。'则天劳之曰：'非卿直言，朕不知此。'赐彩百段。"②朱敬则劝谏武则天"选美少年为左右供奉"一事，如果此事涉及武后私德，朱敬则是不会如此直白地劝谏的。正是从维护武则天私德的角度劝谏，才为她所接受。正统史家执着于武则天的个人私德，认识或者偏颇！

《旧唐书》"张行成传"附二张传还说，武则天"以昌宗丑声闻于外，欲以美事掩其迹，乃诏昌宗撰《三教珠英》于内。乃引文学之士李峤、阎朝隐、徐彦伯、张说、宋之问、崔湜、富嘉谟等二十六人，分门撰集。成一千三百卷，上之。加昌宗司仆卿，封邺国公，易之为麟台监，封恒国公，各实封三百户。俄改昌宗为春官侍郎。易之、昌宗皆粗能属文，如应诏和

---

① 《旧唐书》卷七十八"张行成传附张易之、张昌宗传"，第3801页。
② 《旧唐书》"张行成传"附二张传，第3801页。

诗，则宋之问、阎朝隐为之代作"①。《新唐书》亦记此事。对此，史家从正统儒家观念出发，认为设置奉宸府，是为了掩饰二张之"丑声"，"欲以美事以掩其迹"，应该说，这种认识只看到表面现象，多少有些道听途说，而未能洞察武则天的政治动机。

其实，设置奉宸府，诏张昌宗领衔，李峤、张说、宋之问、沈佺期等二十六位学士修《三教珠英》一事，绝不仅仅为了掩饰二张"丑声"，也绝不仅仅"欲以美事以掩其迹"，而是具有深远政治用心的安排。也就是借修书为二张集聚政治人才资源，集聚政治资本。试看所谓珠英学士中的人物，哪一个不是当时十分著名的人物？李峤曾经担任过宰相职务，张说的政治地位也很高，在玄宗时期也当过宰相，至于其他人物，如阎朝隐、宋之问、沈佺期、崔湜等，都是当时著名文人。须知，唐朝自太宗开始确定了以文治国的国策之后，自唐高宗、武则天以降，文人治国已成十分牢固的治国思想，文人随之成为唐朝政治的主体，成为朝廷高官的来源，尤其是进士出身的人才，不几年即出将入相，成为常态。②

张易之、张昌宗身出名门，其伯祖父张行成是太宗、高宗朝著名的宰相，也是时誉卓著的人物。深得太宗、高宗信任，在社会上和文人群体中具有极大影响力。这个出身门第是很高的，非之前出身低微的内宠薛怀义之流所能比附。遗憾的是，二张虽粗识文字，但均非进士出身。武则天为其设置奉宸府，使张昌宗领衔修撰《三教珠英》，实际上是在弥补二张出身起家之不足的缺陷，为其赢取社会声望采取的举措。只有从这个角度来看，才能真正理解武则天为张易之、张昌宗设立奉宸府的真正用意，才能理解何以"则天春秋高，政事多委易之兄弟"③，才能够真正理解何以"中宗为皇太子，太子男邵王重润及女弟永泰郡主窃言二张专政。易之诉于则天，付太子自鞫问处置，太子并自缢杀之"；才能理解武则天何以如此维护二张势力，连对自己的嫡亲孙子、孙女以及侄孙都是如此坚决、无情地予以消灭；才能理解无论是御史大夫魏元忠揭发二张之罪，还是宋璟揭发张昌宗

---

① 《旧唐书》"张行成传"附二张传，第 3801 页。
② 参见李福长《唐代学士与文人政治》，齐鲁书社 2005 年 6 月第 1 版。
③ 《旧唐书》"武后纪"，第 3497－3499 页。

"私引相工李弘泰",甚至说张昌宗"有天子相"①,妄占吉凶等种种逆天罪行,都不能动摇武则天对二张的信任,都为武则天所坚决保护;才能够理解,为何诸武势力如此对二张低声下气;才能理解为何太子、相王、太平公主联名要求武则天封二张为王,虽未被采纳,但还是降等封公了。可以说,对于武则天的政治用心,无论是诸武,还是太子、相王、太平公主等,其实也是心知肚明的。就是被杀的邵王李重润、永泰公主和武延基也是明白的。只不过是他们政治经验不足,不知道最高权力争夺的复杂性和残酷性,以致导致了悲惨的结局!

二张由于武则天的支持掌握了巨大权力,但二张政治素质不高,缺乏能力,也缺乏政治谋略,反而恃宠而骄,无视朝中错综复杂的政治力量构成,不断得罪于李唐和诸武势力,因此成为李唐和诸武势力共同的敌人。在武则天病笃之时,又不许朝中大臣接近武则天,试图操纵武则天身后事务,给李唐和诸武势力带来巨大危害和恐惧,才使张柬之、桓彦范等五大臣在太子的支持下,毅然发动政变,杀了二张,清除了二张势力,逼武则天退位,扶太子李显重新登基,恢复了李氏王朝。诛杀二张的非常之举,尽管诸武势力未曾参与,但其实也是乐于见到的;但逼武则天退位,诸武肯定不高兴,然当时居于弱势地位,也无可奈何了。后来其一朝得势,便残害起了桓彦范、张柬之等五王。

(四) 沈佺期被流放是五王势力清除二张政治势力的重要举措

现在可以回到发生在长安二年(702)的所谓"考功受赇""谤议上闻"一案上来。在当时武则天安排的政治图景背景下来认识此事,可能更加真实、准确。《旧唐书》卷七十八"张行成传"记,"长安二年,易之赃贿事发,为御史台所劾下狱,兄司府少卿昌仪、司礼少卿同休皆贬黜"。这里说是"长安二年赃贿事发",实际上,应该理解为"长安二年的赃贿事发"。《旧唐书》"宋璟传"将此事列于长安三年(703)魏元忠被贬高要尉之后。魏元忠、张说被贬,事发时在长安三年九月,因此此句应为"长安

---

① 《资治通鉴》卷二百七"长安四年",第368页。

二年（的）张易之赃赂事发"，即是张易之长安二年的赃赂事在长安三年被魏元忠等揭发出来，"为御史台所劾下狱，兄司府少卿昌仪、司礼少卿同休皆贬黜"①。按：张易之等下狱事，《资治通鉴》卷二百七系于长安四年（704）秋七月乙未。可见张易之长安二年的赃赂事发在长安四年，而非长安二年当年事发。《资治通鉴》卷二百七"长安四年"（704）春正月记"夏官侍郎、凤阁鸾台三品李迥秀颇受贿赂，监察御史马怀素劾奏之。二月癸亥迥秀贬庐州刺史"②可证。

李迥秀是武则天为张易之母阿臧安排的情人，很可能李迥秀纳贿卖官事发牵连到张易之等，才引发张易之兄弟下狱。关于张氏兄弟纳贿卖官事，举一例以见一斑。张鷟《朝野佥载》记："张昌仪为洛阳令，借易之权势，属官无不允者。风声鼓动。有一人姓薛，赍金五十两遮而奉之。仪领金，受其状，至朝堂，付天官侍郎张锡。数日失状，以问仪，仪曰：'我亦不记得，有姓薛者即与。'锡检案内姓薛者六十余人，并令与官。其蠹政也如此。"③《旧唐书》"武后纪"久视元年（700）秋七月，"天官侍郎张锡为凤阁侍郎、同凤阁鸾台平章事"④。大足元年、长安元年（701）三月贬循州。可见，此事发生在圣历三年、久视元年（700）秋七月之前张锡任天官侍郎期间。

现在来看，长安二年"考功受赇""谤议上闻"一案，既具有张易之赃赂买官的性质，其实也是二张势力借此广植社会基础尤其是扩大政治势力的需要。而武则天对此也是知情的，或者说是暗地里纵容的。因为她本人垂帘听政后，因为政治力量不足，就采取非常举措大力提拔身份地位低贱的人担任官职。《新唐书》选举志下记："初，试选人皆糊名，令学士考判，武后以为非委任之方，罢之。而其务收人心，士无贤不肖，多所进奖。"⑤张鷟《朝野佥载》记过沈佺交南院赋诗予以尖锐讽刺的事，又记："唐姜晦为吏部侍郎，眼不识字，手不解书，滥掌铨衡，曾无分别。选人歌曰：'今

---

① 《旧唐书》卷七十八"张行成传"，第 3840 – 3841 页。
② 《资治通鉴》卷二百七"长安四年"，第 365 – 367 页。
③ 张鷟：《朝野佥载》三，第 78 页。
④ 《旧唐书》"武后纪"，第 3497 – 3499 页。
⑤ 《新唐书》卷四十五"选举志下"，第 4256 页。

年选数恰相当，都由座主无文章。案后一腔冻猪肉，所以名为姜侍郎。'"正是由于武则天出于政治目的大肆授官，给一些有权有势的人买官卖官大开方便之门。张鷟《朝野佥载》记："乾封以前选人，每年不越数千。垂拱以后，每岁常至五万。人不加众，选人益繁者，盖有由矣。尝试论之，只如明经、进士、十周、三卫、勋散、杂色、国官、直司，妙简实材，堪入流者十分不过一二。选司考练，总是假手冒名，势家嘱请。手不把笔，即送东司，眼不识文，被举南馆。正员不足，权补试、摄、检校之官。贿货纵横，赃污狼藉。流外行署，钱多即留，或帖司助曹，或员外行案。更有挽郎、辇脚、营田、当屯，无尺寸工夫，并优于处分。皆不事学问，唯求财贿。是以选人冗冗，甚于羊群；吏部喧喧，多于蚁聚。若铨实用，百无一人。积薪化薪，所从来远矣。"① 只不过武则天的目的在于利用新生力量打击反对派势力，而二张则夹杂大肆收受财物的行为。但她身为皇帝，又不得不在张易之赃略事发后予以一定的查处。但是她的方针还是对张易之等包庇保护的。这就是沈佺期下狱后长期未得处理的根本原因。

应该注意的是，沈佺期作为长安二年的考功员外郎，因长安二年"考功受赇""谤议上闻"案发，于长安四年（704）春天下狱后，本指望张易之等的救援，但是因为张易之等在与宋璟、桓彦范等的尖锐激烈的斗争中自身也处于危险地位，不能救援他。至第二年春，张柬之、桓彦范等发动政变，逼武则天退位、中宗再次登基后，才由张柬之等执政大臣视为大奸大恶之徒，决定流放驩州的。

笔者分析，沈佺期的定罪与流放，与他任天官部考功员外郎时的顶头上司、当时的天官侍郎崔玄暐有很大关系。在当时执政者五王等人眼中，沈佺期绝不仅仅是依附二张的文人学士，而是二张集团中重要的骨干人物而被流放的。但唐中宗和武三思等人对沈佺期则无恶感。这从武三思勾结韦后，设计逐杀张柬之、桓彦范、敬晖、崔玄暐、袁恕己等五王后立即召回沈佺期，参与中宗宴会，因唱回波词被赐还绯衣一事可以看出端倪来。由此观之，发生于长安二年的"考功受赇""谤议上闻"案，看似一个贪腐

---

① 张鷟：《朝野佥载》卷四。

案件，实际上充满着政治斗争的意蕴。具有明显的政治报复的色彩，他被召回也是张柬之等五王政治斗争失败的结果。同时，沈佺期被流放到万里之遥的驩州，既非因为"考功受赇"，也非仅仅因为依附二张。而是作为二张政治势力中一颗重要的棋子，才受到如此惨重的打击。

四　沈佺期入狱准确时间和长安四年武则天幸西京事件辨正

（一）沈佺期入狱准确时间为长安四年正月

沈佺期于长安四年（704）春正月因"考功受赇"案下狱，神龙元年（705）年正月被流放驩州（今越南荣市）。《旧唐书》卷七十八"张行成传附张易之、张昌宗传"记："神龙元年正月，则天病甚。是月二十日，宰臣崔玄暐、张柬之等起羽林兵迎太子至玄武门，斩关而入，诛易之、昌宗于迎仙院，并枭首于天津桥南。则天逊居上阳宫。易之兄昌期，历岐、汝二州刺史，所在苛猛暴横，是日亦同枭首。朝官房融、崔神庆、崔融、李峤、宋之问、杜审言、沈佺期、阎朝隐等皆坐二张窜逐，凡数十人。"① 由此计算，沈佺期当在狱中度过一年时间。

对于沈佺期在狱中的情况，新旧唐书本传均未叙及。对于沈佺期被劾下狱一事，《旧唐书》说"坐赃配流岭表"；《新唐书》说"考功受赇，劾未究。"今人谭优学先生在《沈佺期行年考》"武则天长安四年条下"说："在洛阳，以考功事发下狱。"谭先生析曰："《新传》云：'考功受赇，劾未究。佺期有《伤王学士》诗并序云：长安初（王学士），以器行制在藩邸，侍诸人游。四年，余遭浮议下狱。'则佺期被下狱，自云'遭浮议'，实系'考功受赇'之故。唯罪不至如'浮议'之重，益以武后宽宥，故'未究'耳。时间正在本年。诗有'恨余在丹棘，不得看素旗'之语，是说在王学士卒葬时，自己正在狱中，不得见灵幡。其《移禁司刑》诗句云：

---

① 《旧唐书》卷七十八"张行成传"附二张传，第3801页。

'首夏方忧圄，高秋独向隅。'则自四月至九月，佺期均被禁狱中。"① 谭先生还引用沈佺期狱中作《移禁司刑》《枉系》二诗，说沈佺期在诗中表达的意思，是希望如古人曾子、周公、公冶长一般，实在诬枉，但是终被昭雪。

陶敏、易淑琼在《沈佺期宋之问集校注》的前言中依据沈佺期在狱中所作的诗歌来证明沈佺期的罪名"考功受赇"的诬枉。"他于长安四年春被劾下狱，在狱中，写了好几首诗反复辩诬，认为这完全是一桩'事间拾虚证，理外存枉笔'的冤假错案，是由于自己'平生守直道，遂为众所嫉'（《被弹》）造成的。佺期在狱中一年仍'劾未究'，即未能定罪结案，次年二月才因附二张而流放，看来，控方的证据一定十分薄弱，佺期说'千谤无片实'也并非夸大。"② 除此之外，关于沈佺期这一段经历，就未见其他材料了。

按：谭优学、陶敏等所辨，亦有缺漏。谭先生言沈佺期四月至九月均在狱中，其实并不准确。谭先生说沈佺期四月在狱中，易给人以沈佺期四月方入狱的印象。而陶敏、易淑琼说沈佺期"于长安四年春被劾下狱"，"春"是一个季节，包含三个月时间，说春天下狱，也不准确。其实，沈佺期被弹劾入狱更加准确的时间，还是可以通过考证得出来的。考《资治通鉴》卷二百七：长安四年春正月，"夏官侍郎同凤阁鸾台三品李迥秀颇受贿赂，监察御史马怀素劾奏之。二月癸亥。迥秀贬庐州刺史""秋七月……乙未，司礼少卿张同休、汴州刺史张昌期、尚方少监张昌仪皆坐赃下狱，命左右台共鞫之。丙申，敕张易之、张昌宗作威作福，亦命同鞫。辛丑，司刑正贾敬言奏张昌宗强市人田，应征铜二十斤，制可。乙巳，御史大夫李承嘉、中丞桓彦范奏张同休兄弟赃共四千余缗，张昌宗法应免官。昌宗奏臣有功于国，所犯不至免官。太后问诸宰相，昌宗有功乎？杨再思曰：'昌宗合神丹，圣躬服之有验，此莫大之功。'太后悦，赦昌宗罪，复其官。……癸丑，张同休贬岐山丞，张昌仪贬博望丞"③。这里所讲的，就是与沈佺期"考功受赇""谤议上闻"同一系列的案子，但是发生时间和被贬的原因是不同的。因此，如果沈佺期入狱是因马怀素弹劾李迥秀所引发，

---

① 见谭优学《唐诗人行年考续编》，第47-48页。
② 陶敏、易淑琼：《沈佺期宋之问集校注》上册，第4页。
③ 《资治通鉴》卷二百七"长安四年"，第365、366、367页。

那么，马怀素弹劾李迥秀是在长安四年正月，所以导致李迥秀二月被贬庐州。沈佺期官位低于李迥秀许多，也正是长安二年"考功受赇"案的一个突破口，那么他的入狱应该是在正月李迥秀被弹劾前，比较可能的是在马怀素劾奏李迥秀同时或者之前一些时间，但是也不会超出正月之限。

其实，沈佺期下狱的准确时间，他自己是说到的。《寄北使》诗序中说："长安三年，自考功郎中拜给事中。非才旷任，意多惭沮。尝览文章，间有缘情之作。明年献春下狱，未及尽此辞，被放南荒，行至安海，五月二十四日逢北使，因寄乡亲。"① 沈佺期序中所说的"明年献春"，就是指长安四年的正月。查《初学记》卷三"岁时"引梁元帝《纂要》："正月孟春，亦曰孟阳、孟陬、上春、初春、开春、发春、献春、首春、首岁、初岁、开岁、发岁、献岁、肇岁、芳岁、华岁；二月仲春，亦曰仲阳；三月季春，亦曰暮春、末春、晚春。"② 在《序》中，沈佺期把自己下狱的时间说得非常清楚，就是长安四年（704）正月间，依据此材料，沈佺期下狱的时间应确定为正月。

沈佺期下狱后，一直到当年十二月，韦安石、宋璟、崔玄暐等数次劾奏二张罪行，均为武则天所不纳，因而不能结案。此时武则天病重，虽有敕鞫问，但对于二张还是采取保护措施，让二张侍疾，使二张居于十分重要的地位。虽然武则天贬谪了与二张相关的一些人物，但是二张案并未结案，其东山再起的可能性大增。这就逼迫张柬之等于神龙元年正月发动了政变，二张卒至被杀，二张势力一同被清除，有的被杀，有的被流放，武则天也被逼退位。也就是神龙元年（705）政变成功，武则天被逼退位后，沈佺期才被流放驩州。按照沈佺期自己的说法，一同被流放或被贬谪的共十八人。因此，说四月至九月间沈佺期被禁狱中，是不准确的。准确的说法应该是长安四年（704）正月至神龙元年（705）正月，时间整整一年，沈佺期才在张柬之等五王政变成功、中宗复位后，被新上台的执政实权人物视为二张集团重要人物，于神龙元年（705）二月被流放岭南，此前则一年多一点时间一直在狱中度过。

谭先生还说沈佺期"劾未究"是由于武则天的保护，这也有可能。但

---

① 陶敏、易淑琼：《沈佺期宋之问集校注》上册，第88页。
② 《初学记》卷三，中华书局本，1980年1月成都第2次印刷，第44页。

武则天不可能直接出面来保护一个被劾有罪之人。按照上引材料，即使是武则天要保护张昌宗，也要找出他"有功"的理由来。以武则天的行为方式，必须借助其他官员来保护。但是沈佺期狱中并不知道他寄予厚望的张易之、张昌宗兄弟，正处在反对派大臣的全面和连续进攻之下，几至泥菩萨过河，自身难保，无法向他伸出援手。这才是沈佺期关在狱中将近一年"劾未究"的真正原因。陶敏等认为是证据不足的看法，忽略了当时尖锐的政治斗争形势，法治环境也必然受其左右的实际状况。

陶敏、易淑琼的说法，是为沈佺期翻案的。认为所谓"考功受赇"案是一个冤案。但证据薄弱，且未能弄清当时所谓"受赇""谤议上闻"的真正事实，并不能为人所信。笔者在此前系列论文中，已经考证出，所谓"考功受赇""谤议上闻"一事确实发生过，但此案中的"考功"，并非指考功员外郎这个职务上主持科举考试的行为，而是指"考功"这种对于官员年度政绩考核行为，本书中也考证出沈佺期任考功员外郎时，对内外官员的年度考课已经结束，事情当与他无关。但长安二年中沈佺期即任考功郎中，本年对内外官员的考课出现问题，他自然难辞其咎。但在崔玄暐的监管之下，沈佺期作弊"受赇"几无可能。但《新唐书》"选举志下"记长安二年（702）授官泛滥的情况，当即是武则天的"十道举人"政策所致。与科举考试、内外官员的岁考是完全不同的事情。沈佺期作为当时的考功员外郎或考功郎中，虽也可能直接参与此事，但确实是奉武则天的"十道举人"旨意而行。但二张和李迥秀等人却利用机会广为受贿，被人弹劾，自然需要有人承担责任，沈佺期即首当其冲，其后李迥秀、二张因此相继被弹劾，则是此事件的深化发展，也是政治斗争不断尖锐化的体现。其次是时任吏部侍郎的许子儒。正是由于"谤议上闻"，许子儒作为主管其事的官员，应当负有责任，武则天才撤换了许子儒，让此前被排挤出去的天官侍郎崔玄暐回任。[①] 这表明许子儒也是责任承担者之一。

[①] 关于长安二年"考功受赇"案的来龙去脉，笔者在《张九龄进士及第"重试"正误》和《沈佺期"考功受赇"浮议案真相探源》等文章中已有具体考证。见《广东社会主义学院学报》2017年第3期，《深圳职业技术学院学报》2017年第6期；可参阅。关于许子儒的情况，见《旧唐书》"许叔牙、许子儒本传"；《旧唐书》卷九十一"崔玄暐传"，《新唐书》卷一百二十"崔玄暐传"。崔玄暐回任天官侍郎事，司马光《资治通鉴》也有记载。

陶敏、易淑琼也未注意到，沈佺期的被流放，并非武则天时期，那已经是神龙元年政变之后的事了。也就是说，沈佺期是在张柬之等五王发动的政变成功后，武则天退位、唐中宗复位后，被张柬之、桓彦范、崔玄暐等执政集团视为二张集团中的骨干被流放，而且流放地又如此遥远，其政治因素是占据首位的。

沈佺期诗集中有《狱中闻驾幸长安二首》诗。全诗如下："传闻圣旨向秦京，谁念羁囚滞洛城。扈从由来是方朔，为申冤气在长平。"第二首是："无事今朝来下狱，谁期十月是横河。君看鹰隼俱罢击，为报蜘蛛收网罗。"① 仔细研究，这两首诗作非同时。第一首他自述清白，鸣冤叫屈，希望有人"为申冤气在长平"，明确地表达了希望张易之、张昌宗向自己伸出援手的要求。从某种意义上说，也是表达了对二张能够救援自己的信心。显然是未经御史台御史推究时所写，也就是长安四年正月或稍后时间所作。但是，《狱中闻驾幸长安二首》的第二首诗则明显非作于长安四年正月或者稍后。诗中有"谁期十月是横河"诗句，就明确表明这首诗的写作时间是在"十月"。看来这两首非同时所作的诗编在一起，并非是沈佺期自己的主意。

（二）杨齐哲对武则天驾幸长安的劝谏

本节关注"传闻圣旨向秦京，谁念羁囚滞洛城"两句诗所包含的内容。新旧唐书等史书并无武则天于长安四年（704）驾幸西京长安的记载，但是，武则天本人确实是有长安四年再幸西京长安的想法，可能实际上也做了准备，下达了诏令，但由于事有变故和一些人的劝谏，未能成行。所以新旧唐书均未载此事。陶敏、易淑琼注云："诗当长安四年冬初狱中作。参前《被弹》此年无驾幸长安事，故谭优学《沈佺期行年考》谓诗作于高宗永隆元年。按永隆元年沈佺期系狱事无考，未可因长安四年无西幸之事遂杜撰事实。西幸事乃狱中之'传闻'。"并引《唐会要》载杨齐哲谏书为证，然后说："知长安四年原有西幸长安之议，后当因臣下谏阻而作罢。"② 这个

---

① 陶敏、易淑琼：《沈佺期宋之问集校注》上册，第 78 页。
② 陶敏、易淑琼：《沈佺期宋之问集校注》上册，第 78 页。

判断是有道理的，但可能是未细读完杨齐哲的谏书，对于长安四年西幸长安之说提出的时间和拟定出行的时间未能弄清，便根据武则天长安元年十月巡幸长安，长安三年十月回到神都洛阳的先例，误以为拟定出行的时间是长安四年冬初。随即也作出该诗作于长安四年冬初的不实结论。

查《唐会要》卷二十七："长安四年正月，幸西凉（应为京），洛阳县尉杨齐哲上书谏曰：'臣闻古先哲后，咸以为独智不可以任己，专欲不可以违众，所以树板征谤，悬鼓纳谏，思闻过而从善，全直言而沃心，用能纲纪天下，统成大业。经曰：'无为而理者，其舜也与？夫何为哉！'安人之道，贵于省事。陛下以大足元年冬，迺睠咸京，长安三年冬，还洛邑，四年，又将西幸，圣躬得无穷于车辇乎？士卒得无弊于暴露乎？扈从僚属，俶装而不济，随驾商旅，栖泊而匪宁，东周之人，咸怀嗟怨。昔者，周穆王欲周行天下，使皆有车辙马迹，祭公谋父作《祈招》之诗，以止王心。陛下玉瑞四周，金舆三驾，车辙马迹，虽未出于两都，巡狩省方，事不师于五载，雷动天转，海运山移，俨彼六龙，岁适千里，此亦近于刑人之力矣。安人之道，臣用有疑。此邦父老，抗表留驾，陛下告以吐蕃和亲为辞，臣愚以为未得也。况吐蕃蕞丑，西隅咫尺，自京到洛，曾不崇朝，陛下乃欲务其艰远，惠然从之！夫千钧之弩，尚不为鼷鼠发机，况万乘之君，轻为边戎枉驾！夫人至贱而不可简，至愚而不可欺。《经》曰：'可畏非人'，是人不可欺也。今陛下此言，是欺下也，使国史何以书之？臣朽才浅学，窃为陛下筹之。陛下今幸长安也，乃是背逸就劳，破益为损。何者？神都帑藏储粟，积年充实，淮海漕运，日夕流衍，地当六合之中，人悦四方之会，陛下居之，国无横费。长安府库及仓，庶事空缺，皆籍洛京，转输价直，非率户征科，其物尽官库酬给，公私糜耗，盖亦滋多，陛下居之，是国有横费，人疲重徭。由此言之，陛下之居长安也，山东之财力日匮；在洛邑也，关西百姓赋役靡加。背逸就劳，破益为损，殷鉴不远，伏唯念之。文王敬授民时，所重唯谷，今陛下銮辂以明年正月即途，岁首是就耕之初，驾行非务农之意，无乃不可乎？'"[①]

[①] 见王溥《唐会要》卷二十七，第 602 – 603 页。

杨齐哲谏书讲了诸多不西幸长安的理由，言辞激烈。他说："陛下以大足元年冬，迺睠咸京，长安三年冬，还洛邑，四年，又将西幸，圣躬得无穷于车辇乎？"这两个时间点值得注意。杨齐哲谏书中也说到了武则天西幸长安被洛阳父老"抗表留驾"的情况，是以民心为词，也讲到武则天以与吐蕃和亲为理由坚持西幸。杨齐哲认为"吐蕃蕞丑"，不值得"万乘之君，轻为边戎枉驾"，虽有蔑视吐蕃之意，也算一个理由。又说"今陛下銮辂以明年正月即途，岁首是就耕之初，驾行非务农之意，无乃不可乎？"指斥武则天是"欺下也，使国史何以书之？"这里明确地指出具体起驾的准确时间是长安四年，"岁首即途"，亦即长安四年正月开始西幸。同时，"以明年正月即途"，也表明武则天颁旨长安四年西幸长安和杨齐哲上谏书的时间也都发生在长安三年的十一月或十二月。考虑到长安三年十月武则天刚刚从长安回到神都洛阳，武则天不可能刚回洛阳马上就又下旨第二年正月再幸长安，因此，武则天下旨的时间很可能是在长安三年冬十一月或者十二月。

《唐会要》并未记载洛阳尉杨齐哲谏净的效果，新旧唐书也并无武则天长安四年幸西京的记载，或可见杨齐哲的谏净或者还是起到了一定作用的。尽管所谓长安四年"岁首"即正月驾幸西京长安的意愿未能实现，确实是由于另有更加充足的理由才使武则天不得不打消西幸的念头，但杨齐哲作为一个低级官员敢于谏净的风采还是令人佩服的。《唐会要》之所以将杨齐哲的谏净予以完整记载，是为了提倡一种敢言谏净的风气，给敢言极谏者一份历史的荣光。

按：杨齐哲其人，新旧唐书无传，唯《册府元龟》[①]、《唐会要》有录此文，还有就是清人彭定求等编《全唐诗》录其诗一首《过函谷关》；今人陈尚君《全唐诗补编》补一首《秋夜燕徐四山亭》。《全唐文》收《谏幸西京疏》一文，还有其为坊州刺史韦维善撰写过一篇《韦维善政论》[②]。其生

---

① 王钦若等编纂，周勋初等校定《册府元龟》卷五百四十四，凤凰出版传媒集团、凤凰出版社2006年12月版，第6223页。
② 杨齐哲：《过函谷关》，见《全唐诗》卷七十六；《秋夜燕徐四山亭》，见陈尚军《全唐诗补编》，中华书局1992年版；《谏幸西京疏》，见劳格编《全唐文》卷二百六十，中华书局1983年11月第1版；《唐代墓志汇编续集》，周绍良主编，赵超副主编，上海古籍出版社1992年1月第1版。

平事迹无多记载。《全唐文》收他的谏疏所附的"长安四年官洛阳尉",明显是出自《唐会要》,但也未详考。今人石树芳在她的《唐人选唐诗研究》中依据《唐会要》说杨齐哲也是珠英学士[①],可参。因为杨齐哲的谏疏明显作于长安三年冬,那么他任洛阳尉也应该是此时。

(三) 武则天取消驾幸长安的真实原因是和亲对象的死亡

关于武则天取消西幸长安旨意的真实原因,《旧唐书》"吐蕃传"记:"长安二年赞普率众万余人寇悉州,都督陈大慈与贼凡四战,皆破之,斩首千余级。于是吐蕃遣使论弥萨等入朝请求和。则天宴之于麟德殿,奏百戏于殿庭。论弥萨曰:'臣生于边荒,由来不识中国音乐,乞放臣亲观。'则天许之。于是论弥萨等相视笑忻,拜谢曰:'臣自归投圣朝,前后礼数优渥,又得亲观奇乐,一生所未见。自顾微琐,何以仰答天恩?区区褊心,惟愿大家万岁。'明年,又遣使献马千匹,金二千两以求婚,则天许之。时吐蕃南境泥婆罗门等皆叛,赞普自往讨之,卒于军中。诸子争立。久之,国人立器弩悉弄之子弃隶蹜赞为赞普。"[②] 吐蕃请婚不久后南境即叛乱,赞普器弩悉弄死于军中事,司马光《资治通鉴》亦载,并见于卷二百七"长安三年"纪事,见春三月、十一月。[③] 可见,武则天所谓与"吐蕃和亲"之说是在准备中,和亲也是唐代重要的国策,此前有文成公主与吐蕃和亲,之后又有金城公主与吐蕃和亲,并非"欺下"。武则天确有和吐蕃和亲的想法,并且已经答应了吐蕃使臣的请求,但由于吐蕃内部变化,原拟和亲的赞普不幸死于平定南部泥婆罗门之乱的军中,和亲对象死了,和亲自然就无法进行下去,西幸长安最为重要的理由由此失去,因而武则天不得不终止巡幸西京之举,这是比杨齐哲谏书更为有力的取消西幸的原因。既然和亲无法进行,驾幸"秦京"即无必要,行程当然取消。既未成行,史书不载就很正常了。可见,武则天终止西幸之举的原因,并非仅在于杨齐哲的谏净,但此举也就顺水推舟地成就了杨齐哲直言敢谏之美名。

---

① 石树芳:《唐人选唐诗研究》,中国社会科学出版社 2016 年 5 月第 1 版,第 171、179 页。
② 《旧唐书》卷一百九十六,第 4104 页。
③ 《资治通鉴》卷二百七,第 360、364 – 365 页。

由此可见，沈佺期《狱中闻驾幸长安》诗所说"传闻圣旨向秦京"一语是有所依据的。作为武则天身边的近臣，长安三年他并未入狱，不可能不知道武则天发旨意要巡幸西京之事，也不可能不知道武则天初拟巡幸的时间是在长安四年正月，对于杨齐哲的谏诤也或有耳闻，但是他可能认为武则天不可能因为一个小小的洛阳县尉的谏书就能阻止武则天西幸的圣旨。因为他长安四年正月已经被投入御史台监狱，在御史台监狱中不能与外间联系，消息闭塞，所以并不能全面了解朝廷政局的变化，对武则天因吐蕃国内变故，和亲对象吐蕃赞普身亡军中，不得不取消了巡幸长安之议的变化事实也不清楚。因此，沈佺期还是认为武则天巡幸西京长安的圣旨得到了执行，但因为在狱中，不可能亲见武则天西幸，所以用了"传闻"二字。

从杨齐哲的谏书中可以看出，武则天本有于长安四年驾幸西京的意旨，所以沈佺期所知道的传闻武则天驾幸长安的时间是正月。这倒正好证明了这首诗的写作一定就是在长安四年正月沈佺期被弹入狱后不久。写作时间应该确定为这个时期而不是陶敏、易淑琼所说的十月。陶、易二人注这首诗的写作时间都为"十月""冬初"，明显是受到了沈佺期集中两首诗排在一起的影响，是不准确的。

综上所述，沈佺期极可能是所谓长安二年"考功受赇"系列大案中最早被弹入狱的人。入狱时间应该是在长安四年（704）正月，在御史台狱和大理寺狱一共囚禁了整整一年的时间，方于神龙元年（705）在张柬之、桓彦范、崔玄玮、敬晖、袁恕己等五王发动政变，清除了二张势力，逼武则天退位，拥立唐中宗即位后，在张柬之、桓彦范、崔玄玮等五王主导之下被流放驩州的。流放的理由，政治因素居首。流放的具体时间是神龙元年二月。因为沈佺期是长安四年正月入狱，入狱前他知道武则天有于长安四年正月巡幸西京长安的谕旨，但因为身在狱中，不知外间事务变化，所以还是认为武则天如期巡幸西京，既然西幸，则二张必然随侍，所以才有"传闻圣旨向秦京"，希望二张"为申冤气在长平"的诗句产生。

五　沈佺期狱中生活考

研究沈佺期的狱中生活，所能依据的材料有限。目前能见到的只有他自己狱中所作的六题八首诗歌。根据陶敏、易淑琼《沈佺期宋之问集校注》中所收这个阶段沈佺期的诗作,有《被弹》《移禁司刑》《同狱者叹狱中无燕》《枉系二首》《狱中闻驾幸长安二首》《伤王学士》等。研究沈佺期这些诗歌,以沈佺期狱中独特视角去把握诗中陈述的事实、表达的情绪、涉及的人物和事件,有助于今人理解他在狱中的心态和感性认识所涉及的一些法律制度,也可以从中推测出一些以前未能引起注意的事实,补正史之失载,帮助我们更加全面准确地了解事件的全部过程。

下面根据诗中提供的线索,按照写作时间顺序把这些诗作一个分类,然后分析研究。

(一) 初入狱的鸣冤叫屈与对救援的期待

第一部分,大致是沈佺期长安四年正月入狱后的诗作。沈佺期自言是"献月"被逮入狱,"献月"也就是正月。因此,以下这三首诗应该是沈佺期入狱不久所写作品。

《枉系》二首。其一:"吾怜曾家子,昔有投杼疑。吾怜姬公旦,非无鸱鸮诗。臣子竭忠孝,君亲感谗欺。萋斐离骨肉,含愁兴此辞。"

其二:"昔日公冶长,非罪遇缧绁。圣人降其子,古来叹独绝。我无毫发瑕,苦心怀冰雪。今世多秀士,谁能继明辙。"

《狱中闻驾幸长安二首》之一:"传闻圣旨向秦京,谁念羁囚滞洛城。扈从由来是方朔,为申冤气在长平。"[①]

认真分析几首诗中所表达出来的内容,其内容主要是鸣冤叫屈。诗中沈佺期自比曾子、周公、公冶长,说"萋斐离骨肉",流言中伤,导致骨肉分离,而"我无毫发瑕,苦心怀冰雪",却因流言而被误解,所谓忠而被谤,而"君亲感谗欺",因此才"非罪遇缧绁"而被下狱,所以"含愁兴此辞",以诗鸣冤,以诗表忠,希望还其清白,"今世多秀士,谁能继明辙",谁能够像孔夫子那样,明白公冶长的无辜和清白,予以昭雪呢?沈佺期的"被弹"和入狱,也是武则天迫于压力而批准的,否则,他是不会入狱的。

[①] 见陶敏、易淑琼《沈佺期宋之问集校注》上册,第72、75、78页。

因而始终也对于武则天有所怨言。"君亲惑所欺",说是武则天被弹劾者欺骗,所以批准逮捕沈佺期入狱,但又希望能够被昭雪。

沈佺期在狱中对于二张一定会保护他这一点,还是很有信心、寄予极大希望的。按:关于牵连到沈佺期的长安二年"考功受赇"一事,《旧唐书》卷七十八记,"长安二年,易之赃贿事发,为御史台所劾下狱,兄司府少卿昌仪、司礼少卿同休皆贬黜"[①]。其后,张昌宗等下狱事《资治通鉴》卷二百七系于长安四年(704)秋七月乙未。[②] 可见张易之长安二年所涉以及其他赃贿事实在长安四年秋七月被揭发,然后被武则天下旨"同鞫",但是,真正事发至少应该是在长安四年二月李迥秀被贬前,而非长安二年当年事发。但是案件的调查必然不始于长安四年秋七月,而是从长安二年因"考功受赇",导致"谤议上闻"之后,武则天让崔玄暐回任天官侍郎后一直在发酵、进行。沈佺期于长安四年正月被弹入狱,李迥秀于长安四年正月被马怀素弹劾,二月被贬,就都是这个案子调查的一个组成部分,一个突破口。期待沈佺期狱中的交代,能使御史台官员掌握一定证据。李迥秀即被弹劾可以推知,沈佺期在狱中亦必有所交代。《资治通鉴》卷二百七长安四年(704)春正月记:"夏官侍郎、凤阁鸾台三品李迥秀颇受贿赂,监察御史马怀素劾奏之。二月癸亥迥秀贬庐州刺史。"[③] 本年"秋七月",张同休兄弟被司刑正贾敬言、御史大夫李承嘉、御史中丞桓彦范等弹奏。[④] 把这些材料联系起来可见,这些看似不同的案子,其实是一个有着内在联系的大案,牵涉人员官位之高,人数之多,真有些匪夷所思。本系同一案件中人的二张、李迥秀等人,对于沈佺期加以保护是必然的,只要有可能,他们也必然是要尽力的。但是在沈佺期被弹劾后,随之而来的是李迥秀被贬,张易之、张昌宗也被不断弹劾,即使欲伸出援手,也是力不从心,自顾不暇。陶敏、易淑琼在《沈佺期宋之问诗集校注》前言中之所以认为沈佺期案是一个冤案,长期未得到判决的原因,是证据薄弱,不足以以犯罪视之

---

① 《旧唐书》"张行成传附张易之、张昌宗传",第3801页。
② 《资治通鉴》卷二百七,第360、364-365页。
③ 《资治通鉴》卷二百七,第360页。
④ 《资治通鉴》卷二百七,第364-365页。

的看法，是因为他们完全忽视了长安二年"谤议上闻"案，是一个系列大案，牵连极其广泛，尤其是牵连到了极受武则天宠爱的张易之、张昌宗，情况极其复杂，张易之、张昌宗到这年秋七月才因"作威作福"被武则天批准"同鞫"，但是很就被武则天释回。系列案件中最重要的人物均未到案，沈佺期作为案件中相对不那么重要的人物，其罪责尚未完全弄清，自然不可能被判决。由此可见，与陶敏、易淑琼这个看法相反，恰恰是御史台在已经掌握了足够导致二张入狱证据的情况下，才对二张发起了"弹劾"，只不过因为武则天的有力保护，二张等才未能入狱。当然，以上这些情况，身处狱中的沈佺期是难以想到的。

把长安二年"考功受赇"案被弹劾入狱或者被贬的相关当事人排出先后顺序来看，这中间的关联就更加明白了：长安四年正月，沈佺期被弹劾，经武则天批准入狱；同月，马怀素弹劾李迥秀；二月，李迥秀被贬泸州刺史；七月，张易之、张昌宗为司刑正贾敬言、御史大夫李承嘉、御史中丞桓彦范等所弹劾、下狱，其兄司府少卿张昌仪、司礼少卿张同休皆贬黜。这也就是身陷狱中，对朝廷中尖锐矛盾斗争一无所知的沈佺期，希望二张救援而无果的原因。

沈佺期《狱中闻驾幸长安二首》之一"传闻圣旨向秦京，谁念羁囚滞洛城。扈从由来是方朔，为申冤气在长平"。按：沈佺期此题诗共二首，但非作于同时。第二首应该作于长安四年十月之后。其第一首所涉及的武则天长安四年正月驾幸长安事，以及拟议中驾幸长安的准确时间等问题，笔者前文已做考辨。

第一首有"扈从由来是方朔，为申冤气在长平"的话，明显寄托着对于"扈从"人物"方朔"的期待和信任。这里的方朔明指汉武帝时代的宠臣东方朔。东方朔经常随侍在汉武帝身边，经常借"俳优"方式对汉武帝进行劝谏，很得汉武帝宠爱。沈佺期这里是借东方朔的被宠来代指极受武则天宠爱的张易之、张昌宗兄弟。

借东方朔的典故，希求二张救援，沈佺期在诗中也表现出了对于二张未能及时伸出援手，解救其出狱的怨气。长安二年"考功受赇"案与二张是有极大关系的，沈佺期也是此案中人，被视为破获此案，扳倒二张势力的突破口而入狱的,这情况二张自然也心知肚明。他们当然也会保护沈佺期,但是客观形势又使他们不能过度干预其事,二张这些苦衷,是身在狱中的沈佺期难以体会到的,所以沈佺期有怨气也很正常。

由此可以推测,对于长安二年"考功受赇"这样一个牵连广泛、案情复杂的惊天大案,要彻底弄清其来龙去脉,既需要时间,也需要突破口。要扳倒以武则天为靠山的二张,还需要有大无畏、持之以恒的坚持弹劾的正直、坚韧精神和更为充分的证据才有可能。这就是张易之长安二年(702)及之前犯案一直到长安四年(704),才被弹劾的原因。而沈佺期官居五品,长安二年正好又任吏部考功郎中,职司所在,正是一个十分理想的查案突破口。如此看来,沈佺期的被弹劾以至入狱,应该是案发后最早被弹劾的人。

(二) 苛酷狱政环境中沈佺期的恐惧与绝望

沈佺期夏天在狱中作《被弹》诗:"知人昔不易,举非贵易失。尔何按国章,无罪见呵叱。平生守直道,遂为众所嫉。少以文作吏,手不曾开律。一旦法相持,荒忙意如漆。幼子双囹圄,老夫一念室。昆弟两三人,相次俱因栓。万铄当众怒,千谤无片实。庶以白黑逸,显此泾渭质。劾吏何咆哮,晨夜闻扑挟。事间拾虚证,理外存柱笔。怀痛不见伸,抱冤竟难悉。穷囚多垢腻,愁坐饶虮虱。三日唯一饭,两旬不再栉。是时盛夏中,暵赫多瘵疾。瞠目眠欲闭,喑鸣气不出。有风自扶摇,鼓荡无伦匹。安得吹浮云,令我见白日。"①

被弹,就是被弹劾。"纠弹不法"的职责和权力在御史台,《唐六典》:"御史大夫之职,掌邦国刑宪、典章之政令,以肃正朝列,中丞为之贰。"武则天光宅元年(684)改为左肃政台,专知在京百司。又置右肃政台,专知按察诸州。可知沈佺期是被左肃政台所羁押。"侍御史掌纠举百僚,推鞫狱讼。其职有六:一曰奏弹,二曰三司,三曰西推,四曰东推,五曰赃赎,六曰理匦。凡有制敕付台推者,则按其实状以奏;若寻常之狱,推讫,断

---

① 见陶敏、易淑琼《沈佺期宋之问集校注》上册,第66页。

于大理。"被弹劾者被皇帝认定有罪,就由御史台囚禁审问,即所谓"台推"。台推完成,寻常案子即由大理寺进行判决,而大案则需要上奏朝廷,由皇帝来裁决。

为了防止御史台官员不履行职责,还规定:"不纠举所职则罚之。其新除者未晓制度,罚有日逾万钱者。旧例,新人罚止于四万,及崔隐甫为大夫,以其数太广减之,以万二千为限。"①

被弹劾的朝廷官员一旦交由"台推",则被禁系于左肃政台(御史台)的监狱之中。杜佑《通典》职官六云:"隋及大唐皆曰御史台。龙朔二年改为宪台。咸亨元年复旧。门北辟,主阴杀也。故御史为风霜之任,弹纠不法,百僚震恐,官之雄峻,莫之比焉。旧制但闻风弹事,提纲而已。其鞫案禁系,则委之大理。贞观末,御史中丞李乾祐以因自大理来往,滋其奸故,又案事入法,多为大理所反,乃奏于台中置东西二狱,以自系劾。……武太后时,改御史台为肃政台。凡置左、右肃政二台,别置大夫、中丞各一人。侍御史、殿中、监察各二十人,左以察朝廷,右以澄郡县。时议以右多名流,左多寒刻,其迁登南省者,右殆倍焉,以其不凌朝贵故也。二台迭相纠正,而左加敬惮。"②《唐六典》注亦然。③ 左肃政台设置监狱,一直到开元年间才废止。可见在贞观末年至唐高宗、武则天、唐中宗和唐睿宗时期,一直到开元中以前,左肃政台是设有监狱的。长安四年这个时间中,肃政台禁系被弹劾官员的东西二狱均存,可见,沈佺期被弹劾后就是被囚禁在左肃政台的监狱中。

这首诗作于盛夏,是夏季中最热的时候,应该是六月。判定这首诗作于夏季不难。诗中明明白白写着"是时盛夏中"。应该关注的是诗中透露出来的信息。一是面对严峻的法律条文和那些凶横的执法吏时,作为一个"少以文作吏,手不曾开律"的法盲,其慌乱无措的迷茫和恐惧之感。"一旦法相持,荒忙意如漆",一个柔弱而又手足无措的文人形象如在目前。二是也可以看出武周时期牵连之广泛:"幼子双囹圄,老夫一念室。昆弟两三

---

① 《唐六典》卷十三"御史台",第378、380页。
② 《通典》卷二十四,第659-660页。
③ 《唐六典》卷十三"御史台",第377、380页。

人，相次俱因桎。"因为沈佺期入狱，他的孩子也双双入狱。兄弟三人，沈佺期下狱，其弟沈全交、沈全宇也均被下狱。可谓是一人被疑，全家遭殃。三是审问中的严刑拷打。"劾吏何咆哮，晨夜闻扑抶"，也正印证了杜佑《通典》中"左多寒刻"的说法。执法吏的咆哮、自晨至夜的鞭扑之声，展示着监狱的黑暗和严酷。当然，沈佺期这里未曾明白写出他自身是否也吃过这般苦头。但是，联系武则天时代其他那些下狱的官员的待遇，则是可以想象的。

《旧唐书》卷一百八十六上："二年，（来俊臣）擢拜左台御史中丞。朝廷累息，无交言者，道路以目。与侍御史侯思止、王弘义、郭霸、李仁敬，司刑评事康暐、卫遂忠等，同恶相济。招集无赖数百人，令其告事，共为罗织，千里响应。欲诬陷一人，即数处别告，皆是事状不异，以惑上下。仍皆云'请付来俊臣推勘，必获实情'。则天于是于丽景门别置推事院，俊臣推勘必获。专令俊臣等按鞫，亦号为新开门。但入新开门者，百不全一。弘义戏谓丽景门为'例竟门'，言入此门者，例皆竟也。俊臣与其党朱南山辈造告密《罗织经》一卷，皆有条贯支节，布置事状、由绪。俊臣每鞫囚，无问轻重，多以醋灌鼻，禁地牢中，或盛之瓮中，以火圜绕炙之，并绝其粮饷，至有抽衣絮以啖之者。又令寝处粪秽，备诸苦毒。自非身死，终不得出。每有赦令，俊臣必先遣狱卒尽杀重囚，然后宣示。又以索元礼等作大枷，凡有十号：一曰定百脉，二曰喘不得，三曰突地吼，四曰著即承，五曰失魂胆，六曰实同反，七曰反是实，八曰死猪愁，九曰求即死，十曰求破家。复有铁笼头连其枷者，轮转于地，斯须闷绝矣。因人无贵贱，必先布枷棒于地，召囚前曰：'此是作具。'见之魂胆飞越，无不自诬矣。则天重其赏以酬之，故吏竞劝为酷矣。由是告密之徒，纷然道路；名流俛俛阅日而已。朝士多因入朝，默遭掩袭，以至于族与其家，无复音息。故每入朝者必与其家诀曰：'不知重相见不？'"[①]

《旧唐书》所记，就是当时来俊臣等酷吏审问人犯所惯用的方法，其残酷程度骇人听闻。在这种罗织和严刑逼供之下，冤案自然层出不穷。这就

[①] 《旧唐书》卷一百八十六上"酷吏传"，第 4058—4059 页。

是当时严酷的法制环境。但是冤案的产生，正好符合武则天打击李唐和消灭异己政治势力、维护和巩固自身统治的政治需求，武则天要的是结果，她才不管什么冤案不冤案呢！这是武则天时期酷吏横行、冤案累累的根本政治原因。

这里看看身居宰相之位的狄仁杰被罗告入狱之后的情况。关于狄仁杰案，新旧唐书均有记载。这里引用记载比较详细、材料比较丰富的《旧唐书》"来俊臣传"的记载："如意元年（692），地官尚书狄仁杰、益州长史任令晖、冬官尚书李游道、秋官尚书袁智宏、司宾卿崔神基、文昌左丞卢献等六人，并为其罗告。俊臣既以族人家为功，苟引之承反，乃奏请降敕，一问即承，同首例得减死。及胁仁杰等反。仁杰叹曰：'大周革命，万物惟新，唐朝旧臣，甘从诛戮。反是实。'俊臣乃少宽之。其判官王德寿谓仁杰曰：'尚书事已尔，得减死。德寿今业已受驱策，欲求少阶级，凭尚书牵杨执柔，可乎？'仁杰曰：'若之何？'德寿：'尚书昔在春官时，执柔任某司员外，引之可也。'仁杰曰：'皇天后土，遣狄仁杰行此事！'以头触柱，血流被面，德寿惧而止焉。仁杰既承反，有司但待报行刑，不复严备。仁杰得凭守者求笔砚，拆被头帛书之，叙冤苦，置于绵衣，遣谓德寿曰：'时方热，请付家人去其绵。'德寿不复疑矣，家人得衣中书，仁杰子光远持之，称变，得召见。则天览之愕然，召问俊臣曰：'卿言仁杰等承反，今子弟讼冤，何故也？'俊臣曰：'此等何能自伏！其罪臣寝处甚安，亦不去其巾带。'则天令通事舍人周綝视之。俊臣遽令狱卒令假仁杰等巾带，行立于西，命綝视之。綝惧俊臣，莫敢西顾，但视东，唯诺而已。俊臣令綝少留，附进状，乃令判官妄为仁杰等作谢死表，代署而进之。凤阁侍郎乐思晦男年八九岁，其家已族，宜隶于司农，上变，得召见，言'俊臣苟毒，愿陛下假条反状以付之，无大小皆如状矣。'则天意少解，乃召见仁杰曰：'卿承反何也？'仁杰等曰：'不承反，臣已死于栊棒矣。'则天曰：'何谓作谢死表？'仁杰曰：'无。'因以表示之，乃知其代署，遂出此六家。"[1]

再看看来俊臣审问大将军张虔勖、范云仙等人的情况。"俊臣复按大将

---

[1] 《旧唐书》卷一百八十六"酷吏传"，第4059页。

军张虔勖、大将军内侍范云仙于洛阳牧院。虔勖等不堪其苦，自讼于徐有功，言辞颇厉。俊臣命卫士以乱刀斩杀之。云仙亦言历事先朝，称所司冤苦，俊臣命截去其舌。士庶破胆，无敢言者。"

这是当时酷吏来俊臣的情况。作为一个酷吏，来俊臣居然敢于对武则天的皇族下手。"俊臣将罗告武氏诸王及太平公主、张易之等，遂相掎摭，则天屡保持之。而诸武及太平公主恐惧，共发其罪，乃弃市。国人无少长皆怨之，竞剐其肉，斯须尽矣。"① 来俊臣胆大妄为！但也正是如此，才导致了自己的灭亡。

武则天时期的酷吏，绝不仅仅只是周兴、来俊臣而已。《旧唐书》有"酷吏传"上下两卷，共二十三人。下面是另一个酷吏侯思止"台推"入狱者的情况。《旧唐书》载："侯思止，雍州醴泉人也。贫穷不能理生业，乃乐事渤海高元礼家。性无赖诡谲。时恒州刺史裴贞杖一判司。则天将不利王室，罗反之徒已兴矣。判司教思止说游击将军高元礼，因请状乃告舒王元名及裴贞反。周兴按之，并族灭。授思止游击将军。元礼惧而曲媚，引与同坐，呼为侯大。曰：'国家用人以不次，若言侯大不识字，即奏云獬豸兽亦不识字，而能触邪'。"则天果如其言，思止以獬豸对之，则天大悦。天授三年，乃拜朝散大夫、左台侍御史。元礼复教曰："'在上知侯大无宅，倘以诸役官宅见借，可辞谢而不受。在上必问所由，即奏云诸反逆人，臣恶其名，不愿坐其宅'。则天复大悦，恩泽甚优。思止既按制狱，苛酷日盛。"② 可知，侯思止以诬告起家，导致舒王李元名及裴贞被族灭。又以谄媚之言投武则天所好，由此得到赏识。他后来审讯魏元忠，被魏元忠反制，事见于《旧唐书》"酷吏传"，文长不录。

但是，面对酷吏的严刑审问，像魏元忠这样的硬骨头绝对只是少数，很少有人能够逃脱酷吏们的罗织陷害和严刑拷问。

御史台狱中所谓"台推"的侍御史们之所以敢于如此猖獗，如此肆无忌惮，原因在于在载初元年之前，武则天需要他们以各种残酷手段为她清除异己，因此对于他们的各种恶行是极其纵容的，因而也是大力包庇的。

---

① 《旧唐书》卷一百八十六上，第 4058—4060 页。
② 《旧唐书》卷一百八十六上，第 4058—4060 页。

作为武则天清除异己的工具,在武则天于载初元年改唐为周之后,其作用也未完全消失。武则天还需要这帮酷吏继续为打击李唐势力、消灭政治对手服务。

同时,唐代的法律也为这些酷吏肆行苛酷提供了可能。《唐六典》"尚书刑部"卷六:"凡察狱之官先备五听,又稽诸证信,有可征焉而不肯首实者,然后拷掠,二十日一讯之。"李林甫等注释说:"讯未毕,更移他司,仍需拷鞫,通计前讯,以充三度。即罪非重害及疑似处少,不必备三。若囚因讯致死者,皆舆(与)长官及纠弹官对验。其拷囚及行决罚不得中易人。"① 这里规定了如果被审问者不承认事实,即可拷掠;规定二十日拷掠一次,可以三拷而定案。如果被拷掠者因此死亡,则会同拷掠部门的长官和弹劾此人的纠弹官一起对验,但是无刑人致死者的责任追究的规定。这自然是为拷掠者开了方便之门,只要能拷掠出所需要的"首实"供状,那些察狱之官甚至可以随意置人于死亡。应该注意的是,署名李林甫等撰的《唐六典》,成书于唐玄宗开元二十七年(739),虽然与武则天时代最为接近,但是也不能完全反映武则天时代法律的全面情况,尤其是对于真实的拷掠手段的记载,也非武则天时期的全貌。这有新旧唐书记载的诸多案例为证,说明古代历史上严刑逼供是经常发生的。

在武则天时期,酷吏横暴是一种常态,尤其是在武则天即将篡唐为周之后的一段时期内,尤为严重。史载载初元年(689)十月,酷吏横行、告密成风的情况有所收敛。当时的左台御史周矩上疏谏曰:"'顷者小人告讦,习以为常,内外诸司,人怀苟免。姑息台吏,承接强梁,非故欲,规避诬构耳。又推劾之吏,皆以深刻为功,凿空争能,相矜以虐。泥耳笼头,枷研楔毂,折胁签爪,悬发熏耳,卧邻秽溺,曾不聊生,号为'狱持'。或累日节食,连宵缓问,昼夜摇撼,使不得眠,号曰'宿囚'。此等既非木石,且救目前,苟求赊死。臣窃听舆议,皆称天下太平,何苦须反。岂被告者尽是英雄,以求帝王耶?只是不胜楚毒自诬耳。何以核之?陛下试取所告状酌其虚实者,付令推,微讯动以探其情,所推者必上下其手,希圣旨也。

---

① 《唐六典》卷六"尚书刑部",第190页。

愿陛下察之。今满朝侧息不安，皆以为陛下朝与之密，夕与之仇，不可保也。闻有追摄，与妻子即为死诀。故为国者以仁为宗，以刑为助。周用仁而昌，秦用刑而亡，此之谓也。愿陛下缓刑用仁，天下幸甚！'则天从之，由是制狱稍息。"① 这里说的是"小人告讦"，也就是诬告之风。虽"制狱稍息"，但是，酷吏之风仍然猖獗。狄仁杰、魏元忠、张虔勖、范云仙等案，均发生在此之后。酷吏是应武则天的政治需要而产生的。因为武则天需要利用酷吏们震慑群臣，强化其统治地位。

读沈佺期《被弹》这首诗，可以大致推知沈佺期在左肃政台狱中所受的待遇。因为酷吏横行的时代已经过去，肃政台侍御史们的"台推"手段可能不像来俊臣时期那般肆无忌惮，滥杀无辜，但是那时的肃政台"台推"的惯性仍然存在。从沈佺期诗中"劾吏何咆哮，晨夜闻扑挟。事间拾虚证，理外存枉笔。怀痛不见伸，抱冤竟难悉。穷囚多垢腻，愁坐饶虮虱。三日唯一饭，两旬不再栉"的句子，不难想象他是如何在狱中受尽屈辱，艰难度日的。也可以认识执法吏是如何罗织罪名，确定犯行的。"事间拾虚证，理外存枉笔"，就是指审问时以虚假的证词来证明罪嫌确实犯罪，而这些"虚证"其实就是有罪推定，如果不承认罪状，那必然就是严刑加身，苦不堪言、生不如死了。作为以文为吏的一介书生，"一旦法相持，荒忙意如漆"就是这时沈佺期心理状态的真实写照。沈佺期是没有见过如此审问场面的，"一问即承"自然成为必然选择。这就是他秋天所写的《移禁司刑》诗中说的"患乎终不怒，持劾每相驱。埋剑谁当辨，偷金每自诬。诱言虽委答，流议亦真符"，不管如何，先保住性命再图辩诬吧！事实上，采用人身残害，牵连家属子女、兄弟亲人的方式，以无中生有、夸大事实证成的罪案，是经不起严格检验的。但在武周时期，武则天需要的并非真正的公正执法，而是把法律当成一个清除异己、打击反对派的幌子，执法吏们所做的，其实就是投皇帝之所好，在那个时代，是没有所谓公正执法、无罪推定这个观念的，一切都是根据皇帝也就是武则天的需要来审问、来定罪

---

① 《旧唐书》卷一百八十六上，第 4058–4060 页。

的。面对这种环境,沈佺期还有什么办法呢?只有徒叹"怀痛不见伸,抱冤竟难悉"了。当然何况如笔者前文考证,沈佺期在任考功员外郎时,在"考功受赇""谤议上闻"案中因身任其职,身处嫌疑之地,确实难以摆脱与李迥秀和二张的关系呢!

还可以关注的是,囚禁中严酷的生活环境。诗说"穷囚多垢腻,愁坐饶虮虱。三日唯一饭,两旬不再栉。是时盛夏中,暵赫多瘵疾。瞪目眠欲闭,喑呜气不出"。囚禁之处,本来环境就极其恶劣,又时当"盛夏",空气不能流通,郁热不堪,狱中臭气熏天,入狱者不能沐浴、不能安眠,满身污垢,以至虮虱满身,不能睡觉,甚至连饭也不能吃饱,"三日唯一饭"。将嫌犯置于这种环境中的目的,其实就只有一个,就是要逼迫你早日承认指控的罪行。许多下狱的嫌犯置此环境,既无基本的人格和权利保障,而有生不如死之感,因而许多都按照指控承认其罪行。自然,这也是武则天时代对付反对派惯用的手法,是大批冤案产生的根源,也是武则天时期大批酷吏产生的政治环境。

读这首诗,我们还可以感觉到,沈佺期希望张易之、张昌宗能够对他施以援手,救其出狱的念头也随着时间的推移而日渐渺茫。"有风自扶摇,鼓荡无伦匹。安得吹浮云,令我见白日",再也不敢确信"扈从由来是方朔"所隐指的二张一定会在武则天面前说话来救他,但是也还是存有一些希望的。这个时期的沈佺期对于自己的前途虽感茫然,但仍存希望,内心是十分复杂的。

(三) 侥幸免死后沈佺期雪冤念头复燃

到了秋季,沈佺期所做的狱中诗表现的情绪即与前有所不同。《伤王学士》:"闭囚断外事,昧坐半余期。有言颍叔子,亡来已一时。初闻宛不信,中话涕涟洏。痛哉玄夜重,何遽青春姿。忆汝曾旅食,屡空瀍涧湄。吾徒禄未厚,箪斗愧相贻。原宪贫无愁,颜回乐自持。诏书择才善,君为王子师。宠儒名可尚,论秩官犹欹。化往不复见,情来安可思。目绝毫翰洒,耳无歌讽期。灵柩寄何处,精魄今何之?恨予在丹棘,不得看素旗。孀妻知己叹，幼子路人悲。感游值商日，绝弦留此词。"① 这是一首身居狱中怀念故友的诗作。这首诗题下原有《序》文一段："王君赦者，少小游洛阳，吾与君、陇西李子至为友。家贫倦道，岁常宴如，属文毫翰，吟讽所得，时会绝境。长安初，以器行制在藩邸，侍诸人游。四年，余遭浮议下狱。他日，子至来，知君物化。呜呼颖叔，享年不遐，昔同为人，今先鬼录。恨吾非所，阙尔丧葬，退而赋诗以哀命。"可知，王君赦，字颖叔，是沈佺期和李适（子至）的朋友，居住在洛阳，家贫无依，朋友们时予接济。但是读书为文不辍，器行为时所称。长安初征为某位王子府中的王子友、文学之类的侍从官员。长安四年夏天亡故。查《唐六典》"亲王府""傅一人，从三品；咨议参军事一人，正五品上；友一人，从五品下；文学二人，从六品上……王傅掌傅相训导，而匡其过失。咨议掌訏谋左右，参议庶事。友掌陪侍游居，规讽道义。文学掌雠校典籍，侍从文章"②。在亲王府这些职务中，可能王子友或文学职务较为适合王君赦担任。沈佺期诗中说"君为王子师"，也就是担任"王傅"了，但品级太高，应征诏而入王府任职，授职可能较高，但也不一定即授从三品，因此任王傅一说，可能与其实际任职不符，应该是沈佺期对于亡友的美称吧！

结合序文，可以判断出诗作于长安四年秋天。"感游值商日"，"商日"指的是秋天。秋天是处决人犯的时间，对于狱中待决的犯人而言，这是生命中的一道坎。所以沈佺期"赋诗以哀命""绝弦留此词"并非虚言。诗中说"有言颖叔子，亡来已一时"。据《序》所云："四年，余遭浮议下狱，他日，子至来，知君物化。"沈佺期得知王君赦亡故，是由前来狱中探望沈佺期的李适（子至）告知的。李适，新旧唐书有传。《新唐书》卷二百二"文艺中"记"李适，字子至，京兆万年人。举进士，再调猗氏尉。武后修《三教珠英》书，以李峤、张昌宗为使，取文学士缀集，于是适与王无竞、尹元凯、富嘉谟、宋之问、沈佺期、阎朝隐、刘允济在选。书成，迁户部员外郎，俄兼修书学士。景龙初，又擢修文馆学士。睿宗时，待诏宣光阁，

---

① 见陶敏、易淑琼《沈佺期宋之问集校注》上册，第 79-80 页。
② 《唐六典》卷二十九，第 728-729 页。

再迁工部侍郎。卒,年四十九,赠贝州刺史"①。可见,李适也是珠英学士中人,与沈佺期交好。

诗中说:"亡来已一时,""一时",就是三个月。李适探望沈佺期时,王君㚟故去已经三个月了。试想,沈佺期于长安四年春正月下狱,下狱后就面临着严刑拷问,外间人是不能探望的。而到允许探望之时,审问即已完成,所犯罪尤应该是审问明白了,应该移送司刑即大理寺,等待判决了。这时管理稍宽,可允许探望。又或者是时当秋天,已经到了处决犯人的时候了,可能李适之探望,也有一种沈佺期临刑前的告别之意吧!所谓"绝弦留此词""退而赋诗以哀命",就是蕴含诀别之意吧!这里的"绝弦"是沈佺期对于王君㚟这位知音的诀别,可能包含与李适诀别之意。《伤王学士》诗中有"感游值商日,绝弦留此词",由此考之,王君㚟当亡故于长安四年夏日。更加准确的时间,现在已很难考定了。而沈佺期作此诗既是纪念亡友,也有以此自哀的情绪。还可以推测的是,李适对于沈佺期的探望,不仅仅告知王君㚟的亡故,很可能也将外间所知的关于二张也被弹劾的事情一并告知。《资治通鉴》记长安四年秋七月"丙申"二张因"作威作福"被弹劾,武则天诏令"同鞠",这可以说是二张势力的一次挫败,李适向沈佺期告知此事,使沈佺期了解了这个案子的前因后果和最新的发展状况,因而,他希望二张伸手对他予以救助的希望也就越来越渺茫了。

《移禁司刑》应该是长安四年秋九月所作。全诗如下:"畴昔参乡赋,中年忝吏途。丹唇曾学史,白首不成儒。天子开昌箓,群生偶大炉。散材仍葺厦,弱羽遽抟扶。宠迈乘轩鹤,荣过食稻凫。何功游画省,何德理黄枢。吊影惭非据,倾心事远图。盗泉宁止渴,恶木匪投躯。任直翻多毁,安身遂少徒。一朝逢纠谬,三省竟无虞。白简初心屈,黄沙始望孤。患平终不怒,持劾每相驱。埋剑谁当辨,偷金以自诬。诱言虽委答,流议亦真符。首夏方忧囹,高秋独向隅。严城看熠燿,圜户对蜘蛛。累饷唯妻子,披冤是友于。物情牵倚伏,人事限荣枯。门客心谁在,邻交迹倘无。抚襟双涕落,危坐日忧趋。圣旨垂明德,冤囚岂滥诛。会希恩免理,终望罪矜

---

① 《旧唐书》卷一百九十"李适传",第 4080 页;《新唐书》卷二百二"李适传",第 4739 页。

愚。司寇宜哀狱，台庭幸恤辜。汉皇灵沼上，容有报恩珠。"①

这是一首自述诗。沈佺期在诗中第一部分回忆入狱前的经历，对于自己入仕以来受到武则天的恩宠还是颇为得意的。"天子开昌箓，群生偶大炉。散材仍葺厦，弱羽遽抟扶。宠迈乘轩鹤，荣过食稻凫。何功游画省，何德理黄枢。吊影惭非据，倾心事远图"，以文为吏，进入官场，虽自谦为"散材""弱羽"，但因得武则天的赏识而遽得"抟扶"，"抟扶"就是扶摇而上的意思，是指官场通达，受宠尤深，"宠迈乘轩鹤，荣过食稻凫"，宠遇超过古代君王卫懿公宠爱的乘轩之鹤、齐景公所喜爱的食菽粟的野鸭。诗中的"画省""黄枢"是代指尚书省和门下省。沈佺期曾任职尚书省所属的天官考功员外郎、考功郎中等职，属于尚书省，也就是所谓"画省"，因其墙上皆画有古代贤人、烈女而得名，又称"粉署"②；沈佺期被弹劾时任给事中，即所谓黄门官，属于门下省。当时，武则天宠爱二张，以二张领衔撰修《三教珠英》，沈佺期与其事，经常与二张交游燕乐，又是武则天的侍从，可谓荣宠至极。写这些诗句，沈佺期洋溢着对于武则天的感激之情。"盗泉宁止渴，恶木匪投躯"，是说自己不会饮盗泉，不会投恶木，是表明自己的清白。

第二部分，第一个层次，是沈佺期对自己"被弹"入狱后的情况做了回顾，分析了自己"被弹"入狱的原因。"任直翻多毁，安身遂少徒。一朝逢纠谬，三省竟无虞"，反思之后，觉得问心无愧，没有御史们所指控的那些罪行。"白简初心屈，黄沙始望孤"，这两句诗中说的是在御史的弹劾和"台推"之下，自己不得不"初心屈"。这里的"白简"是用典。陶敏、易淑琼注此诗说：白简，"御史书写弹劾奏章所用"，并引《晋书》"傅玄传"为证③，意为沈佺期因遭弹劾而屈服。《晋书》"傅玄传"记：傅玄"少孤贫，博学善属文，解钟律。性刚劲亮直，不能容人之短……玄天性峻急，不能有所容。每有奏劾，或值日暮，捧白简，整簪带，竦踊不寐，坐而待

---

① 陶敏、易淑琼：《沈佺期宋之问集校注》上册，第68-69页。
② 陶敏、易淑琼：《沈佺期宋之问集校注》上册，第71页。
③ 陶敏、易淑琼：《沈佺期宋之问集校注》上册，第71页。

旦"①，可参。"初心"是指沈佺期坚守的自己无罪的态度，"屈"就是屈从，违背自己坚持无罪的态度，所以说是"初心屈"，结果是"黄沙始望孤"，被投进了监狱。这里的"黄沙"也是用典，指的是监狱。《晋书》"职官志"："泰始四年，又置黄沙狱治书侍御史一人……掌诏狱及廷尉不当者皆治之。""患平终不怒，持劾每相驱。埋剑谁当辨，偷金以自诬。诱言虽委答，流议亦真符"②，即是说经过"台推"，他不得不"自诬"，按照御史们的诱导，承认了与"流议"相符的罪行。这是第二部分的第二个层次。

这首诗的第三部分，是写经左肃政台"台推"后，移禁司刑监狱后的生活和心理状况。这是本诗写得最为动情的部分。从"献春"入狱，"首夏"即四月还在肃政台监狱中接受审讯，到"高秋"九月前审讯结束，移禁司刑，这个很长时间中，"累饷唯妻子，披冤是友于。物情牵倚伏，人事限荣枯。门客心谁在，邻交迹倘无。抚襟双涕落，危坐日忧趋"，孩子和兄弟都蒙冤相继入狱，送饭者唯有老妻，作为当事人，沈佺期是深感愧疚的。想到物情、人事的荣枯变化，门客、邻交绝迹，前程未卜、生命堪忧，不禁百忧丛集，双目垂泪！因此寄希望于武则天下旨"免理"、刑部和宰相们予以哀怜，对于生的眷恋和死的恐惧，占据了沈佺期的全部心思。这是这个部分的主要内容，写得感情深挚，读来令人为之动容。

这首诗层次分明，感情真挚，思绪起伏，入狱前后待遇的天壤之别对比鲜明，真实地表现了沈佺期移禁司刑寺时的思想和心理的变化，是很有冲击力的。

陶敏、易淑琼注释说："司刑，即大理寺，掌折狱、详刑，光宅元年改司刑寺，见《新唐书·百官志三》。据诗，沈佺期被弹后初系御史台狱，至秋移司刑寺狱。诗长安四年秋作。"③ 按：陶敏、易淑琼所注本无误，但不够详明，易生疑窦：沈佺期谓移禁司刑，为何一定就是大理寺狱呢？查《唐六典》"御史台"："大理卿之职，掌邦国折狱详刑之事。""凡诸司百官所送犯徒刑已上，九品已上犯除、免、官当，庶人犯流、死已上者，详而

---

① 《晋书》卷四十七"傅玄传"，第1396页。
② 陶敏、易淑琼：《沈佺期宋之问集校注》上册，第70页。
③ 陶敏、易淑琼：《沈佺期宋之问集校注》上册，第70页。

质之，以上刑部，仍于中书门下详复。若禁因有推决未尽、留系未结者，五日一虑。若淹延久系，不被推诘；或其状可知，而推证未尽；或讼一人数事及被讼人有数事，重事实而轻事未决者，咸虑而决之。凡中外官吏有犯，经断奏讫而犹称冤者，则审详其状。"① 由此可见，沈佺期被移司刑，也就是由左肃政台监狱移送大理寺监狱，是当时法律制度规定的。从立法的原意来看，这是一道复审的程序，不仅如此，还要上刑部，由中书门下两省详复，看起来，这套程序还是很严密慎重的。当然，在实际执行中，每一个程序是否真能发挥作用，是否都能认真予以执行，是否真能防止冤案的产生，那又是另一个问题了。由此可见，沈佺期被弹劾后确实是经过大理寺复审的。

沈佺期诗中有"司寇宜哀狱，台庭幸恤辜"两句，陶敏、易淑琼注释说："司寇，周代官名，主管刑狱，见《周礼·秋官》。"② 这里只说司寇是周代官名，未及司寇之名在后来的演变，尤其是在唐武则天时期的演变，也未就后人对刑部尚书也常常以司寇代称之习惯做出交代。

刑部，见《唐六典》"刑部记"。"刑部"设置之沿革，李林甫等注文曰："后周依周官，置大司寇卿一人。隋初曰都官尚书，开皇三年改为刑部，皇朝因之。龙朔二年改为司刑太常伯。咸亨元年复为刑部。光宅元年改为秋官尚书，神龙元年复故。"③ 由此可见，沈佺期入狱时的刑部，并非称为刑部，而是称为"秋官"，这也是仿《周礼》而设置的。查《周礼》一书，"秋官司寇第五"："唯王建国，辨方正位，体国经野，设官分职，以为民极。乃立秋官司寇。使帅其属而掌邦禁，以佐王刑邦国。""刑官之属：大司寇，卿一人；小司寇，中大夫二人。"④ 从这个材料看，刑部的设置，确实是延续《周礼》演变的设置的。其职司与周代具有相当大的重合性。而且唐代的武则天时期，也曾将刑部改名为秋官。那么，沈佺期诗中的大司寇，自然是指刑部尚书了。现在问题出现了，如果沈佺期刚刚"移禁司

---

① 《唐六典》卷十八，第 502 页。
② 陶敏、易淑琼：《沈佺期宋之问集校注》上册，第 73 页。
③ 《唐六典》卷六，第 179 页。
④ 吕友仁等注译《周礼》，中州古籍出版社 2010 年 1 月第 1 版，第 305 页。

刑",身处大理寺狱,为何在诗中不对大理寺的复审寄予希望,却对刑部尚书、侍郎(亦即大小司寇)寄予那么大的希望呢?对此,注释者未有一语解说。这不能不启人疑窦了。

按照《唐六典》所记,刑部尚书在武则天时期也曾更名为司刑太常伯,刑部自然也改名为司刑部了。那么,沈佺期诗题的"移禁司刑"中的"司刑",究竟是指大理寺还是指刑部,就成为一个问题。考虑到古人为文,有常用古代官名称当时官名,以显示古雅广博的习惯,笔者倾向于沈佺期作此诗时可能由大理寺狱移送到了刑部,所以他希望刑部官员们在量刑时予以哀悯,希望"台庭"即是中书门下的宰相们能够给予"恤辜"。从这里可以看出,大约是大理寺的复审已经结束,已经移送刑部,等待判决了,所以沈佺期才对刑部、中书和尚书省的宰相们寄予"乞命"的希望。这样理解就顺理成章了。

沈佺期诗中还有两个时间节点值得注意。"首夏方忧圄,高秋独向隅","首夏"是指长安四年四月;"高秋"指长安四年九月。沈佺期于长安四年正月被弹劾入御史台狱,那么,他为何要说"首夏方忧圄,高秋独向隅",也就是单独囚禁。这当然并非仅仅是对时间流逝的记载。笔者以为,这里还有其他的原因,就是首夏时节,沈佺期已经由被弹劾时的肃政台狱移送大理寺狱,由大理寺"详刑"。这个时间也不会太长。《唐六典》:"若禁囚有推决未尽、留系未结者,五日一虑。若淹延久系,不被推诘,或其状可知,而推证未尽,或讼一人数事及被讼人有数事,重事实而轻事未决者,咸虑而决之。凡中外官吏有犯,经断奏讫而称冤者,则审详其状。"① 这里说的几种情况,笔者分析沈佺期就属于其中一种或几种情况兼而有之。按照武则天时期狱官们对待嫌犯的手段,绝大多数其实不需要多少时间就可以"虑而决之"的。由此可见,沈佺期此后就一直押在大理寺狱了。《唐六典》"尚书刑部"卷六:"凡京都大理寺、京兆、河南府、长安、万年、河南、洛阳县咸置狱。"注云:"其余台、省、寺、监、卫、府皆不置狱。"② 此记载如属实,则刑部也可能就没有监狱了。这就是说,沈佺期也可能就

---

① 《唐六典》卷十八"大理寺鸿胪寺",第502页。
② 《唐六典》卷六"尚书刑部",第188-189页。

较长时期被监禁在大理寺监狱中。当然这不影响案件移送刑部,等待刑部的复核和判决。虽然沈佺期仍然被囚禁在大理寺狱。但是理论上,他已经成为刑部的人犯了。这样解读沈佺期对于官员和宰相们怀有期待就完全可以理解了。

按照当时制度规定,案件还需要刑部和中书门下"详复",上奏皇帝决定的案件,当然不是一般性的案件,而是大案或者死刑案件。作为一个嫌犯,当此之际,当然只能是等待判决,所以说是"高秋独向隅"。这是一个重刑犯才有的"待遇",可见,根据《唐律》的规定,大理寺和刑部对于沈佺期所拟定的刑罚是比较重的。

笔者判断诗作于长安四年秋九月,其时沈佺期案已经移交刑部,还有制度上的依据。《唐六典》:"凡决死刑皆于中书门下详复。""每岁立春后至秋分,不得决死刑。"[1] 杜佑《通典》亦载"从立春至秋分,不得奏决死刑"。[2] 秋分节气,都在中秋前后,唐律规定,在此之前不能"奏决死刑"人犯,秋分之后才能奏决死刑。也就是说,沈佺期所犯之罪刑,经肃政台弹劾,大理寺审定,交刑部复审,中书门下的"详复",还需要武则天批准这最后一道程序,而刑部履行这一程序必定在秋分之后至十月之前。

唐律规定,大理寺和刑部对沈佺期拟定的刑罚应该是绞刑。说拟定的刑罚是绞刑,是因为沈佺期被弹的罪名是"坐赃",而经御史台审问,沈佺期对于自己这一"罪行"也是承认的,尽管他一再申明是冤案,是"埋剑谁当辨,偷金以自诬",是在严刑逼供之下,按照"诱言"承认的。但总归是自己承认的,也就成为判决依据了。

按照《唐六典》所载:"凡计赃者,以绢平之。其赃有六焉:一曰强盗赃。二曰枉法赃,其刑绞;注曰'自绢一尺,至于十有五匹,其刑与强盗同'。三曰不枉法赃,注曰'自绢一尺,至于三十匹加役流也'。四曰窃盗赃。五曰受所监临赃,其刑流。六曰坐赃,其刑徒。注曰'自绢一尺,至于五十匹徒三年'。凡六赃定罪有正条,余皆约而断焉。"其中[3],对枉法赃

---

[1] 《唐六典》卷六,第 188－189 页。
[2] 《通典》卷一百六十八,第 4349 页。
[3] 《唐六典》卷六,第 187 页。

最高处罚是"绞"。《唐六典》注云"枉法赃，谓受人财为曲法处分事者，一尺杖一百，已上每一匹加一等，止十五匹绞"。对于"不枉法赃"的处分稍轻。"不枉法赃，谓虽受财，依法处分者，一尺杖九十，二匹加一等，止三十匹加役流。"①《唐六典》注文中所说的执行标准，就是当时实际执行的情况。由此可见，沈佺期的罪名可能是"枉法赃"，应该是判为绞刑。但是沈佺期一直认为自己冤枉，所以一直希望"司寇宜哀狱，台庭幸恤辜"，也就是希望刑部尚书等官员能够从轻拟罪、判刑，中书门下能够在"详复"中予以关照，武则天能够予以施恩，"圣旨垂明德，冤囚岂滥诛。会希恩免理，终望罪矜愚"。可见，这时的沈佺期既有对自己生命安危的焦虑，也有对中书门下"详复"的期待；"会希恩免理"，希望武则天能够下旨对他免予处罚。"汉皇灵沼上，容有报恩珠"就是直接向武则天呼吁了。还可以推断，沈佺期在这期间也可能还在积极为自己辩冤申述。他的这些诗作，或许就是希望上达武则天，辩解喊冤的材料呢。但无论如何，一个等待死刑判决的罪囚，一个随时都可能丢掉生命的犯人，这段日子是十分难熬的，其内心的苦痛和恐惧是难以言表的。这首诗中所表达的就是这种情绪。

《同狱者叹狱中无燕》："何许乘春燕，多知辨夏台。三时欲并尽，双影未曾来。食蕊嫌丛棘，衔泥怯死灰。不如黄雀语，能雪冶长猜。"诗中的夏台指的是监狱，三时指秋季。"三时欲并尽"是说秋天即将结束，人犯的处决也结束了，沈佺期的生命是保住了。应该注意诗中所用的典故"衔泥怯死灰"一语。《史记》"韩长孺列传"载："御史大夫韩安国者……其后安国坐法抵罪，蒙狱吏田甲辱安国，安国曰：'死灰独不复然乎？'田甲曰：'然即溺之。'"②秋天即将结束，沈佺期生命得以保全，雪冤之念由此复兴，但是又惧怕狱吏们"然即溺之"，加重罪罚，心情是十分惶恐的。

"不如黄雀语，能雪冶长猜"，埋怨黄雀不能雪冤，大约指大理寺和刑部的"详复"也未能为他雪冤吧！一般地说，唐朝是在秋天的秋分后，也就是八月中旬之后处决死刑人犯，沈佺期在秋天将欲尽也就是九月即将结束的时候还在写诗，可见他知道大约是死刑未被批准，所以，才再次泛起

---

① 《唐六典》卷六，第 187 页。
② 《史记》卷一百八，第 316 页。

了雪冤的念头吧。人都是这样,面对严刑拷掠,甚至死亡和族灭威胁之时,许多人首先是先大包大揽地承认罪行,保住性命、保住家族不灭,赢得申冤机会,狄仁杰就是选择的这种方式。这也是那时允许严刑逼供,取得口供法律制度下必然发生的事情。而沈佺期也必然在酷刑威胁之下完全招承。一旦拷掠一过,尤其是已经过了死刑执行的时间节点,作为死刑罪犯的沈佺期知道生命威胁已经过去时,申冤的念头就占据了思维的主流,这是人之常情。从诗题《同狱者叹狱中无燕》,也可推知,此时狱中对于沈佺期的看管也开始松弛起来,不然,他又何知"同狱者叹狱中无燕"呢?其原因大约是狱官们也认为沈佺期或者有武则天和二张势力的保护罪不至死,加上审讯已经结束,罪名已经确定的缘故吧。

(四) 逃离死亡威胁的欣喜表达

沈佺期狱中诗第四部分只一首,就是《狱中闻驾幸长安》其二,可以判定是冬天所作。诗全文如下:"无事今朝来下狱,谁期十月是横河。君看鹰隼俱罢击,为报蜘蛛收网罗。"关于这首诗,陶敏、易淑琼注释"横河"为"大河"①。这个注释让人不知所以。如把"横河"理解为"大河",那么,"谁期十月是横河"何意?如果按照陶敏、易淑琼所注,那么,句意就是"谁知道十月是大河"了,这样的注释不仅未能使人明白,反而更使人迷惑不已。笔者认为,沈佺期诗中的"横河",应该是指十月的天象。古人把银河叫做"天河""天汉"。它看起来像一条白茫茫的亮带,从东北向西南方向划开整个天空。人们不仅可以看到星星,还能看到一条淡淡的纱巾似的光带跨越整个天空,好像天空中的一条大河,夏季成南北方向,冬季接近于东西方向,这就是所谓的"横河"了。这实际上是冬初的天象。沈佺期长安四年正月入狱,本以为在二张以及武则天的保护下很快就能平安出狱,谁知道竟然严刑审问,一直被关押到十月还没有结案!到了十月,沈佺期孤坐狱中,斗转星移,天汉从南北纵向转为东西横向的一条"横河",就是已经到了十月,所以才有"谁期十月是横河"之说,这句诗说的

---

① 陶敏、易淑琼:《沈佺期宋之问集校注》上册,第 79 页。

就是，谁知道入狱竟然到了天河横转的孟冬十月了。这样理解，就文从字顺，一切疑义涣然冰释。

"君看鹰隼俱罢击，为报蜘蛛收网罗"，陶敏、易淑琼引《月令》和《汉书》的注释大致是正确的，但也需要做点补充和纠正。"鹰和隼均为鸷鸟。鹰隼罢击，就是鹰隼停止了捕猎小兽。《礼记·月令》孟秋之月'鹰乃祭鸟，用始行戮。'《汉书·孙宝传》载：孙宝为京兆尹，以立秋日署故吏侯文为东都督邮，敕曰：'今日鹰隼始击，当顺天气取奸恶，以成严霜之诛'。今秋将尽，故云'罢击'。"① 实际上，还需要引《礼记·月令》中这段话："是月也，命有司修法制，缮囹圄，具桎梏，禁止奸，慎罪邪，务搏执，命理瞻伤察创。视折，审断，决狱讼，必端平，戮有罪，严断刑。"② 同时，"今秋将尽"一语，陶敏、易淑琼所注不确。沈佺期诗中明明说"谁期十月是横河"，也就是到了十月了，岂得注为"今秋将尽"？季秋已过，进入孟冬十月，鹰隼已经"罢击"，朝廷刑法规定的处决人犯的时间已过，对于沈佺期个人的生命威胁得以暂时解除，其心理的焦虑也得到暂时的缓解，所以他才写出了这样内心复杂的诗句来。因禁如此之久，又可能被判处重刑，每日为生命忧心，但是又到了十月，并未被处决，必然是由于二张的关照，武则天未予批准。生命暂时得全，鹰隼罢击，蜘蛛收网，看似写物象，实则表达了对于死亡的恐惧之心暂时扫去的庆幸和欣喜，也还含有法网收去，自己可能平安出狱的强烈期待。这是沈佺期在特定环境中真实复杂感情的自然流露。

还需要注意的是诗中的"君看"二字，谁看？"君"指谁？是否指去探望他的友人？即使不是写给看望他的友人，这个"君"是一个为表达自己感想而"虚拟"的人物，是一种比较强烈的情感表达方式。可见"鹰隼俱罢击"并非仅仅是指朝廷处决犯人的时节已过，而是与"为报蜘蛛收网罗"形成了因果关系。"罢击"是果，"收网罗"是因。沈佺期是以"蜘蛛"所织的网来比喻法网，那么，正是因为"蜘蛛收网罗"，才有了"鹰隼俱罢击"的结果。"蜘蛛"何以"收网罗"呢？在沈佺期心中，一定是武则天和

---

① 陶敏、易淑琼：《沈佺期宋之问集校注》上册，第79页。
② 《礼记·月令》，见崔高维校点《礼记》，第47页。

二张集团出手了，所以他才得以保住了生命。可以推测，正是因为沈佺期感到未被秋决是由于更高层官员，甚至就是武则天本人的干预而收去了网罗，所以他对于自己会很快出狱而满怀期待之心。这是完全合理合情合逻辑的更深一层次的理解。

（五）沈佺期狱中诗的认识价值

通过以上考证和对沈佺期狱中诗的辨析，我们明确了诸多史书缺载的信息；对于当时法律、监狱制度及其实施状况有了更加深入、具体的认识；对于沈佺期在狱中的心理状况及其演变发展也有了深入的理解。下面对于考证和辨析所得出来的一些认识做一个较为系统的梳理。

一是与沈佺期相关的事实层面。分析可知，沈佺期长安二年"考功受赇"案，其实是一个发酵很久，牵连广泛的官员选举大案。沈佺期是作为此案突破口，最早"被弹"入狱者。入狱时间是在长安四年正月，由此，他的"被弹"应该更早一些，极可能是在长安三年十二月。弹劾沈佺期的也应该就是其后不久又弹劾李迥秀的左肃政台即监察御史马怀素。因为沈佺期经马怀素弹劾入狱，马怀素又继续弹劾当时宰相之一的李迥秀，导致李迥秀被贬庐州刺史，沈佺期由此成为这个案子中第一个被贬出朝廷的高官，为长安四年七月司刑正贾敬言、御史大夫李承嘉、御史中丞桓彦范、鸾台侍郎知纳言事同凤阁鸾台三品韦安石等继续弹奏系列"受赇"案的背后主使人物张易之、张昌宗掌握了证据，创造了条件，奠定了基础。

沈佺期被御史台御史弹劾后，首先被系于御史台监狱，在入狱后的短暂时间内，沈佺期对于二张会救援他，甚至是武则天会下旨"免理"他，抱有极大希望。他在诗中一再表白说自己是冤枉的，对他的入狱，也认为是"枉系"。沈佺期入狱后最早的几首诗中一再做此表白。沈佺期入狱后由左肃政台御"台推"、审问。按照当时执法严苛，允许严刑拷打的情况、武周时期不少高官入狱后的表现以及沈佺期《被弹》诗所谓的"少以文作吏，手不曾开律。一旦法相持，荒忙意如漆"的惶恐状态，沈佺期经历了"劾吏何咆哮，晨夜闻扑挟。事间拾虚证，理外存枉笔"的严刑威胁，或者甚至是直接拷问，很快就承认了"坐赃"事实，也交代了相关指使人物。也就是他在诗中一再申明的"埋剑谁当辨，偷金以自诬。诱言虽委答，流议亦真符"（《移禁司刑》）。虽然申明是"自诬"、不得已，但总归是说已经承认了所犯"坐赃"罪行及其牵连人物了，这就为马怀素弹劾李迥秀及其后弹劾二张奠定了证据基础。

御史台"台推"的时间不会太长，而沈佺期也承认了自己的罪状，交代与之相关的人物，如李迥秀、二张等，可能因为事关重大，尤其是牵涉到武则天所宠爱的张易之、张昌宗等，也由于案件是在武则天"务收人心""十道举人"背景下产生的，这就有个投鼠忌器的问题，也由于一些关键人物未能到案，案件的全部情况未能弄清，也由于当时法律制度的规定，在案件移交大理寺、刑部后，也未能及时判决。沈佺期一直被关在大理寺狱中等待判决。在此期间，沈佺期写了《被弹》《伤王学士》《移禁司刑》《同狱者叹狱中无燕》《狱中闻驾幸长安二首》其二等诗自辩自伤。但是由于武则天对二张的袒护，长安二年"考功受赇"案作为一个系列大案并未全部弄清，所以大理寺和刑部未予判决。这时，他的老友李适来狱中探望，可能告诉他一些狱外的事情，包括友人王君赦的亡故，也可能知道了二张虽然被弹劾，但因武则天的保护而未得下狱，这时的沈佺期又感到了武则天对于二张的保护是有力的，又泛起了得到二张以及武则天的救援、平安出狱的极大希望。但是由于朝中斗争激烈，二张和李唐势力两方一直争持不下，又由于武则天对于二张的一力袒护，这样案件一直拖到神龙元年正月政变前，都未结案。逮至神龙元年政变发生，武则天被逼退位，唐中宗再次当上了皇帝，沈佺期才被贬往驩州。由此看来，陶敏、易淑琼所推测的沈佺期之所以未能及时判决，是由于"控方的证据一定十分薄弱"的判断是与事实不合的。

二是沈佺期入狱后心理发展变化情况。如前所述，沈佺期是长安二年"考功受赇"案中首先"被弹"入狱的。他认为自己被弹入狱是完全诬枉的，相信二张和武则天一定会救援他。因而对于二张怀有极大的希望。但是从正月入狱之后，受到"台推"的严刑逼供威胁，不得不交代事实，交代与之牵连的一些大人物，到当年夏天，这种自信逐渐丧失，对于二张必然救援他的希望也变得越发渺茫，还产生了怨愤之情。到夏末秋初移交大理寺，由大理寺会同刑部"详复"，这是沈佺期心理最为惶恐的时期，他知道，按照刑典，他所承认的罪行是严重的，极可能被判处绞刑。在极其恐惧中，他寄求生希望于二张的想法已经彻底丧失，转而希望"圣旨垂明德，冤囚岂滥诛。会希恩免理，终望罪矜愚。司寇宜哀狱，台庭幸恤辜"，也就是希望刑部尚书和朝中宰相们法外施恩，希望"希恩免理""终望罪矜愚"，希望"司寇""哀狱"；"台庭""恤辜"，给以从轻处罚，表示"汉皇灵沼上，容有报恩珠"，以求贷死。但是，处死的旨意一直未下，竟然过了秋天，到了十月，这时沈佺期因生命得以保全也感受到一丝欣喜，同时感受到了武则天保护和二张救援的力度，因此，他不仅是松了一口气，转而又泛起了"雪冤"的念头。但又担心因为自己的申诉而加重罪行，即所谓"衔泥怯死灰"，内心是极其矛盾的。读沈佺期的狱中诗，可以明显感受到他在狱中的情感和心理的起伏变化，心理变化的线索十分明显，都在诗中表露无遗。读这些诗，似乎可以感受到作者的呼吸和他的心跳。这是一个普通人一般都会有的心理历程。

  三是与沈佺期案相关的武周时期法制以及执行方面的情况。唐代的法律制度是比较完备的。沈佺期被弹入狱是由肃政台首先弹劾，经武则天同意后入肃政台狱，由监察御史"台推"，得到犯罪事实后，再移交大理寺"详复"，人犯即移交大理寺监狱监禁，再由大理寺会同刑部根据肃政台"台推"审问得出的犯罪事实和大理寺"详复"的情况拟定刑罚，判定罪责。还需要报"台端"即宰相们"详复"，确定后再由皇帝武则天决定是否执行，程序性的规定和执行还是严格的。但是由于武则天时期长期为达清除异己反对势力政治目的，采用严刑逼供手段获取口供、广泛牵连的行为，冤狱冤案大量产生，沈佺期案能否反转，他自己也很难判定。

  应该注意的是，沈佺期下狱不是一个人，诗中所记，他两位弟弟、两个孩子也随同下狱。也就是说，当时的法律制度是允许采取这样的株连方式的。但不管大理寺和刑部拟定何种刑责，最终如何判决，还是得由武则天来决定。这里就有皇帝的"特旨""特恩"的巨大的操作空间了，皇帝的好恶决定一个人的生死，一个家族的荣辱。人治的色彩十分明显，这是大量冤案产生的根本原因，也是封建制度下难以解决的问题。

唐代法律本身也存在问题。尽管程序性规定十分明确，法律条文也很具体，但因为《唐律》规定允许逼供，亦即"拷掠"，虽然也有一定的限制性规定，但在执行中，仍然不断发生严刑逼供致人死亡，甚至故意谋杀希功的情况发生。至于沈佺期诗中所记"劾吏"的"咆哮""扑抶"以及生活上的种种虐待，那就更是家常便饭了。告密成风，酷吏横行，以破家灭族为功，邀取武则天的赏识，具有相当的普遍性，就连魏元忠、狄仁杰、张虔勖、范云仙等大批身居宰辅、大将军之位的大臣们也不能幸免。除了魏元忠因抓住了酷吏侯思止的把柄而得免外，其他人也只得承认自己谋反，造成大量导致"族灭"的冤案、假案、错案。这种恶劣的法制环境一直到酷吏来俊臣等被杀后才稍有改变，即所谓的"制狱稍息"。可见封建时代的所谓法制，其实也仅仅是皇帝镇压、剿灭反对势力维持自身统治的工具，酷吏们借制造冤案希功请赏的手段罢了！

第四卷　沈佺期流放驩州考

本卷提要

沈佺期之被流放驩州，既是他宦海沉浮的惨痛失败，也是唐代武则天时期官场斗争的真实写照。但从文学史的角度看，一大批官员的被流放、贬谪，使这些身居高位、文化素质较高的文人官员，经历了前所未有的磨难，承受了平时难以体会到的精神和心灵的熬煎，感受到了边远炎裔之地独特的风光景物，他们的诗歌书写，就比较集中地展示了苦难生活中文人精神世界和遥远南裔边地风光景物、民情风俗和独特的美感。作为苦难生活伴生物的诗歌，也就在文学史上留下了独特的风貌和审美价值。沈佺期的流放诗和驩州诗就十分鲜明地体现了这些特点，值得深入研究。同时，通过对于流放、贬谪官员奔赴流放、贬谪地路线的研究，可以印证当时法律关于流放、贬谪的相关规定，也可以帮助我们认识当时的交通状况，尤其还可以弥补今人对于南方海上丝绸之路连接岭南陆地和中原路线研究之不足与缺失，是很有意义的。

本卷"沈佺期流放驩州真实原因考析""沈佺期流放自端州经容州北流赴驩州路线考——兼及古交趾至唐都的驿路问题""沈佺期流放驩州去程路线考析——兼及《唐律》流放制度的规定""沈佺期的驩州流放生活及其思想状况考析""沈佺期驩州诗注释的几个问题"就是在这些方面做出了较为深入的考证和研究，纠正了前人在沈佺期诗歌注释上存在的错误。

1. 沈佺期流放驩州真实原因考析。沈佺期被贬岭南驩州，历来认为是因为长安二年任考功员外郎时"坐赃"事发，或者是受张易之牵连而被贬的。但是按照唐朝法律规定，即使真个"坐赃"，也不可能流放如此之远；如仅仅是受张易之等牵连，则也不至于贬到驩州。笔者分析了当时朝堂之上尖锐复杂的政治斗争形势，指出沈佺期之所以被贬如此之远，是因为在张柬之等李唐势力眼中，沈佺期与武氏和二张集团关系极为密切，是那个集团中的重要成员。

2. 沈佺期流放自端州经容州北流赴驩州路线考——兼及古交趾至唐都的驿路问题。本节梳理唐宋以来中原王朝官员被贬、被流放的行迹，结合《后汉书》所载马援南征修路史实，明确自秦汉一直到两宋首都至日南、九真、交趾的惯常路线，是后汉马援南征日南等地开拓的行军道路。此后即成为交趾等地联系中原的交通要道，是古代南方海上丝绸之路的一部分。并据此明确了沈佺期流放驩州时所经行的北流鬼门关至廉州、合浦，海陆并进到达驩州的路线，指出了前人和当今一些学者对于广州通交州道路的误说和疏失。

3. 沈佺期流放驩州去程路线考析——兼及《唐律》流放制度的规定。沈佺期于神龙元年（705）五王政变成功、中宗复位后即被流放驩州（今越南荣市），至神龙三年（707）春遇赦北归，在岭南生活了二年多。流放期间，沈佺期写下了二十余篇诗文。本节拟依据唐代相关法律和流放去程中所作诗文，对沈佺期流放时的具体情况和赴流放地途中经行的具体路线做一些探索，以帮助今天的读者对于沈佺期此期的经历有一个更加具体深入的认识和了解。

4. 沈佺期的驩州流放生活及其思想状况考析。沈佺期约于神龙元年底或翌年春初到达驩州，至神龙三年春遇赦返回。但沈佺期在驩州生活、思想和精神状态，迄今无人具体研究。本节集中梳理了沈佺期此期的生活与思想状态及其变化原因，探究其内心世界。

5. 沈佺期驩州诗注释的几个问题。本节对陶敏、易淑琼关于沈佺期驩州诗的部分注释提出疑问，并结合史书记载、沈佺期诗歌提供的材料和有关历史知识、古今地理、气候环境等进行辨析，明确了沈佺期诗中所谓"瘴江""崇山""明道国"的具体方位；考证诗中"白眉"和"计吏"之所指；对归程中是否经过海南岛提出怀疑，确定了沈佺期得到赦书的具体时间等等，纠正了前人在沈佺期驩州诗注释中存在的问题。

一 沈佺期流放驩州真实原因考析

《旧唐书》说沈佺期"坐赃配流岭表"，《新唐书》说他"考功受赇，劾未究，会张易之败，遂长流驩州"。似乎沈佺期流放驩州就是因为其"考功受赇"，与张易之案无太大关系，仅受牵连而已，只是因为适逢张易之被诛，才予以流放。但事实不是这样。

（一）沈佺期流放驩州是珠英学士中遭受打击最重的一位

笔者在此前一系列论文中已经考证沈佺期不是"考功受赇"案的主要责任人，他在此案中并未"受赇"、买官卖官，"受赇"者是张易之、张昌宗、李迥秀等人。同时也辨析了沈佺期在被弹入狱后为何未及时定案判决的原因在于武则天以及二张势力的暗中保护。在张柬之、桓彦范等五王发动政变，逼武则天退位后，原来属于二张势力的珠英学士们和一些朝官都被贬斥远地，如韦承庆被贬高要尉，高要即今广东肇庆市高要区；房融除名流高州，高州即今广东茂名市辖高州市；宋之问贬泷州参军，泷州即今广东省云浮市罗定县；杜审言贬峰州，峰州即今越南富寿省东南部和河西省西北部，当时属于安南都护府所辖；李峤贬通州刺史，唐代通州即今四川达州市；苏味道贬眉州刺史，眉州即今四川眉州市；崔融贬袁州刺史，袁州即今江西宜春市；韦元旦贬感义尉，感义县即今广西藤县；刘永济贬青州长史，青州今属山东潍坊市所辖之青州市；刘宪贬渝州刺史，渝州即今重庆市；郑愔贬宣州司户，宣州即今安徽宣城市。还有崔神庆贬钦州，即今广西钦州市；阎朝隐贬崖州，即今海南三亚市属崖州区。这些被贬或被除名流放者，均比沈佺期的流放地为近，即使是流放峰州的杜审言，虽然也在交趾，但也比沈佺期近一些。为何沈佺期还是受到被流放驩州的极其严重的处罚?

驩州,即今越南荣市,越南中部的一个城市,大致与我国海南省的东方市隔海相望。当时属于岭南道安南都督府。《旧唐书》"地理四":"驩州,隋曰日南郡。武德五年,置南德州总管府……八年,改为德州。贞观初改为驩州,以旧驩州为演州。二年,置驩州都督府,领驩、演、明、智、林、源、景、海八州。十二年,废明、源、海三州……旧领县六,户六千五百七十九,口一万六千六百八十九。……至京师陆路一万二千四百五十二里,水路一万七千里。至东都一万一千五百九十五里,水路一万千六千二百二十里。"① 按照这个记载,驩州无论距长安还是东都,无论水路还是陆路,均在万里之外,比杜审言所流放的峰州遥远得多。

《唐六典》有关于赃罪的具体处罚规定,对于枉法赃的处罚是很重的。全文已见上节所引,此处不再引录。如果沈佺期是以"枉法赃"判刑,最高则应"绞";如免死,则可能加徒流放。如以《旧唐书》所谓"坐赃"、《新唐书》所谓"受赇"罪名处罚,则不致流放如此之遥远。《唐六典》规定的"坐赃"处罚是"其刑徒"。所谓"坐赃",指的是"自绢一尺,至于五十匹徒三年"②。沈佺期判刑之重,必非"坐赃"自明。

再查《唐律疏议》:"流刑三:二千里(赎铜八十斤),二千五百里(赎铜九十斤),三千里(赎铜一百斤)。疏议曰:'《书》云:流宥五刑',谓不忍刑杀,宥之于远也。又曰:'五流有宅,五宅三居'。大罪投之四裔,或流之于海外,次九州之外,次中国之外。盖始于唐虞,今之三流即其义也。"③ 沈佺期究竟是何种原因被远贬至万里之外呢?须知,在他远流驩州之前,张说因为张易之、张昌宗的政治陷害,曾被流放到钦州。钦州也属岭南道,是当时的容州下都督府所管十州之一。《旧唐书》"地理四一":"钦州下,……至京师五千二百五十一里。"④ 张说是因为二张诬陷谋反而与魏元忠一起被武则天流放到钦州的。而沈佺期被流放的地方却还要远一倍

---

① 《旧唐书》卷四十一"地理志",第 3691 页。
② 《唐六典》卷六,第 187 页。
③ 《唐律疏议》卷一,上海古籍出版社 2013 年 1 月第 1 版,第 5-6 页。
④ 《旧唐书》卷四十一"地理志",第 3694 页。

多，如执政者对其无深仇大恨，再或者本人非罪大恶极，是不可能这样"投之四裔""流之于海外"的。

在本书前几节的考证中，笔者已经确认沈佺期并未"坐赃""受赇"，也并非"谤议上闻"案主要责任者。而前人有沈佺期"受赇"之说，但唐时律令并无"受赇"条目，"受赇"作为律法罪名，是梁代蔡法度、沈约等十人增损晋律为二十一篇设立的。① 唐代律法中有"坐赃"之说，除《唐六典》外，散见于《唐律疏议》书中多处。其《杂律》云："诸坐赃致罪者，一尺笞二十，一疋加一等，十疋徒一年，十疋加一等，罪止徒三年（谓非监临、主司而因事受财者）。与者，减五等。疏议曰：'赃罪正名，其数有六，谓受赃枉法、不枉法、受所监临、强盗、窃盗并坐赃。然坐赃者，谓非监临、主司因事受财，而罪由此赃，故名坐赃致罪，犯者一尺笞二十。一疋加一等，十疋徒一年，十疋加一等，罪止徒三年。'"② 沈佺期显然并非此等状况。因此，《旧唐书》关于沈佺期"坐赃"、《新唐书》关于沈佺期"受赇"以及后人相同或类似说法，与沈佺期被处罚的情况并不吻合。根据《唐律》的这些规定，如果沈佺期真是因为"坐赃"流放，是不可能流放到驩州的。因此，沈佺期的被流放驩州，必然另有原因。了解当时朝廷内尖锐的政治斗争的情况，这个问题即可迎刃而解。

（二）沈佺期流放驩州的根本原因是尖锐复杂残酷的政治斗争

根据史料记载，在武则天晚年，朝廷中几股强大的政治势力的斗争开始尖锐化。一是武氏政治势力。以武三思为代表的武氏政治势力在武则天决定复立李哲为太子，尤其是张易之、张昌宗入宫后，影响开始消退。但因是武则天家族成员，也掌握了朝中部分权力，因此力量仍然不容低估。武氏集团和二张集团也因为武则天的关系，具有某种利益的一致性，还常有密切往来，但内在的矛盾斗争也是存在的。

二是李唐政治势力。以当时的"皇太子"李旦、李显、李隆基、太平公主为旗帜，以魏元忠、张柬之、崔玄暐、桓彦范、袁恕己、敬晖、宋璟

---

① 《唐六典》卷六，第 181 页。
② 《唐律疏议》卷二，第 409 页。

等为骨干，还有左羽林卫将军李湛、薛思行、赵承恩、右羽林卫将军杨元琰、左羽林卫大将军李多祚、职方郎中崔泰之、庙部员外郎朱敬则、司刑评事冀仲甫、检校司农少卿兼知总监翟世言、内直郎王同皎等，也是这个势力中的骨干。张说其实也原属珠英学士集团，但是由于其为人较为正直，在政治上比较成熟、敏锐，又由于在魏元忠案中站在李唐势力一边，因此也被李唐势力视为可以依靠的力量。

三是以张易之、张昌宗为代表的内廷政治势力。二张是武则天的宠臣，武则天在他们身上倾注了更多的情感因素。《旧唐书》卷七十八："则天春秋高，政事多委易之兄弟。"① 二张集团还包括当时的同平章事李迥秀等人，当时所谓的珠英学士中的绝大部分人也属于这个集团。珠英学士之所以和二张结缘，主要是由于二张得宠后，武则天为让二张积累政治资本，"乃诏昌宗即禁中论著，引李峤、张说、宋之问、富嘉谟、徐彦伯等二十有六人撰《三教珠英》。加昌宗司仆卿、易之麟台监，权势震赫"②。一句话，是由于珠英学士们既热衷于纸醉金迷的生活，也有着一种身为文人、震赫于权势的依附心理所致。这个政治势力因为以武则天为靠山，又占据朝廷执政地位，居于矛盾的主要方面。

在武则天健在之时，二张因有强大的靠山而骄枉不法，权倾朝野，史书中对此多有记载。"张易之与弟昌宗纵恣益横，倾朝附之"（《旧唐书》卷九十六），可见气焰之高，权势之大。即使是李唐势力的代表人物如当过皇帝的李旦、李显以及太平公主、李隆基等都只能低声下气，以保全自己。"皇太子（李旦）、相王（李隆基）请封昌宗为王，后不听，迁春官侍郎，封邺国公，易之恒国公，实封各三百户"③，李旦、李显、李隆基等尚且如此，何况其余！这三股势力之间和各自的内部存在比较复杂的关系。但到了武则天病重后，二张势力与李唐势力矛盾尖锐起来，最终酿成神龙之变。

作为珠英学士的沈佺期自然也是倾附二张集团的。沈佺期对于二张的依附，不仅是出于恐惧，更是作为珠英学士之一，与二张、武三思等有着

---

① 《旧唐书》卷七十八，第 3801 页。
② 《新唐书》卷一百四，第 4536 页。
③ 《新唐书》卷一百四，第 4536 页。

利益的一致性，关系是十分密切的，在情感上是属于二张势力的。不仅是由于他积极参与《珠英集》的编撰，而且和张易之张昌宗还有更密切的交往。当然沈佺期也同时保持了和武氏集团的关系。《旧唐书》卷一百八十三："崇训，三思第二子也。则天时，封为高阳郡王。长安中，尚安乐郡主。时三思用事于朝，欲宠其礼。中宗为太子在东宫，三思宅在天津桥南，自重光门内行亲迎礼，归于其宅。三思又令宰臣李峤、苏味道，词人沈佺期、宋之问、徐彦伯、张说、阎朝隐、崔融、崔湜、郑愔等赋《花烛行》以美之。其时张易之、昌宗、宗楚客兄弟贵盛，时假词于人，皆有新句。"① 二张"假词于人"，他们的作品大都是珠英学士中人代作的。沈佺期还有诗赠张昌期。张昌期是张易之之兄。大足元年四月间出任岐州刺史时沈佺期作诗相送。诗题《夏日梁王席送张岐州》②，梁王指武三思，可见沈佺期与武三思和二张势力关系之密切。而二张也自然将其视为本集团重要成员予以提拔。这可以从沈佺期自长安元年（701）任吏部考功员外郎起，到长安三年被逮入狱之时，已经由一个从六品上阶的考功员外郎一直升到了正五品上阶的给事中，提拔之速，如无武则天的赏识和二张的提携，是不可能的。由于沈佺期与武三思、二张之间的密切关系，作为诸武、二张集团均重视的文人，很自然地被视为二张集团的主要成员，从而成为李唐势力的敌对力量。

由于武则天先是以太后身份干政，后是取李唐而代之，登上皇帝宝座，虽然大权在握，但也一直被深受儒家思想浸润的朝中大臣视为非法。这种不满、反武氏、反二张的势力早就存在于朝堂之上。只是由于武则天在位，李唐势力成为被严厉打击的力量，诸多心系李唐之人无能为力，只能积聚力量，隐伏以等待时机。但是到了武则天后期，武则天疾病缠身，已无心、无力政事之时，李唐势力和诸武集团就展开了斗争，成为后武时代的角力的先声。二张及其集团中人也在积极活动，试图乘武则天在位，借其力量进一步打击乃至消灭李唐势力，并开始积极为后武则天时代布局，比如，二张借武则天之力，欲安排二张之弟张昌期任雍州长史，就是一个明显的

---

① 《旧唐书》卷一百八十三，第 4047 页。
② 沈佺期：《夏日梁王席送张岐州》，见陶敏、易淑琼《沈佺期宋之问集校注》上册，第 33 页。

重要人事布局。对于此,李唐势力当然是明白的,自然也要加以反对。由此,斗争就开始尖锐、激烈起了。

据现有史料粗略统计,二张集团和李唐势力在长安年间至武则天病重已至被逼退位死亡时期内,先后产生过几次极其尖锐、后果极其惨烈的斗争。

首先是邵王李重润及永泰公主事件。应该说,首场斗争是由武氏集团发动的,而且斗争结果非常惨烈。《旧唐书》卷七十八:"则天春秋高,政事多委易之兄弟。中宗为皇太子,太子男邵王重润及女弟永泰郡主窃言二张专政。易之诉于则天,付太子自鞫问处置,太子并自缢杀之"[1]。

《旧唐书》卷八十六"中宗诸子"亦有记载。"懿德太子重润……圣历初,中宗为皇太子,封为邵王。大足元年为人所构,与其妹永泰郡主婿魏王武延基等,窃议张易之兄弟何得恣入宫中。则天令杖杀,时年十九。重润风神俊朗,早以孝友知名。既死非其罪,大为当时所悼惜。"[2] 因为武则天年事已高,疾病缠身,邵王李重润和永泰公主因为看不惯二张势力专权,私下有所议论,结果被二张势力告密,由张易之诉于武则天,李重润和永泰公主均被赐死。虽然新旧唐书对于他们的死有不同记载,但是赐死则是事实。此举给李唐势力以巨大打击,可见武则天和二张势力对于后武则天时代的忌惮、恐惧,以及对于反对势力手段的残酷。

其次是魏元忠奏劾张易之、张昌宗及魏元忠、张说被贬事件。这场斗争的结果,是魏元忠、张说等被贬、被流岭南,可谓惨败。如果不是朝臣力争,魏、张二人可能更惨。[3] 再其后是李唐势力对于二张势力的反抗。主要是宋璟等李唐势力对张易之、张昌宗的反击。宋璟劾奏张易之贪贿、张昌宗"引相工观吉凶者,璟请穷治,后曰:'易之等已自言于朕'"。虽证据确凿,但由于武则天的袒护,结果是收张易之入狱,但很快即放回,官复原职;贬其兄张昌仪、张同休,而张昌宗则平安无事,可谓打了个平手。

但二张势力还不甘心,他们视宋璟为眼中钉,想方设法要把他赶出朝

---

[1] 《旧唐书》卷七十八,第 3801 页。
[2] 《旧唐书》卷八十六,第 3816 页。
[3] 《新唐书》卷一百四,第 4536 页。

廷，宋璟"以数忤旨，诏按狱扬州。璟奏：'按州县，才监察御史职耳。'又诏按幽州都督屈突仲翔，辞曰：'御史中丞非大事不出使。仲翔罪止赃，今使臣往，此必有危臣者。'既而诏副李峤使陇、蜀，璟复言：'陇右无变，臣以中丞副李峤，非朝廷故事。'终辞。（张）易之初冀璟出则劾奏诛之，计不行，乃伺璟家婚礼，将遣客刺杀之。有告璟者，璟乘庳车舍他所，刺不得发。俄二张死，乃免"[①]。可见二张处心积虑，要把宋璟赶出朝廷，其用心被识破后，还采取了暗杀方式，欲除去这个政敌。

再是张柬之、桓彦范、崔玄暐、敬晖、袁恕己发动政变，逼武则天退位，扶唐中宗再次登基事件。《新唐书》本纪第四"则天纪"载："（长安）五年正月……癸卯，张柬之、崔玄暐及左羽林卫将军敬晖、检校左羽林卫将军桓彦范、司刑少卿袁恕己、左羽林卫将军李湛、薛思行、赵承恩、右羽林卫将军杨元琰、左羽林卫大将军李多祚、职方郎中崔泰之、库部员外郎朱敬则、司刑评事冀仲甫、检校司农少卿兼知总监翟世言、内直郎王同皎率左右羽林兵以讨乱；麟台监张易之、春官侍郎张昌宗、汴州刺史张昌期、司礼少卿张同休、通事舍人张景雄伏诛。丙午，皇帝复于位。丁未，徙后于上阳宫。戊申，上后号曰则天大圣皇帝。十一月，崩，谥曰大圣则天皇后。唐隆元年，改为天后；景云元年，改为大圣天后；延和元年，改为天后圣帝，未几，改为圣后；开元四年，改为则天皇后；天宝八载，加谥则天顺圣皇后。"[②]

由此可见当时斗争的残酷性。也可以看出，在历次斗争中，二张集团势力由于有武则天作为靠山，大都占了上风，屡屡给李唐势力以极其沉重甚至是血腥的打击，使李唐势力对于二张势力集聚了极其深沉的仇恨。他们认识到仅仅依靠庙堂里的政治斗争，不可能阻止二张势力当政、取得后武氏时代的政权。为此他们积聚力量，等待时机，终于一举成功，杀了二张及其集团的主要成员，逼迫武则天退位，扶持中宗复位，使李唐复兴，取得了重要的胜利。

[①] 《新唐书》卷一百二十四，第4579页。
[②] 《新唐书》卷四"则天皇后"，第4144页。

（三）沈佺期对流放驩州的真实原因心知肚明

武则天时期，十分重视培植文人势力为之所用。实际上，这些围绕在武则天身边的文人也确实在武则天打击异己中发挥了重要作用。关于此事，李福长在其所著的《唐代学士与文人政治》书中第四章"'北门学士'与武则天革命"中有具体论述。李福长指出："作为政治上反关陇贵族集团一支新生力量，'北门学士'所代表的普通文人阶层充当了武则天革命的工具，'北门学士'不仅承担了理论上为武则天改革鸣锣开道的职责，更在王朝中枢政治中发挥着作用。"[①] 尽管这些作为工具的文人学士后来的遭遇也很可悲，但是整体上改变了关陇集团长期形成的政治格局，为后来的开元之治奠定了基础。由于沈佺期长期受知于武则天，依附二张集团，在二张集团与李唐势力斗争中被视为二张集团中的文人骨干分子，也自然被视为巨奸大憨，为李唐势力尤其是张柬之等所痛恨，因此才在李唐势力得势后受到极其严重的打击，远流万里之外。其实，沈佺期还是应该感到庆幸的，如果不是桓彦范、张柬之等人在政变中手软，如果不是唐中宗采纳了张廷珪的建议，采取了宽贷政策，他本来可能是被杀掉的。

具体情况是，张柬之等政变成功后，在如何处理武则天退位后武氏遗存势力问题上，李唐势力内部却产生了巨大分歧。《旧唐书》卷九十一"敬晖传"载："初，晖与彦范等诛张易之兄弟也，洛州长史薛季昶谓晖曰：'二凶虽除，产、禄犹在。请因兵势诛武三思之属，匡正王室，以安天下。'"这个产、禄，就是借汉吕后死后的吕产、吕禄代指武三思。"（敬）晖与张柬之屡陈，不可，乃止。季昶叹曰：'吾不知死所矣。'"[②]《新唐书》也说："张易之诛，议穷治党与。（张）廷珪建言：'自古革命，务归人心，则以刑胜治。今唐历不移，天地复主，宜以仁化荡宥。且易之盛时，趋附奔走半天下，尽诛则已暴，罚一二则法不平，宜一切洗贷。'中宗纳之。"[③] 张廷珪此言固然带有较为浓厚的书生气，却也十分符合中宗心中的盘算，

---

① 李福长：《唐代学士与文人政治》，第145-176页。
② 《旧唐书》卷九十一，第3829页。
③ 《新唐书》卷一百一十八，第4564页。

因而被采纳。中宗不同意诛除武氏势力，可能既受明堂铭誓的约束，也是对其母武则天的承诺的履行，还可能就是想留下武氏势力牵制政变功臣。其实，中宗在当时并无可完全信任、依靠的政治力量，试想，如果除去武氏势力，朝政完全落入政变功臣之手，那中宗就只能被政变功臣、权臣所左右了。所以留下以武三思为代表的武氏政治势力，可能就是中宗真正的想法和目的。但这也就为其后睿宗、李隆基与韦武政治集团的尖锐矛盾斗争留下巨大隐患，也给政变功臣势力的覆灭创造了条件。

正是由于张柬之、桓彦范等人，一则欲留下武三思由中宗皇帝亲自除去以树立威信；二则由于张廷珪向中宗建言"务归人心""以仁化荡宥""一切洗贷"，才使武三思不仅苟活于世，而且因为韦后的支持重揽大权，害死五王，差点使张柬之等五王复兴唐室大业荡然无存。也使张柬之、桓彦范、敬晖等悔之无及。《旧唐书》谓："翌日，三思因韦后之助，潜入宫中，内行相事，反易国政，为天下所患，时议以此归咎于晖。晖等既失政柄，受制于三思，晖每推床嗟惋，或弹指出血。柬之叹曰：'主上畴昔为英王时，素称勇烈，吾留诸武，冀自诛锄耳。今事势已去，知复何道。'"① 确实是后悔了，但已追悔莫及，当然这是后话了。

自然，沈佺期对于自己被远流驩州的原因，也是心知肚明的，那就是他与二张的关系。他在被流放到驩州后所作《答魑魅代书寄家人》中说到他和二张的关系："款颜因侍从，接武在文章。且惧威非赞，宁知心是狼？身犹纳履误，情为覆盆伤。可叹缘成业，非关行昧藏。"② 说他和二张其实并无更深的关系，只不过是因为都曾侍从于武则天而产生联系而已，并未有什么藏心昧己之事，被流放也是因为有瓜田李下之嫌疑而已。在当时，这样的洗白和自辩当然可以理解，但是通过政变刚刚得势的执政者却绝对不会这样来看待。沈佺期在《从驩州廨宅移住山间水亭赠苏使君》一诗中申诉说自己"弃置一身在，平生万事休。鹰鹯遭误逐，豺虎怯真投"，还发出"古来尧禅舜，何必罪驩兜"的诘问。③ 这两句明显是怨言，说是你皇家

---

① 《旧唐书》卷九十一，第 3829 页。
② 沈佺期：《答魑魅代书寄家人》，见《沈佺期宋之问集校注》上册，第 108 页。
③ 沈佺期：《从驩州宅移住山间水亭赠苏使君》，见《沈佺期宋之问集校注》上册，第 117 页。

的皇位争夺继承,何必让我来承担这个罪责,把我流放于万里之外呢?沈佺期这里用《尚书·舜典》:"流共工于幽州,放驩兜于崇山,窜三苗于三危,殛鲧于羽山,四罪而天下咸服。"① 驩兜等人,即是大舜时期被视为"四罪""四恶"之人。驩兜被放于驩州,沈佺期也被放于驩州,可见执政者对于沈佺期的处罚是有着深沉的含义的。不仅是政治处罚,还含有精神上羞辱的用意。在这个时候,沈佺期还认为自己被流放驩州是"误逐",质疑"古来尧禅舜,何必罪驩兜",在残酷的政治斗争和重大的政治变局中,期望得势者对于政敌"何必罪驩兜",实在是政治上不太清醒的表现。

由以上论证可知,对于沈佺期流放于驩州,说是仅仅因其"坐赃配流岭表"是只看到表面罪名;说他"考功受赇,劾未究,会张易之败,遂长流驩州",也不够准确。真实的原因,是由于沈佺期被视为二张集团重要文人,又有"考功受赇"的牵连而加重处罚,被流放于万里之外的驩州的。在这样的流放中,政治原因是最为关键的。《旧唐书》"张行成传"附"张易之传"也清楚记载,张柬之等五王政变后,随着二张被杀,"朝官房融、崔神庆、崔融、李峤、宋之问、杜审言、沈佺期、阎朝隐等皆坐二张窜逐,凡数十人"②,这才是沈佺期等人被窜逐的真实原因,而沈佺期被流放驩州,是被"窜逐"的数十人中流放地最远的一个,符合《唐律疏议》"'《书》云:流宥五刑',谓不忍刑杀,宥之于远也。又曰:五流有宅,五宅三居。大罪投之四裔,或流之于海外,次九州之外,次中国之外"③ 的规定,也是古代残酷的最高权力争夺中胜利者对于失败一方的处罚惯例。可见,在张柬之、桓彦范、崔玄暐等李唐势力眼中,沈佺期确实是二张势力中一个重要成员,确实罪大恶极。虽然未曾诛杀,但是流放到驩州这个驩兜被放之所,也是一种极其严重的处罚。他的被流放驩州,主要原因在于他依附了二张势力,是二张集团中一枚重要棋子,绝不仅是受牵连那么简单;而所谓"受赇",则仅仅是一个由头而已。

---

① 《尚书·舜典》,中州古籍出版社 2010 年 1 月第 1 版,第 28 页。
② 《旧唐书》卷七十八,第 4079 页。
③ 《唐律疏议》卷一,第 5 - 6 页,所引均为《尚书》中的话。

二 沈佺期流放自端州经容州北流赴驩州路线考
——兼及古交趾至唐都的驿路问题

沈佺期从端州（今广东肇庆市）经藤州（今广西藤县）到容州所属北流县这段流放行程，史无明载，从他的诗中也只能看出断续路线。如果按照今人陈洪彝先生在《中华交通史话》中的说法，"由广州分途，由西江而上，去往广西各州；陆路向西南方，沿海而行，通往安南交趾各州"①，沈佺期这段行程就应该是从广州出珠江口"由西江而上"，或者从陆路过今江门、阳江、茂名、湛江等市，再经雷州到徐闻，沿海而去驩州。但是真实情况并不如此。

（一）唐宋时期出广州沿西江经端州、梧州、藤州、容州、钦州而达交趾各地是一条惯常的交通路线

沈佺期流放驩州究竟是何行程呢？可以参考唐宋时流放于钦州、海南以及峰州、驩州等地官员的行程路线。因为在这个路线中，廉州（合浦）、钦州是重要的地理节点。武周嗣圣元年（684）春二月，武则天废中宗，降其为庐陵王。流韦后之父韦玄贞于钦州。《旧唐书》"外戚传"韦温条记："玄贞配流钦州而死。后母崔氏为钦州首领宁承兄弟所杀。玄贞有四子，洵、浩、洞、泚亦死于容州。"②关于这四人的死因，清光绪二十三年刊《容州志》卷二十六"旧闻志"说是死于谢策、陈隐之乱。③关于韦玄贞四个儿子之死，按此材料，韦玄贞被流钦州，其家人自然随行。玄贞死后其妻被杀，而其四子应该是逃于容州，最后均死于容州。这可以说明，韦玄贞到流放地钦州的路线，无论是从桂林还是广州赴钦州，都必然经过藤州，再到容州，过北流，经廉州然后赴钦州，而不会是经海路赴钦州。

再看张说被武则天流放钦州所经行的路线。张说是经广州到端州后沿

---

① 陈洪彝：《中华交通史话》，第263、265页。
② 《旧唐书》卷一百八十三，第4048页。
③ 《容州志》，清光绪二十三年刊本，台湾成文出版社有限公司1974年6月第1版，第1037页。

西江而行赴钦州的。端州即今广东肇庆市。是西江边一座十分重要的都市，是从广州沿西江上溯到藤州入交趾的重要节点。张说在端州作有《端州别高六戬》诗，诗中说："南海风潮壮，西江瘴疬多。"可见张说离开端州，就溯西江而行了。他还有《和朱使欣二首》，诗中说"南土多为寇，西江尽畏途"，还有《南中送北使二首》说"待罪居重译，穷愁暮雨秋。山临鬼门路，城绕瘴江流"①。诗中写到"鬼门"，就是指鬼门关，在容州北流县城南，可见张说也是经过西江到藤州、容州，经北流到钦州的。瘴江自然指的是钦州州城边的那条钦江。张说于神龙元年被中宗召回，路过端州时高戬已经亡故，他还作《还至端州驿前与高六戬别处》②来纪念高戬。则可见张说来往也都是经过端州、藤州、容州北流至钦州这条路线的。

宋之问于唐睿宗景云元年（710）流放钦州。宋之问赴贬所，从荆州过洞庭湖，溯湘江南行。从荆州出发时作有《在荆州重赴岭南》，经湘江，到衡州，越骑田岭到韶州，游广果寺，再到广州，后曾经过藤州去钦州，一路均有诗作。他从端州出发，作有《端州别袁侍郎》诗，诗说"合浦途未极，端溪行暂临"，就是去流放地合浦的途中，先到端州。此后，他还有《发端州初入西江》《发藤州》等诗，明白标示出这段行程的走向，是去钦州流放地。《发端州初入西江》诗"问我将何去？清晨泝越溪。翠微悬宿雨，丹壑饮晴霓。树影稍云密，藤阴覆水低。潮回出浦驶，洲转望乡迷。人意长怀北，江行日向西。破颜看鹊喜，拭泪听猿啼。骨肉初分爱，亲朋忽解携。路遥魂欲断，身辱理能齐"，把沿西江上溯一路所见的景色和船行的感受写得十分生动，对于自己内心惊恐、屈辱和对于故乡的怀念也写得很深刻。宋之问到藤州，出发去钦州时还作有《发藤州》诗："朝夕苦遄征，孤魂长自惊。泛舟依雁渚，投馆听猿鸣。石发缘溪蔓，林衣扫地轻。"③可见是沿水路下行至钦州的。这个水路，就是溯北流江而去容州。

还可关注与沈佺期、宋之问大体同时人的路线，大致与宋之问被贬钦州同时的著名文人卢藏用被流放驩州经历的路线。《旧唐书》本纪第八玄宗

---

① 熊飞：《张说集校注》，第 1 册，中华书局 2013 年 11 月第 1 版，第 285、328、292 页。
② 熊飞：《张说集校注》，第 1 册，第 369 页。
③ 陶敏、易淑琼：《沈佺期宋之问集校注》下册，第 554－555 页。

上：先天二年七月"丁卯，崔湜、卢藏用除名，长流岭表"①。黎崱《安南志略》卷十载："卢藏用……武后用为黄门侍郎。坐附太平公主，玄宗欲斩之，意解，乃流新州，或告谋反，推无状，又流驩州。会交州反，藏用捍御有劳，进黔州长史。"②卢藏用流放驩州，道经容州，为当时检校邕州都督、充开马援古路使北转安南副都护贺州刺史光楚客等所留，撰写了《景星寺碑铭》，碑文说他自己"罹忧五宅，投速九真，心依鹫岭之恩，路出鸢江之徼。"编者说"为流驩州时道出容州而作"③，可见卢藏用从藤州到北流、经容州所作是可信的。从文中自叙将经过之处的九真、鸢江来看，他离开容州到钦州后的经行路线与沈佺期是一致的。这段引文中还需注意的是当时光楚客的官衔，"检校邕州都督、充开马援古路使、北转安南副都护、贺州刺史"，光楚客的职任是开马援古路，则说明这条道路在那时候也是有官吏负责维修的。因为那是一条交通要道、驿路，还有就是当时的安南一带，时服时叛，保持道路畅通对于人员交流、商业贸易和出兵平定叛乱意义重大。碑文保存了容州及附近大批官员的姓名、职务，可补史载之阙。

到唐宣宗大中二年（848）岁末，宰相李德裕自潮州被贬崖州（今海南琼山）司户时④，也是经过藤州、容州到雷州至徐闻，再过海至贬所的琼山的。经过容州时李德裕还有《谪崖州过北流鬼门关》"一去一万里，千知千不还。崖州在何处，生度鬼门关"。⑤按：关于鬼门关，诸多史籍均有记载。杜佑《通典》卷一百八十四"容州"："州南去十余里，有两石相对，状若关门，阔三十步，俗号鬼门关。汉伏波将军讨林邑蛮，路由于此，立碑，石龟尚在。昔时往交趾，皆由此关。"⑥到北宋时代李昉等《太平御览》卷一百七十二"岭南道·容州"："《十道志》曰：鬼门关在北流县南三十里。两石相对，状若关形。阔三十余步。昔马援讨林邑经此，立碑，石碣尚存。

---

① 《旧唐书》卷八"玄宗上"，第3504页。
② 黎崱：《安南志略》卷十，中华书局2000年6月第1版，第262页。
③ 《容县志》卷二十四，第956-957页。
④ 傅璇琮等：《李德裕年谱》，中华书局2013年1月第1版，第517页。
⑤ 傅璇琮等：《李德裕文集校笺》下，中华书局2018年3月第1版，第896页。
⑥ 《通典》卷一百八十四，第4941页。

昔时趋交趾，皆由此关。已南犹多瘴疠，去者罕得生还，故谚曰：'鬼门关，十人去，九不还'。《郡国志》曰：'斯地瘴气，春为青草瘴，秋为黄茅瘴。有瘴江水'"。①《旧唐书》地理志也是沿用其说。可见鬼门关之凶险在唐宋时代还是广为人知，视为畏途的。

不仅如此，一直到北宋贬海南、雷州的苏东坡、苏辙兄弟仍然是经过藤州南下的。当时是苏辙先到藤州，而从惠州赴贬所儋州的苏东坡尚在梧州，他从梧州追及苏辙，在藤州相会。苏东坡有《吾谪海南，子由雷州，被命即行，了不相知，至梧，乃闻其尚在藤也，旦夕当追及，作此诗示之》。还有《和陶止酒》诗，在引中说："丁丑岁，余谪海南，子由亦贬雷州。五月十一日，相遇于藤，同行至雷。六月十一日，相别，渡海。"② 可见，二苏相见，并非预约。换句话说，他们二人是不约而同选择了这条路线。其原因自然是由于这条路线，是一条人们惯常所经的路线。王象之《舆地纪胜》"藤州"："东坡自惠州再谪昌化（即儋州），子由亦贬雷州，相遇于藤，同途至雷。"③ 苏东坡兄弟被贬海南和雷州，是宋徽宗绍圣四年（1097），此后，苏东坡遇赦而还，经廉州（合浦）、容州再至藤州，入浔江、西江，经水路至广州、韶州，越过大庾岭而去。在藤州也与藤州守徐元用和邵道士欢聚，留下诗作《徐元用使君与其子端、常邀仆与小儿过同游东山浮金堂，戏作此诗》和《藤州江上夜起对月，赠邵道士》二首。④ 可见苏轼贬海南，是到了北流、容州等地，再经雷州到徐闻过海；而被贬或流放驩州者，则出北流陆行过鬼门关后沿南流江而下到廉州（合浦）再至钦州，过海或陆行而到交趾的。

（二）从广州到交趾惯常的路线选择

唐宋以前到交趾，出广州沿西江达梧州，入浔江西行到藤州，再溯北流江达容州，出北流、过鬼门关再入南流江到钦州，沿海而行到交趾各地，

---

① 《太平御览》，第2册，上海古籍出版社2008年4月第1版，第667页。
② 《苏轼诗集》第7册，卷四十一，中华书局1982年2月第1版，第2243、2245页。
③ 王象之：《舆地纪胜》第四册"藤州"，中华书局1992年10月第1版，第3311页。
④ 《苏轼诗集》第7册，卷四十一，第2386-2387页。

水陆兼程是唐宋人惯常的路线选择。

至少一直到两宋，藤州仍然是从广州、桂州到安南诸州的主要通道上的一个重要枢纽。其原因是自秦设岭南三郡，汉置岭南九郡以来，自交趾郡所龙编（今广东东兴）而北上，经钦州、廉州而至容州、藤州、梧州，至此沿西江东行至广州，再北上越大庾岭至东都；或由梧州溯漓江而至桂林，再沿湘江北去至长安，容州、藤州都是必经之处，是东西两路的一个十分重要的连接点①。由此可见，沈佺期被流放驩州的行程，既然是经过郴州，必然越过骑田岭到韶州，沿北江而下必然先到广州。宋之问有《至端州驿见杜五审言沈三佺期阎五朝隐王二无竞题壁慨然成咏》诗②，诗题可以确证在宋之问之前，杜审言、沈佺期、阎朝隐、王无竞等即已经过端州（今广东肇庆）前赴流放地了，他们还都在端州驿的墙壁上留下了题诗。其所排列的题诗顺序，也体现了他们到达端州的时间。由此可以确定，流放峰州的杜审言和流放驩州的沈佺期，既然是经过了端州驿，那也必然会从端州沿西江西上，经过藤州，然后沿北流江上溯至容州，到北流，再出鬼门关经南流江、合浦江至合浦，再到驩州的。

《学术研究》1987年1期发表陈伟明《唐五代岭南交通路线考》一文，其"南路交通"部分指出："南路交通是指往岭南沿海及海南岛的交通线。以雷州半岛为界，可划分为三条主要干线：雷州半岛以东到珠江口，以广州至新州（今广东新兴）为主线；雷州半岛以西则以容州（广西容县西南）至廉州（广西合浦东北）为主线；安南沿海则以安南至驩州（越南荣市）为主线。"他具体讲到容州线："由容州南下，必须首先通过鬼门关。相传汉伏波将军马援讨林邑蛮即由此而往……可见此关乃容州线必经之路。通过此关，东南可经辨州（广东化州）、罗州（广东连江北）而达雷州。李德裕南贬海南，当去此路。西南则可经南流江至廉州。"陈伟明先生所讲路线是准确的。沈佺期在《初达驩州》诗中说到这段行程时就是"水行儋耳国，陆行雕题数"，可见那时这段行程就是水陆兼行的。但如果将陈伟明所述的路线来考沈佺期流放的大致行程，可谓若合符节。

---

① 参考周去非《岭外代答》卷一"百越故地"，中华书局1999年9月第1版，第1、24页。
② 见陶敏、易淑琼《沈佺期宋之问诗集校注》下册，第433页。

（三）这条路线是东汉以来海上丝路到中原各地的主要驿路

还有一个问题需要弄明白。就是杜佑《通典》卷一百八十四"容州"条所讲的以鬼门关为节点的这条道路的性质问题。"汉伏波将军讨林邑蛮，路由于此，立碑，石龟尚在。昔时往交趾，皆由此关。"[1] 到北宋时代李昉等《太平御览》卷一百七十二"岭南道·容州"条也有类似记载。陈伟明也说这就是岭南交通路线中自广州等地通交趾等安南地方的路线。臧嵘《中国古代驿站与邮传》谈到隋唐邮传盛况时说："那时，交通线路畅通全国各地。著名散文家柳宗元在《馆驿使壁记》中记载，唐时以首都长安为中心，有七条重要的放射状的驿道，通往全国各地。"[2] 其中就有通向岭南的驿道。柳宗元所说的自长安通向岭南的驿道，自然应该包含通向交趾各地的驿道。但是这条路线的性质是什么，则未言明。

从以上的材料来看，可以肯定的是，这条道路曾经是后汉马援征林邑时的通道，在鬼门关还立有石碑，这没有疑问。《后汉书》"南蛮传"亦言，征侧征贰反，"光武乃诏长沙、合浦、交趾具车船，修道桥，通障溪，储粮谷。十八年遣伏波将军马援、楼船将军段志发长沙、桂阳、零陵、苍梧兵万余人讨之。"[3]《后汉书》"马援传"："交趾女子征侧及女弟征贰反，攻没其郡。九真、日南、合浦蛮夷皆应之，寇略岭外六十余城。侧自立为王。于是玺书拜援伏波将军，以扶乐侯刘隆为副，督楼船将军段志等南击交趾。军至合浦而志病卒，诏援并将其兵。遂缘海而进，随山刊道千余里"[4]。由以上记载可以确认，马援大军征讨征侧等之前，已经开始"具车船，修道桥，通障溪，储粮谷"，为几路大军行进开辟了进军通道，其性质是一条因军事需要而建的道路。而从苍梧、零陵、桂阳所发之军伍，必经北流江南下，水陆并进南击征侧。而到合浦之后，则沿海而进，深入交趾境内后，还"随山刊道千余里"。马援大军所开的路线，在军事行动之后，自然也就

---

[1] 《通典》卷一百八十四，第4941页。
[2] 臧嵘：《中国古代驿站与邮传》，中国国际广播出版社2009年11月第1版，第77-78页。
[3] 《后汉书》卷八十六"南蛮传"，第1049-1050页。
[4] 《后汉书》卷二十四，第879页。

成为南北交通的要道了。

再考《容州志》:"(宋孝宗)淳熙元年,南交入贡,由钦州路以归。"《钦州志》引《文献通考》:"隆兴二年,安南遣使尹子思等入贡,九年复遣入贡。淳熙元年引见安南进奉副使。押伴安南进差梁衍言:'安南入贡所经州县,差夫数多。自静江水路以至容州,又自北流,遵陆一百二十里至郁林,自郁林州水路可至廉州。虽有回脚盐船、运盐牛车可雇,自廉航海一日之程即交趾。则从静江而南二千余里,可不役一夫而办。'诏逐路帅臣详其(脱二字)。既而尹子思等以为涉夏水溢,乞依例由钦州以归。"① 从梁衍对安南入贡路线的描述可以看出,交趾贡使原来经过的路线多为陆路,沿途所用的民夫数量巨大,增加了地方的负担,所以推荐一条经水路,减少民夫的路线。那就是自静江(今桂林)水路,经容州、北流,再到郁林(今玉林),由郁林到廉州,跨海而到交趾,实际上就是我们今天所说的"江海联运",可以节约不少民夫和资金。又据《钦州志》载明代廉州知府朱勤诗《天涯驿路》:"天涯有驿枕遐方,南望交州去路长。地接殊方山不断,境连边塞草偏黄。来人络绎无虚日,行客充盈有裹粮。最喜华夷归一统,共霑圣化乐虞唐。"可见这条驿路人来人往的兴旺景象。还有廉州知府饶秉鉴诗:"天涯南去即交州,驿路迢迢阻且修。落日殊方来贡使,春风千里快骅骝。山深迥与人烟隔,地僻从教草树幽。却忆杨朱今不见,多歧谁为道途忧?"② 两位知府诗中所含意蕴不同,但是都明确指出从钦州确实有一条直通交州的驿路,而且贡使或行客络绎不绝,当然他们所描绘的都是陆路驿道的景象。

查《廉州府志》卷十四"入交三道":"一由广东。自马伏波以来,水军皆由之。自钦州南大海扬帆,一日至西南岸,即交州潮阳镇也。又云自廉州发舟师进都斋,一由广西,至宋始开广西路。亦分为三。"就是"自凭祥州入""自思明府入""自龙州入"这三条通道。明崇祯《廉州志》还说这三条道路:"皆不循伏波故道",其原因是"彼用夹攻之策故也"。可见所谓"伏波故道",即指自静江(桂林)沿漓江而下,至梧州,转而入浔江到

---

① 《钦州志》卷九"历年志",明天一阁藏本,上海古籍出版社1961年12月版。
② 《钦州志》卷九"拾遗志",明天一阁藏本。

藤州，由藤州溯北流江到容州，再由容州到北流县，过鬼门关，入南流江到廉州（合浦）、钦州，再沿海西行到交趾的出兵路线。《廉州府志》"西南海道"条又记自廉州直达交州的海路及到交州后往地的各条路线，十分清晰。但是知道此路的时间是明代的"嘉靖中"，由知府饶岳访得。该条又记"盖自钦州天涯驿经猫尾港七站至，若由万宁抵交趾，陆行止二百九十一里。"① 这段文字包含若干信息。一是在宋以前，由广东至交州的道路只有一条"伏波故道"，宋以后才有由广西入交州的三条道路，这些道路都是因军事上的"夹攻之策"而开。二是自广东去交州，一般都会经廉州，也就是今天的合浦到钦州，再选择海道或者海陆兼行。三是记录了各条道路进入交州的行程。这里所说的"伏波故道"，就是中原进入交州的路线。由中原经湘江入静江（今桂林），沿漓江自梧州，再转入浔江西溯至藤州，沿北流江南下至容州，再沿南流江到合浦、钦州，经钦州至交州的道路，即是所谓"伏波故道"的完整路线。当然，如从广州沿西江西上，至梧州，也就与自桂林南下的路线汇合了。这也是唐时由东都到岭南、交州的大道。

王培南主编的《一带一路广东通览》较为系统地梳理汉代岭南道路修造情况说，"马援南下交趾就是经鬼门关道而达合浦""虽多瘴疠，仍是以广信南下交趾最便捷和常使用的道路。而从合浦陆海向南，可直达交趾、九真、日南三郡。《汉书》地理志所载从徐闻、合浦、日南障塞南下东南亚和南亚，合浦应与交趾有海上往来"。该书还估计，马援征征侧，"遂缘海而进""应是从陆上沿海而达的"②。这个说法基本正确，但忽略了马援所经路线，其实还是水陆兼行，宜海则海，宜江则江，宜陆则陆，并非全部沿海岸而行。

应该指出的是，这条通道可能还不仅仅发端于汉代。按照韩毓海先生在《五百年来谁著史——1500年以来的中国与世界》书中所说："中国对于岭南及南洋的经营，却于战国时代就已经发端，屈原《离骚》'朝发轫于苍梧兮'所言之'苍梧'，即今广西梧州。"他说，汉代的"交趾、九真二郡，

---

① 崇祯《廉州志》卷十四，见书目文献出版社1992年10月第1版，日本藏中国罕见地方志丛刊本。
② 王培南主编《一带一路广东通览》，广东经济出版社2016年12月第1版，第38页。

设于印度支那。而日南一郡，则设于今越南之顺化，故顺化作为历来中国下南洋的重要补给基地，为历代所高度重视"。他又指出，汉元帝时，"南方七郡复合并称交州，交州刺史最初驻跸于嬴偻，也就是现在的河内。南洋的物产主要就是通过交州输入中国的，中国的产品也主要是通过这条道路流向海外的"①。韩先生和王培南先生关注的是商业和人员往来的通道，如此看来，马援南征修路，也应该是在战国以来就有的道路上开拓扩展了，此后也应该是日南、九真、交趾向中原王朝的贡路和驿路。

据360百科"北流河"条介绍：北流河素有"南方水上丝绸之路"之称。早在秦朝统一中国后，为推进对岭南的统治和拓展秦王朝的疆界，秦始皇派兵凿通灵渠，沟通了长江水系与珠江水系，又凿通鬼门关，使北流河与南流江相通。"这条南方水上丝绸之路便从京都（今西安）沿黄河经漕运溯长江入洞庭进湘水，越灵渠，通过漓江到梧州西江口，再从梧州溯浔江到藤州入绣江（北流河）达玉林，过南流江到北海再通南洋。汉以后，大批的黄金、茶叶、丝绸和瓷器等便是沿着这条水路抵达《汉书》中记载的合浦港，再经海道至东南亚、西亚及更遥远的国度。宋代因辽、金割据，陆上丝路中断，中国的贸易和文化交流除了通过广州、泉州、宁波等港口外，很大部分沿北流河走合浦港这条路线。《永乐大典》第二千三百四十三卷的《藤城记》中，曾这样记载，'广右之地，西接八番，南连交趾，惟藤最为冲要。'可见古藤州在当时作为交通枢纽的重要，也足以证明作为岭南水道要塞，北流河在南北交往和中国通向海外中所担当的重要角色。"同时，历朝的商贾、官员、军旅、流寓的雅士、云游的高僧、赶考的士子……这些人出入北流河，或休整，或留宿，或娱乐消遣，共同渲染着这条河的商业浓度和文化浓度。

"由于这条水上丝绸之路的重要，官府还在北流河沿岸专门设有驿站，如金鸡驿、双竞驿、道家驿等，驿站还派出团兵到河里巡守护航，在险要处设置关卡，以保障官船、商旅的安全。而这些驿站后来也发展成了商业重镇，人文荟萃，货物奇居，一派繁荣……据《北流县志》记载……直至

---

① 韩毓海：《五百年来谁著史——1500年以来的中国与世界》，中信出版社2018年7月第1版，第114页。

20世纪五六十年代，绣江航运还占据着重要地位，当时玉林城区、博白、陆川等县市的矿石、陶瓷、纸、粮食等大部分货物都是先运到北流，通过绣江运到梧州，再运往广东等全国各地的，年运量达50多万吨。"

又据360百科"南流江"条，"南流江位于广西壮族自治区东南部，是广西独流入海第一大河，发源于玉林（郁林）市北流市大容山南侧，自北向南流，故名南流江。古称'合浦水'或廉江。流经北流市、玉林市玉州区、玉林市福绵区、博白县、钦州市浦北县、北海市合浦县6县（市）区，于合浦县注入北部湾的廉州湾，河长287公里，流域面积8635平方公里。是广西南部独自流入大海的河流中，流程最长、流域面积最广、水量最丰富的河流。南流江河口，古称三汊港，在汉代即为中国与东南亚交通贸易的重要口岸。随着北海港的兴起及南流江河道淤浅，作用已减弱，但在地方水运业中仍有重要地位"。

由此可见，沈佺期流放驩州，之所以沿西江西上，经梧州而至藤州，再由藤州北流河而上到容州，出容州后再沿南流江舟行南下廉州（合浦），原因就是自汉代以来一直到唐宋时代，这条路线都是中原经岭南而达交趾、九真、日南等处的传统交流往来贡路、驿路和物资交流大通道，道路通畅，安全相对有保障，这条路线也就是今天我们所说的南方丝绸之路的一部分了，这是无可怀疑的。由此也可见出，陈洪彝所谓"由广州分途，由西江而上，去往广西各州；陆路向西南方，沿海而行，通往安南交趾各州"的说法并不完全准确，或者说，是比较粗疏的。因为自广州出发去交趾等处，并不仅仅只能"沿海而行"，还有一条经西江到梧州、藤州，沿北流江南下到北流、容州，再经南流江到廉州（合浦）的大路，而且是到交州一带最为重要、最为常行的路线。

当然，这也绝不仅仅是陈洪彝先生的疏失，我国学者一直对这条道路缺乏深入、具体的研究。如冯承钧先生《中国南洋交通史》也仅注意海路，对于这段道路未有述及。[1] 著名历史学家吕思勉在他的《中国地理大势》中就只注意从广西龙州入镇南关进入安南（越南）这条路线。[2]；郭沫若主编

---

[1] 冯承钧：《中国南洋交通史》，商务印书馆2011年11月第1版。
[2] 吕思勉：《吕著史地通俗读物四种》，上海古籍出版社2010年3月第1版，第164－165页。

的《中国史稿地图集》下所绘制的《唐代中外交通》图所标示的就只有起于明州经泉州、过广州，沿海西行，经雷州半岛，沿海南岛东侧海行直达环王国（古林邑）而至中南半岛及南海诸国的海道；而陆路由广州达交趾的路线则付诸阙如。① 武斌《中华文化海外传播史》亦仅注意当时的海路。② 近年出版的王娇娥主编的《简明中国交通历史地图集》中，在"汉代对外交通"图中只反映长安通西域的路线，应该说是有所疏失的；在"唐朝主要道路"图中标出了自梧州（所标路线起点在梧州西，未标出藤州之名）至廉州（合浦）的陆路，但忽略了这段行程水陆兼行，且水路为主的特点。在"唐代对外交通"图中由广州至交趾和由交趾至驩州路线则阙如，也是不太妥当的。③，这种情况，一直到近年来才有所改变。

由此看来，弄清楚这段路程的具体走向和节点，对于深化、细化对于古代我国通向中南半岛诸国的交通路线，还是很有意义的。置于今天我们高度重视海上丝绸之路的研究的背景下，意义则更加明显。

（四）唐宋去交趾或海南不取广州入海、沿海而行原因初探

还需要进一步明确一个问题，即是唐代沈佺期、宋代苏东坡等人既是从广州出发到交趾或者海南，为何不从广州出海，沿海路扬帆入交趾，或者是从广州沿陆路西行经雷州、徐闻到海南呢？

其实，自广州去交趾或海南，如按照现在的道路交通情况，自可从广州入海，扬帆而去，或者是经陆路到达雷州、徐闻过海而达海南各地。但是我们不能以今例古。沈佺期等唐朝诗人流放或贬谪交趾等地，那时陆上交通的安稳便捷和治安情况非今日相比。海路则更具风险，面对南海那不可预测的惊涛骇浪，如无远洋航行的巨舟大舶，是无人敢于冒险的。查南宋地理学家周去非《岭外代答》卷一"三合流"条："海南四郡之西南，其大海曰'交趾洋'。中有三合流，波头喷涌而分流为三：其一南流，通道于

---

① 郭沫若：《中国史稿地图集》下，中国地图出版社 1990 年 12 月第 1 版，第 15 页。
② 武斌：《中华文化海外传播史》第一卷，陕西人民出版社 1998 年 9 月第 1 版，第 234－235 页。
③ 王娇娥主编《简明中国交通历史地图集》，星球地图出版社 2018 年 12 月第 1 版，第 22－23、40 页。

诸藩国之海也。其一北流,广东、福建、江浙之海也。其一东流,入于无际,所谓东大洋海也。南舶往来,必冲三流之中,得风一息,可济。苟入险无风,舟不可出,必瓦解于三流之中。"又"象鼻砂"条:"钦廉海中有砂碛,长数百里,在钦境乌雷庙前,直入大海,形若象鼻,故以得名。是砂也,隐在波中,深不数尺,海舶遇之辄碎。去岸数里,其碛乃阔数丈,以通风帆。不然,钦殆不得而水运矣。尝闻之舶商曰:'自广州而东,其海易行;自广州而西,其海难行;自钦廉而西,则尤为难行。'盖福建、两浙滨海多港,忽遇恶风,则急投近港。若广西海岸皆砂土,无多港澳,暴风卒起,无所逃匿。至于钦廉之西南,海多巨石,尤为难行,观钦之象鼻,其端倪已见矣。"① 由此可见,由广州入海西行,风险绝不可控制,一般人是绝对不会选择此路的。又,唐时被流放者,是按照刑部规定的程限和路线而行的,由不得被流放者个人选择路线,同时流放者还要接受所经各州府的监管。因此,刑部在确定沈佺期等的流放路线与行程时,也必然会考虑道路风险对于被流放者的影响。这些情况决定了沈佺期等唐代流人只能走从广州、端州入西江至梧州、藤州,再沿北流江到容州,沿南流江而下之廉州,再经钦州到达交趾这条路线。

至于苏东坡到海南也经这条路线到北流,再到雷州、徐闻,自然也与这些情况紧密相关。周去非《岭外代答》卷五"广右漕计"条:"今日广右漕计,在盐而已。盐场滨海,以舟运于廉州石康仓。客贩西盐者,自廉州陆运至郁林州,而后可以舟运。……自改行官卖,运使姚孝资颐仲,实当是任。乃置十万仓于郁林州,官以牛车自廉州石康仓运盐贮之,庶一水可散于诸州。"② 可见,自郁林州至廉州有一条可通牛车的盐路。同时也连通水路,水陆兼行,自然安全、便捷、舒适得多。这也可能就是苏东坡兄弟从广州、端州经西江而至梧州、藤州,再沿北流江到北流、郁林州,到雷州、徐闻过海的原因了。需要说明的是,本来苏东坡到他的贬所儋州,应该出鬼门关后沿南流江而至廉州,再由廉州去徐闻过海的,他的归程就是如此行动的,但因苏东坡还有送苏辙到其贬所雷州的考虑,这样兄弟两人

---

① 周去非:《岭外代答》卷一"地理门",第 36 - 37 页。
② 均见周去非《岭外代答》卷五,第 179 页。

同行相处的时间会长一些。这也是苏东坡选择经雷州到徐闻，再过海去儋州的原因。

三 沈佺期流放驩州去程路线考析——兼及《唐律》流放制度的规定

从沈佺期留下来的诗文和谭优学、陶敏、易淑琼的研究看，神龙元年（705）沈佺期被流放驩州所经行的路线，从郴州到驩州这一段行程大致明确。但其所经郴州以北的路线，因为这段行程中未见沈佺期留下的诗文，亦无史料记载，谭优学、陶敏、易淑琼等也未明确。还有沈佺期从广州出发更为具体的行程，也需要进一步研究。陶敏等据沈佺期诗所标示的诗题说："佺期南行经郴州（今属湖南）、容州北流（今属广西）、陆州安海（今广西东兴）、交州龙编（今越南河内东北）、爱州九真山（今越南清化北）至驩州。"① 那么，沈佺期南下从东都洛阳至郴州这段行程是如何的呢？对此，可以根据今人的研究和当时官员赴任或者流贬所经过的路线，探知较为具体的行程。

（一）沈佺期流放岭南首程乃从洛阳沿湘江而下越岭而至广州

根据今人陈洪彝的研究，在唐朝，一般的情况下，自当时两京南下去岭南交通路线较为明确。从东都洛阳至岭南诸州、县的道路，则是从东都洛阳至汴州（今开封）后，"从汴州向光州、黄州一线，经江州（九江）、洪州（南昌）虔州（赣州）向南，跨越大庾岭可通往韶州与广州"②。由广州至安南的路线，已具上文，不赘。

沈佺期等珠英学士十八人在张柬之等发动神龙政变后，于神龙元年（705）二月由洛阳流放或贬谪岭南。一般说来，沈佺期被流放岭南所经过的路线，在正常情况下，应该是从洛阳出发，经过那时官人商旅南下岭南所经过的汴州、黄州入长江，再至鄱阳湖至江州、洪州、虔州，入赣江，

---

① 《沈佺期宋之问集校注》下册，第796页。
② 陈洪彝：《中华交通史话》，第263、265页。

翻越大庾岭，沿浈江水路达韶州，再入北江到达广州，然后分赴岭南各地。在沈佺期之前，由长安被流放到钦州，后被召回的张说也是经过此路线回到东都洛阳的。张说有诗记录这段行程。张说的《喜度岭》[①]一诗说"泂沿炎海畔，登降闽山陬"，"闽山陬"指的必是大庾岭无疑。在五岭中，只有大庾岭居于粤闽之间，所以称"闽山"。诗题是《喜度岭》，之所以说"喜"，是因为越过大庾岭，也就是离开了岭南之地，距离洛阳也更近了的缘故。可证这首诗是神龙元年张说自钦州召回朝廷时所作。与沈佺期同时被贬的宋之问也是经这一路线的，宋之问被贬为泷州（今广东罗定）参军，有《途中寒食题黄梅临江驿寄崔融》《自洪府舟行直书其事》《题大庾岭北驿》《度大庾岭》《早发大庾岭》《早发始兴江口至虚氏村作》[②]等诗记录南贬这一段行程，可以证实宋之问神龙元年之贬确实是越过大庾岭而至泷州的。由此可证，谭优学先生《宋之问行年考》中确定宋之问此次南贬泷州是"经湖湘"而至泷州，经大庾岭是第二次南贬钦州所做的判断是错误的。[③]应该根据陶敏、易淑琼《沈佺期宋之问集校注》中确定的宋之问首贬泷州是经大庾岭南下的；睿宗景云元年（710）六月再次南贬钦州则是"于秋日溯长江至江陵，复溯湘江赴岭南"。[④]

但是，沈佺期南下所经路线却与宋之问等人所经路线不同。他有《神龙初废逐南荒途出郴口北望苏耽山》[⑤]一诗，表明他自洛阳流放岭南是经过郴州的，经过郴州南下，沈佺期在郴口（郴江与耒水汇合处）回望苏耽山，引发感慨。诗中说："少曾读仙史，知有苏耽君。流放来南国，依然会昔闻。泊舟问耆老，遥指孤山云。孤山郴郡北，不与众山群。"诗中提到苏耽、郴州，苏耽是"仙史"也就是《神仙传》等书中的人物，其家乡正是郴州。而郴州也正是沈佺期自洛阳经长江，入洞庭湖到长沙、到岭南的必经之地。按：沈佺期终其一生，只这一次南贬岭南。由此可以判断，沈佺

---

① 张说：《喜度岭》，见《张说诗文集校注》，第371页。
② 宋之问诸诗，均见陶敏、易淑琼《沈佺期宋之问集校注》下册。
③ 谭优学：《宋之问行年考》，见《唐诗人行年考续编》，第13页。
④ 陶敏、易淑琼：《沈佺期宋之问简谱》，见《沈佺期宋之问集校注》下册，第806页。
⑤ 沈佺期：《神龙初废逐南荒途出郴口北望苏耽山》，见《沈佺期宋之问集校注》上册，第83页。

期被流放,此前的行程是由洛阳到襄州、到荆州、武陵,经洞庭湖至潭州,再入湘江,溯湘江南上,到衡州,再到郴州,入武江到乐昌,再至韶州,下北江到达广州,再由广州去驩州的。

本来经长沙沿湘江南下至郴州再过岭,经韶州到广州这条路线,一般是由长安出发至岭南的惯常路线。而沈佺期等被贬、被流放的"十八子"是在神龙元年(705)正月张柬之等发动政变后由洛阳启程的。本应该是从东都洛阳至汴州(今开封)后,"从汴州向光州、黄州一线,经江州(九江)、洪州(南昌)虔州(赣州)向南,跨越大庾岭可通往韶州与广州"。研究现在还可以见到的当时被贬、被流放的人的诗歌,发现不少人确实是这样的行程,但是沈佺期却不同。这里的原因是不是防止被贬者、被流放者同行的缘故?因无资料,不能妄断。宋之问有一首《至端州驿见杜五审言沈三佺期阎五朝隐王二无竞题壁慨然成咏》说:"逐臣北地丞严谴,谓到南中每相见。岂意南中歧路多,千山万水分乡县。云摇雨散各翻飞,海阔天长音信稀。"① 说是原以为他们这些被流放被贬谪的失意者、朝堂上的朋友们到了南中还可以时常相见,岂知由于流放或贬谪的地域不同而各自翻飞,难通音信。即是由于被贬的"乡县"不同而不能常相见,不能互通音问,但其实可能还有制度的原因才"各翻飞",即是贬谪或流放之人是不能离开贬谪地或流放地的,也不容许同行赴贬谪或流放地。因此,以为能"常相见"也只是一种不切实际的想法罢了。

(二)唐时被流放官员的行程、路线以及随行家眷有着严格的法律规定,并配有押送人员交替押送

按照《唐律》的规定,被贬谪或被流放的官员,是有严格的程限规定的。也就是何时出发,何时到达流放地,每日行程多少,都是有明确规定的。按照《唐律疏议》卷三"名例"所载:"诸流配人在道会赦,计行程过限者,不得以赦原(谓从上道日总计,行程有违者)。疏议曰:'行程,依令,马日七十里,驴及步人五十里,车三十里。其水程,江河,余水沿沂,

---

① 宋之问:《至端州驿见杜五审言沈三佺期阊五朝隐王二无竞题壁慨然成咏》,《沈佺期宋之问集校注》下册,第433页。

程各不同。但车、马及步人同行迟速不等者，并从迟者为限。'注：'谓从上道日总计行程有违者'。疏议曰：'假有配流二千里，准步程合四十日。若未满四十日会赦，不问已行远近，并从赦原。从上道日总计，行程有违者，即不在赦限'。有故者，不用此律。疏议曰：'故，谓病患、死亡及请粮之类。准令：临时应给假者，及前有阻难不可得行，听除假，故不入程限。故云不用此律'。"如果违反程限，即使遇到赦令，也不在赦免之列。又规定"若程内至配所者，亦从赦原"①。也就是如果在程限内到达流放地的，也予赦原。这些规定，可能是考虑被流放者对于朝廷政令的态度问题。可见对流放者的程限是严格的。但是从实际启程之日计算的，且途中如果遇到重大客观原因阻断行程，则可按照实际情况在总程限内扣除。

被流放人员赴流放地的每日行程，陆行是每日五十里。《唐律疏议》未说水行等其他行程的每日行程具体要求。但是《唐六典》卷三"尚书户部"有记载："水行之程：舟之重者，沂河日三十里，江四十里，余水四十五里；空舟沂河四十里，江五十里，余水六十里。沿流之舟则轻重同制，河日一百五十里，江一百里，余水七十里。转运、征敛、送纳，皆准程而节其迟速。"又有注释说："其三峡、砥柱之类，不拘此限。若遇风、水浅不得行者，即于随近官司申牒验记，听折半功。"②核对《唐律疏议》所记流人赴流放地的行程要求，都与《唐六典》的规定相合，可见水程亦应相同。严格按照程限要求赴流放地，也可以从宋之问《自洪府舟行直书其事》诗"严程无休隙，日夜涉风水"③中得到验证。可见，对于被流放者而言，遵守程限是很重要的，何况还有所谓"引领人"的押送呢！

程限的计算由启程出发当日算起，并非是由宣布流放之时计起。但是在宣布被贬或被流放后，允许有三数日准备的时间。据《通典》卷一百七十"武太后长寿三年五月敕：'贬降官并令于朝堂谢之，仍容三五日装束。至任日，不得别摄余州县官，亦不得通计前后劳考。'"贬降官尚得三五日装束之期，流配官员因作为罪犯处置，要携带家口随行，自然准备的时间

---

① 《唐律疏议》卷三，第 52–53 页。
② 《唐六典》卷三，第 80 页。
③ 宋之问：《自洪府舟行直书其事》，《沈佺期宋之问集校注》下册，第 428 页。

应该长一些。这也就是到了"开元十年六月"间,唐玄宗就明确规定:"自今以后,准格敕应合决杖人,若有便流移左贬之色,杖讫,许一月内将息,然后发遣。其缘恶逆、指斥乘舆者,临时发遣。"① 其实,被流移左贬之人,既受杖刑,立即发遣太过残忍,总得要受刑者可以行动了再发遣上路吧。因此在实际执行上,应该是比被贬的官员准备启程的时间要长一些。当然没有材料直接证明沈佺期被流放前曾受过杖刑,同时,沈佺期被流放时间在唐中宗刚刚复位,距唐玄宗开元年间还有一段时间。按照《新唐书》卷一一八"张廷珪传"记:开元二年,"监察御史蒋挺坐法,诏决杖朝堂,廷珪执奏:'御史有谴,当杀杀之,不可辱也。'士大夫服其知体"②。《通典》也记"开元二年八月,监察御史蒋挺有所犯,敕朝堂杖之。黄门侍郎张廷珪执奏曰:'御史,宪司清望,耳目之官。有犯当流则流,不可决杖,可杀而不可辱也。'"开元十八年八月,"冀州武强县令裴景仙犯乞取,赃集五千匹,事发,上大怒,令集众杀之"。大理寺卿李朝隐论救,免去死刑,而"遂决一百,配流"③。可见,配流之人须受杖刑的规定确实是存在的,一直到开元二年才因张廷珪陈奏方有所改变。但在实际执行中还是有些区别的。由此可见,受杖刑后赴流放地点的启程时间自然也需要延后了。这也可能是到了唐玄宗开元年间,把这个长期以来形成的惯例法制化了,所以有了这道敕令。

这里有一个问题,沈佺期被流放,是孤身一人呢,还是带着家属呢?流放期间,还有其他处罚吗?弄清这几个问题,需要了解当时的法律制度。按照规定,官员流放,妻、子是要随行的。《唐六典》卷六"尚书刑部":"流移之人皆不得弃放妻妾及私遁还乡",注云:"若妻子在远,预为追唤,待至同发。配西州、伊州者,送凉府;江北人配岭南者,送桂、广府……其凉府等各差专使领送。所领送人皆有程限,不得稽留迟缓。"④ 这就是说,那时的犯罪被流放的官员,已经完全失去了官员的身份,这时的身份就是

---

① 《通典》卷一百七十,第 4414 页。
② 《新唐书》卷一百一十八,第 4564 页。
③ 《通典》卷一百六十九,第 4383 - 4384 页。
④ 《唐六典》卷六,第 190 页。

被流放的罪人。不仅自己被流放，家人也要一同流放。流放途中，还有人"领送"，这和官员被贬是完全不同的。

《唐律疏议》卷三"犯流应配"条规定得更为具体："诸犯流应配者，三流俱役一年（本条称加役流者，流三千里，役三年。役满及会赦免役者，即于配处从户口例。）疏议曰：'犯流，若非官当、收赎、老、疾之色，即是应配之人。三流远近虽别，俱役一年为例。加役流者，本法既重，与常流理别，配流三千里，俱役三年。'注：'役满及会赦免役者，即于配处从户口例'。疏议曰：'役满一年及三年，或未满会赦，即于配所从户口例，课、役同百姓。应选者须满六年，故令云，流人至配所，六载以后听仕。反逆缘坐流及因反逆免死配流，不在此例。即本犯不应流而特配流者，三载以后亦听仕。'妻妾从之。疏议曰：'妻妾见已成者，并合从夫。依令，犯流断定，不得弃放妻妾。'问曰：'妻有七出及义绝之状，合放以否？'答曰：'犯七出者，夫若不放，于夫无罪。若犯流听放，即假伪者多，依令不放，于理为允。犯义绝者，官遣离之，违法不离，合得徒罪。义绝者离之，七出者不放。'父祖、子孙欲随者，听之。疏议曰：曾、高以下及玄孙以上，欲随流人去者，听之。移乡人家口，亦准此。疏议曰：'移乡人妻妾随之，父祖、子孙欲随者听，不得弃放妻妾，皆准流人。故云亦准此。'若流移人身丧，家口虽经附籍，三年内愿还者，放还。疏议曰：'籍，谓三年一造，申送尚书省。流人若到配所，三年必经造籍，故云虽经附籍，三年内听还。既称愿还，即不愿还者听住。'"①

这段引文较长，内文有标疏议曰，有的未标，需要加以解释。未标"疏议曰"的引文，为唐永徽律之正文，是律文；标"疏议曰"者，乃高宗永徽三年命长孙无忌、李勣等所作的疏议，是对律文概念的阐述、适用范围的解释。到唐玄宗时又开始进行调整，到开元二十五年基本定型流传下来。② 所以沈佺期被流放所执行的是永徽律的规定。这条引文是说，流放者必须带上妻妾等家人一起流放，不得抛弃妻妾家人，也不得私自逃回故乡；如其父祖、子孙愿意跟随，则任便，也就是说父祖、子孙不强行一同流放。

---

① 《唐律疏议》卷三，第50-52页。
② 参见《唐律疏议》"前言"，见岳纯之点校《唐律疏议》，第1-5页。

法律中还有关于流人家口和随同流放的乡人的户籍处理问题的具体规定。

由以上材料可以确定，无论是谁，只要被判定流放，其妻妾是要随行的。可能是考虑被流放者本身需要家人照顾，而家人也需要有人养活吧。但是可能当时也出现了对于法律规定的变通解释，以致产生未能严格按照"妻妾随之"规定实施的情况。因此又规定"'犯七出者，夫若不放，于夫无罪。若犯流听放，即假伪者多，依令不放，于理为允。犯义绝者，官遣离之，违法不离，合得徒罪。义绝者离之，七出者不放。'"① 这条规定很明确，就是针对流放时，丈夫以"七出"名义将妻妾逐出家门，从而规避了随同流放的做法的，是关于堵塞法律漏洞的规定。这里说"若犯流听放，即假伪者多"，可见在现实中，被流放者以"七出"为由而出妻，使之免于一同被流放这种情况是大量出现过的。但是又规定"犯义绝者，官遣离之，违法不离，合得徒罪。义绝者离之，七出者不放"。这就是说，由个人私下以"七出"之名逐妻以规避流放，官方是不承认的，但是如果官方认定"义绝"，要求"离之"者，就可以将妻妾除名，从而免除随同流放之苦了。应注意，《唐律疏议》是唐高宗时期即已成型而且执行的，沈佺期流放在此之后，可以想见，沈佺期还是采取了一些办法使其妻韩氏免于流放，但是其妾则可能随行。②

在流放途中，被流放者的待遇一般也不会好。黄正建著《唐代衣食住行》说："贬官、流人也可住宿。但后者（指流人）属于押送性质，贬官住驿，所受的招待不好。"流人可能就更差了。当然也有特例。比如宰相被贬，因为身份特殊，还有复出希望，驿吏们指望被贬宰相复出后给予关照，因而设法给予好一些的待遇。③ 但一般情况下的待遇是绝对不会好的。属于流人身份的沈佺期自然也不会得到好的待遇，一路吃了不少苦头可以想见。

按照《唐律疏议》规定，流放者还要加役，所谓"役"，就是劳役。到了流放地之后，还需要服劳役。服劳役的年限，是流三千里者加役三年。流放期满，如无朝廷特恩，或者被流放的官员被赦免，与之随同流放的家

---

① 《唐律疏议》卷三，第 50-52 页。
② 见本书"沈佺期妻子子女情况考析"文。
③ 黄正建：《唐代衣食住行》，中华书局 2013 年 4 月第 1 版，第 271 页。

属一起编入当地户籍，与平民百姓无异。这里说的家属，主要是指妻、子，但又不仅是妻子。如果其父、祖愿意，也可以同被流放者一同赴流放地。但是，一般地说，对其父、祖并不强制随行而是自愿选择。结合沈佺期诗文考订，未见沈佺期有父、祖随同流放岭南之事。

犯罪者一旦被判流放，准备妥当后，即在押送人（领送人）的押送之下启程赴流放之地。被判流放岭南者，即押送至广府或者桂府，交当地官府继续派人押赴流放地。如此看来，沈佺期被流放驩州，必然是先由押送者（领送人）押至广府，即广州中都督府。因为"永徽后，以广、桂、容、邕、安南府，皆隶广府都督统摄，谓之五府节度使，名岭南五管"①。到广州中都督府后，再由广州中都督府派押送人员逐州更替押送到流放地驩州。

（三）沈佺期流放驩州，沿途须向所经各都督府报到，迭次监管押送至流放地

按照一般的情况，沈佺期自郴州翻越骑田岭后应该是到达韶州，再由韶州下北江到广州。当时广州是岭南道南海节度使驻地，也是一个中都督府所在地。被贬被流放的官员是必须到这里来报到的，可能还需要由"领送人"把被贬被流放者交到相关衙门，再由这个地方派人"领送"到下都督府，如此逐州发送，直达流放地。而在沈佺期那个时代，容州正是一个下都督府。《新唐书》地理志："容州普宁郡，下都督府。本铜州，武德四年以合浦郡之北流、普宁置。贞观八年更名。"② 由此可见，沈佺期到达广州都督府后，应该是经过端州（今广东肇庆），再经容州到安海、龙编而到达驩州。

关于经梧州一事，连波、查洪德《沈佺期年谱》说沈佺期在梧州有诗《梧州火山》。他们据《舆地纪胜·梧州》条载："身经火山热，颜入瘴乡

---

① "永徽后，以广、桂、容、邕、安南府，皆隶广府都督统摄，谓之五府节度使，名岭南五管"，以上文字，出于中华书局校点本《旧唐书》第五册，中华书局1975年5月第1版，第1712页；而上海古籍出版社、上海书店，《二十五史》影印本《旧唐书》文字与之有较大差异，但基本意思未变，见影印本第五册，第3886页。
② 《新唐书》卷四十三，第4249页。

消。"① 《舆地纪胜》是北宋中期王象之等人编纂的一部志书。按说其引录前人诗句应该可信，但却又不尽然。其实这首诗并非沈佺期所作，据诗意，当是宋之问"配徙钦州"经韶州时所作。宋之问这诗的诗题是《早发韶州》，全诗云："炎徼行应尽，回瞻乡路遥。珠厓天外郡，铜柱海南标。日夜清明少，春冬雾雨饶。身经火山热，颜入瘴江消。触影含沙怒，逢人女草摇。露浓看茵湿，风飕觉船飘。直御魖将魅，宁论鸥与鸦。虞翻思报国，许靖愿归朝。绿树秦京道，青云洛水桥。故园长在目，魂去不须招。"② 可见，连波、查洪德所引的来自《舆地胜览》"梧州"条的诗是搞错作者了。错误的产生，是源于《舆地纪胜》的作者王象之搞错了作者，南宋时成书的《方舆胜览》的编撰者祝穆和现代的连波、查洪德等未经详考，一仍其旧。按：宋之问这首诗并非写梧州，或者在梧州所作。但是宋之问确实是到过梧州的，他有《经梧州》诗，陶敏等注为玄宗先天元年宋之问被流放钦州时所作。③ 他还有《发藤州》诗，光绪《藤州志》也有收录，《方舆胜览》卷四十中也有收录。④ 他第二次南贬时自湘江而下，越过骑田岭到韶州，再经北江到广州，到端州，到梧州再到藤州，一路都有诗纪行，这在宋之问诗集中历历可考。⑤

沈佺期到梧州后沿浔江西行，应该是到藤州，沿北流河到容州州治所在地北流县。他有《入鬼门关》诗，可证他走的正是这一道路。鬼门关在容州州治北流县，出北流县治南行三十里即是"鬼门关"。北流现称北流市，是一个由广西壮族自治区玉林市代管的县级市。沈佺期《入鬼门关》一诗记其行程之艰险和内心的恐惧："昔传瘴江路，今到鬼门关。土地无人老，流移几客还？自从别京洛，颓鬓与衰颜。夕宿含沙里，晨行罔路间。马危千仞谷，舟险万重湾。问我投何地，西南尽百蛮。"⑥ 关于鬼门关的具体情况，前引杜佑《通典》卷一百八十四·"容州"已有描述。《旧唐书》

---

① 连波、查洪德：《沈佺期诗集校注》附录二，第 225 页。
② 宋之问：《早发韶州》，见《沈佺期宋之问集校注》下册，第 551 页。
③ 见《沈佺期宋之问集校注》下册，第 568–569 页。
④ 祝穆：《方舆胜览》卷四十，中册，中华书局 2003 年 6 月第 1 版，第 727 页。
⑤ 陶敏、易淑琼：《沈佺期宋之问集校注》下册。
⑥ 沈佺期：《入鬼门关》，见《沈佺期宋之问集校注》上册，第 87 页。

卷四十一说"其南尤多瘴疠，去者罕得生还，谚曰：'鬼门关，十人九不还。'"① 无论是传言中的"南尤多瘴疠"，还是民谚中的"鬼门关，十人九不还"，无疑都加重了沈佺期内心的恐惧和对于前途的绝望。

沈佺期离开北流，沿陆路入鬼门关后，有极大可能再至劳州的南流县，从这里入南流江至白州（今广西博白），至廉州（合浦），再至钦州，西行至属于安南都督府辖下的陆州安海县。沈佺期诗"夕宿含沙里，晨行冈路间。马危千仞谷，舟险万重湾"中所透露的信息就是水陆兼程。这是一段很长的行程，按照当时的路况，或有千余里之遥。

沈佺期有《寄北使并序》，是他长安三年（703）自考功员外授给事中时开始写作，但并未完成。诗序说："长安三年，自考工郎中拜给事中，非才旷任，意多惭沮。尚览文章，间有缘情之作。明年献春下狱，未及尽此辞，被放南荒，行至安海，五月二十四日遇北使因寄乡亲。"② 可以看出，这首诗仍然是"未尽"之词。之所以以此寄家人，是在偶遇北使，匆忙之中以此向家人致意：一切均好，人还活着。没有时间完篇，且流放途中的感怀，与诗中意境已完全不同，匆促之间要构成意境统一混成的篇章，是与心绪不合、难以完成的。他"五月二十四日"行至安海，路遇北使时，托这位北使带回交付乡亲。这里透露出来的信息是，神龙元年五月二十四日，沈佺期正好南行至安海这个地方。沈佺期神龙元年"仲春"二月被流放，到达安海时已经四个月了。按照陆行每日50里行程计算，所经行的路程应该近6000里。即使是选择水路行程较快，但考虑到沿途合理、合法的延误，也应该是这样的里程。

查《旧唐书》卷四十一"安南都督府"条下："陆州，隋宁越郡之玉山县。（唐）武德五年，置玉山州，领安海、海平二县。贞观二年，废玉州。上元二年，复置，改为陆州……至京师七千二十六里，至东都七千里。"③ 按照该志所载，安海属于陆州。据《旧唐书》地理四所记，陆州所辖仅三县，乌雷、华清、宁海。其中，乌雷乃陆州治所所在。西南至宁海二百四

---

① 《旧唐书》卷四十一，第3690页。
② 沈佺期：《寄北使并序》，见《沈佺期宋之问集校注》上册，第88页。
③ 《旧唐书》卷四十一，第3691页。

十里。宁海即旧安海县。《旧唐书》"宁海"条下云："旧安海县。至德二年，改为宁海县也。"① 至德是唐肃宗年号。《旧唐书》成于五代时期，所记县名并非沈佺期所处的唐中宗时代的县名安海，而是宁海，但是记宁海县原名安海。因此，安海就是沈佺期流放时的县名。据有关材料，唐时的安海亦即宁海县，在今广西壮族自治区防城港市东兴市境。应该注意的是安海所属，是安南都督府十州之一。到安海境之后，沈佺期的流放行程就在安南都护府（今越南河内附近）的辖区之内了。

（四）沈佺期过安海，入龙编至交趾，再至驩州

沈佺期在安海路遇北使，然后渡过安海再至安南都护府所在的龙编县（今越南河内）。至龙编的这段行程估计是沿海航行一段到达武安州海门镇（今越南海防）后，再沿溪溯流而至龙编。《旧唐书》地理四记："西至爱州界小黄江口水路四百一十六里，西南至长州界文阳县靖江镇一百五十里，西北至峰州嘉宁县论江口水路一百五十里。东至朱鸢县界小黄江口水路五百里，北至朱鸢州阿劳江口水路五百四十九里，北至武平县界武定江二百五十二里，东北至交趾县界福生，去十里也。"② 《旧唐书》地理志所载各州府相距里程，是以驿路的行程为依据的。可见在安海至龙编路程中，只有水驿，而无陆驿，或者陆驿悠远难行，不及海路为便。所以来往行人如无重大原因，一般都是沿水驿（海路）而行。这有沈佺期《度安海入龙编》诗为证。诗题用"度"字，可见应该就是渡海，即泛舟沿海岸而行。沈佺期诗中有"北斗崇山挂，南风涨海牵"句，正是泛舟早行或夜行所见的景象。

当然，诗人们在翻越崇山峻岭驿路是也有用"度"字的。张说有《喜度岭》诗，宋之问《度大庾岭》诗，都是写沿驿路翻越大庾岭的。然而沈佺期诗名曰《度安海入龙编》，可见是沿海路而行的。据北宋时人余靖《韶州真水馆记》所云，当时人的选择多为水路，因为水路"皆篙楫人之劳，全

---

① 《旧唐书》卷四十一，第 3691 页。
② 《旧唐书》卷四十一，第 3690 页。

家安坐而至万里"①，其舒适程度大大高于陆行。余靖是北宋时韶州人，他说的是从京都经赣州过"梅岭"即大庾岭，再沿浈江南下岭南的人喜欢沿水驿行动，是由于行走水路比较舒适、快速的缘故。虽然余靖所说的是由京都到广州如此选择，但是从广州到交州，亦必如此。人喜舒适，在安全有保障的前提下，水路是首选。可以想见，数百年之后的北宋人尚且如此，何况唐初的沈佺期。沈佺期被流放，还带着家口，从出发开始，经水路而行就成了自然的选择。尽可能保障安全、舒适也是选择水路的重要原因。

龙编县，置于西汉。东汉至南朝曾为交州及交趾郡治所。《旧唐书》卷四十一"地理四"："龙编：汉交趾郡守治嬴䣝。后汉周敞（此据中华书局版《旧唐书》改）为交趾太守，乃移治龙编。言立城之始，有蛟龙盘编津之间，因为城名。"② 龙编当时也是安南都护府治所。沈佺期《度安海入龙编》诗记其行程感受以及自己的心理活动。诗云："我来交趾郡，南与贯胸连。四气分寒少，三光置日偏。尉佗曾驭国，翁仲久游泉。邑屋遗甿在，鱼盐旧产传。越人遥捧翟，汉将下看鸢。北斗崇山挂，南风涨海牵。别离频破月，容鬓骤催年。昆弟推由命，妻孥割付缘。梦来魂尚扰，愁委疾空缠。虚道崩城泪，明心不应天。"③ 沈佺期诗中既记录、描写了交州的环境风物、地理气候、物产特点和历史事件以及与中原王朝的关系，也记录了自己独特的个人感受。在反映南越边远之地的诗作中，确实别具一格，内容丰富，这应该是沈佺期对于唐代诗歌发展，尤其是山水风景诗歌发展的一个不可忽视的贡献吧。

沈佺期到龙编后，按照程限规定，继续赴流放地驩州。关于这段行程，可以参考陈伟明《唐五代岭南交通路线考》所讲到的安南线："由安南南下沿朱鸢江（红河）经朱鸢可先到长州、爱州，再南至演州。"由演州南下至驩州。"安南线，起自安南，历经长、爱、演诸州而达驩州，全程近千里。"④ 其路线应是选择水路。一是沿红河泛舟而下，也就是沿当时称为朱

---

① 余靖：《韶州真水馆记》，见余靖《武溪集》（四库全书影印本）卷五。
② 《旧唐书》卷四十一，第3690页。
③ 沈佺期：《度安海入龙编》，见《沈佺期宋之问集校注》上册，第91页。
④ 陈伟明：《唐五代岭南交通路线考》，《学术研究》1987年第1期，第55—56页。

鸢江、现在称为红河向东南沿流而下，至红河口入南海，再海行至爱州的日南，从日南再到九真；二是沿漏江而下，到交州与爱州交界处，然后再泛海一段到日南、九真等爱州属县。无论从那条水路东南行入海，都必然会经过日南再到九真。①

关于沈佺期沿朱鸢江而下到日南、九真，可参考沈佺期、宋之问同时人卢藏用《景星寺碑铭》述自己南流驩州需要经行的路线。碑云："属鄙人罹忧五宅，投迹九真。心依鹫岭之恩，路出鸢江之徼。"这个碑在清代已经不存，其碑文被保留在《全唐文》中。光绪二十三年刊《容县志》卷二十四从《全唐文》中抄录刊存。这通碑文和附言表明，卢藏用入交趾后的路途应该与沈佺期也是一致的。

据《旧唐书》"地理四·爱州"："隋九真郡……九真南与日南接界……其南即驩州界。"爱州以九真县为治所。领九真、安顺、崇平、军宁、日南、无编、柔远七县。② 当然沈佺期也可以从陆路而行去驩州，但是笔者估计从水路、海路赴九真更为可能。假如真是从海路而行赴九真，则必经日南。而选陆路，则应该是先到九真，即先到达爱州州治，选陆路是不会经过日南的。

沈佺期有《九真山净居寺谒无碍上人》诗一首，确证他曾经过日南、九真等地。"大士生天竺，分身化日南。人中出烦恼，山下即伽蓝。小涧香为刹，危峰石作龛。候禅青鸽乳，窥讲白猿参。藤爱云间壁，花怜石下潭。泉行幽供好，林挂浴衣堪。弟子哀无识，医王惜未谈。机疑闻不二，蒙昧即朝三。欲究因缘理，聊宽放弃惭。超然虎溪夕，双树下虚岚。"③ 沈诗写的是到日南后乘隙拜谒九真山净居寺长老无碍上人的经历和感怀。按：九真山即凿山。在爱州日南县。《元和郡县图志》卷三十八："凿山，在县北一百三十里。昔马援征林邑，阻风波，乃凿此山弯为通道，因以为名。"④ 又，《太平寰宇记》卷一七一"爱州日南县"："凿山一名九真山。"⑤ 大约

---

① 参见谭其骧《中国历史地图集》"隋唐五代十国时期"岭南东部，第 69 – 70 页。
② 《旧唐书》卷四十一，第 3691 页。
③ 沈佺期：《九真山净居寺谒无碍上人》，见《沈佺期宋之问集校注》上册，第 93 页。
④ 《元和郡县图志》卷三十八，下册，中华书局 1983 年 6 月第 1 版，第 960、961 页。
⑤ 乐史：《宋本太平寰宇记》卷一百七十一，中华书局 2000 年 1 月第 1 版。

九真山是日南和九真县的界山。九真山既在日南县北一百三十里,沈佺期作为被流放的罪人,自不可能违背程限规定专程去拜谒静居寺无碍上人,必当是在去爱州州治九真县的路边,顺道拜访。这从诗中"弟子哀无识,医王惜未谈。机疑闻不二,蒙昧即朝三。欲究因缘理,聊宽放弃惭。超然虎溪夕,双树下虚岚"数句可以看出,行色匆匆,未及多谈,沈佺期所希望听到的佛家至理妙道未能谈及。

从爱州治所九真出发至驩州,陆程约四百里。需要先到演州。据《元和郡县图志》"爱州":"南至演州二百五十里。""驩州":"北至演州一百五十里。"[1] 加起来正好合四百里之数。应该注意的是,《元和郡县图志》所记四至八达的路程道里,比之《旧唐书》所记要少得多。考虑到这一因素,在沈佺期时代,可能实际距离还要远一些。按照程限规定,即使以四百里计,沈佺期陆行到达驩州的时间还需要八天。

按此计算,沈佺期自洛阳流放到达驩州的时间可以推测。他的《初达驩州》诗中有"自昔闻铜柱,行来向一年",也就是神龙元年二月中从洛阳被发配出来,到达流放地驩州,差不多已经一年的时间了。这大致可以确定为他达到驩州的时间应该是神龙元年年末,因是二月启程,将近一年了。

从东京洛阳至驩州的距离,按照《旧唐书》"驩州"条记:"至京师陆路一万二千四百五十二里,水路一万七千里,至东都一万一千五百九十五里,水路一万六千二百二十里。"[2] 然而《元和郡县图志》"驩州"条记:"北至上都六千八百七十五里,东北至东都六千六百一十五里。"[3] 两种地志所记,差距何以如此之大?二者必有一误。按说,《元和郡县图志》成书于中唐宰相李吉甫之手,所据材料应该可靠。但晚出于五代宰相刘昫之手的《旧唐书》也应该是参考过《元和郡县图志》的,其编写态度也应该是严谨的。何以仍然坚持了自己的道里记录?且考其州郡之间的行程,还是十分相合的!如果按照《旧唐书》所记驩州与东都的距离来计算,考虑到沈佺期流放途中还有经长江、入洞庭、溯湘江而上的水路行程,还有就是其始

---

[1] 《元和郡县图志》第三十八,第960、961页。
[2] 《旧唐书》卷四十一,第3691页。
[3] 《元和郡县图志》卷三十八,第960、961页。

发时间在二月中旬，在考虑行程中阻风阻雨等自然因素的影响，还有就是达到都督府更换牒文所必需的滞留时间，沈佺期到达流放地的时间将近一年，那么沈佺期的流放的日行程与唐代法律规定的程限还是相当吻合的。如按《元和郡县图志》的距离"六千六百一十五里"来计算，则在路迁延太久，是那时法律所不能允许的。所以，笔者认为，还是依据《旧唐书》所记行程为好。作为一个被流放的文人官吏，又是携家带口，要翻越崇山峻岭，水陆并进，可谓艰辛备至了。

四　沈佺期的驩州流放生活及其思想状况考析

唐中宗神龙元年春二月，沈佺期被流放驩州。其时已年约五十二岁，是一位老人了，所贬之地又是被当时人视为畏途的岭南极边之处，万里迢迢，餐风宿露，备尝艰辛。其内心的恐惧和煎熬，加上对于亲人的怀念，对于前途的悲观，是今人难以感受到的。本节探索沈佺期流放期间的生活和内心世界，以期对他这段生活和精神状态有一些新的认识。

（一）沈佺期流放边远严酷环境中的生活与精神状态

唐时被流放和被贬谪，在后来的研究者中，往往是被一例看待的。但是其实还是有着很大差别的。沈佺期与杜审言一样，是被流放，其身份是罪犯，不仅没有官职，还要受到地方官员的严格管束，可能还需要服劳役，其处境要艰难得多。但是地方官员的监管严格到什么程度？不同时代、不同地方官，对不同的监管对象，在现实中还是有所区别的。但从法律制度上讲，被流放的官员要受流放地官员的管束，地方官员负有监管职责，则是没有疑问的。当然，如果受到重贬的官员，放到地方编管的，那实际上也是一种对犯罪官员的惩罚，也是要受到管束的。但是宋之问等是被贬谪，还有职务，有俸禄，不需要服劳役。然而，长期生活在中州的人士、朝廷精英，又长期在朝廷任职，一旦离开其长期生活、熟悉的地方，被贬、流到距离数千里或万里之外的炎荒之地，对遥远路途中不可知的生命安全威胁的忧虑、对环境气候的严重不适应、对前途的绝望和生活的压榨，心理的恐惧、思想的彷徨、精神的苦闷、心灵的煎熬，就在诗中更多地呈现出来。这种思想和情感的一致性在贬谪、流放官员中带有普遍性。

但由于被贬谪和被流放的地点不同、路程不同、个人的性格不同等等因素，又决定着他们各自不同的感知和具有个性特点的诗歌表达。比如，沈佺期和宋之问虽然同案被贬，流于岭外，但是宋之问是被贬，其贬地泷州（今广东罗定）较之于沈佺期被流放的驩州离京城要近得多，而沈佺期的流放，路途更加遥远，行程更加险恶，因此虽然恐惧和愁绪大体一致，但是仍然有所区别。大致说来，沈佺期较之于宋之问，是更加深切地感受到死亡的威胁。

沈佺期在流放途中是经过了容州北流的鬼门关的。鬼门关是一个足以闻之生畏的地名，这个地名再次强化了本来就潜藏在流人内心的恐慌恐惧，使沈佺期对于未来的绝望更加深重。他在《入鬼门关》诗中既写出了鬼门关的艰险，更写出了对于以鬼门关为标志的南越蛮荒烟瘴之地的恐惧。那是一种铭心刻骨地对于生命即将失去的恐惧。"土地无人老，流移几客还？"当地土人尚且无人能活到老年，何况一个异乡"流客"，死亡的威胁是随时存在的。精神上的折磨、肉体上的威胁是双重的。

鬼门关是容州北流县南的一处险关。历来是交趾通向中原的畏途。在诸多著述中都有记载。《旧唐书》卷四十一说："昔时趋交趾，皆由此关。其南尤多瘴疠，去者罕得生还，谚曰：'鬼门关，十人九不还。'"[1] 这里说的很明确，"昔时趋交趾，皆由此关"，即是说，没有其他道路可达交趾。按：鬼门关元代被改名为天门关，后来又称桂门关。光绪六年刊《北流县志》"艺文"中载沈佺期诗，诗题就是《天门关》。这种改动，当是后人回避其险恶之名，美化本土舆地所为。[2] 多种重要地志均记载此地的险要状况，更加突出了此地的绝险之状。

应该注意的是，这几种著述均出于沈佺期之后，但是从书中所引当地民谚来看，鬼门关艰险之状，其实早已播之于人口，而更加重要的是，鬼门关是南越烟瘴蛮荒之地的一个突出标志。在那时人们的意识中，一旦进

---

[1] 《旧唐书》卷四十一，第3690页。
[2] 光绪《北流县志》，台湾成文出版社有限公司1975年6月第1版，第1399页。

入此关，就离死亡不远，微弱的生命之光随时可能熄灭。这一点，后汉名将、平定林邑蛮之乱的伏波将军马援曾自述说："吾从弟少游常哀吾慷慨多大志，曰：'士生一世，但取衣食裁足，乘下泽车，驭款段马，为郡掾吏，守坟墓，乡里称善人，斯可矣。致求盈余，但自苦耳。'当吾在浪泊西里间，虏未灭之时，下潦上雾，毒气重蒸。仰视飞鸢，跕跕堕水中。卧念少游平生时语，何可得也！"① 马援自叹面对如此险恶之自然环境，想到马少游当时之语，感到那种平常生活的希望遥不可及。自然也包含对于交趾、九真、日南等地险恶环境的畏惧。《后汉书》又记马援于汉光武帝刘秀建武"二十年秋，振旅还京师。军吏经瘴疫死者十四五。"② 可见交趾、九真等地气候环境之险恶。不仅后汉时期交趾、日南等地气候环境恶劣，就是到了唐代，这些地方的环境也是十分恶劣的。《新唐书》"南诏传"："安南久屯，两河锐士死瘴毒者十七。"③《新唐书》所载，已经是唐代元和年间的事了。可见经数百年之久，安南地方环境仍无改善，北方人士仍然不能适应这里的环境气候。

不仅如此，一直到明代，人们还是将此关所标志的安南地域视为绝地。乾隆《北流县志》第四册"艺文"中录有明朝人朱琳的一首《出鬼门关》诗："北流仍在望，喜出鬼门关。自幸身无恙，从教鬓已斑。昔人多不返，今我独生还。回首琼山县，昏昏瘴露雾间。"④ 这位朱琳可能较长时间在琼山为官，一旦生出鬼门关，内心的喜悦和尚存对于烟瘴地区的恐惧溢于言表。熟悉历史事实的沈佺期，当然更加增加了被流放驩州的悲苦和恐惧。其实，从后人不断记载的鬼门关的艰险之状，也更加突出了唐代以鬼门关为标志的烟瘴之地的艰难险恶。

实际上，不仅是岭南、交趾一带艰苦的自然气候，路途的狼虫虎豹、道途的崎岖险峻，长期生活在中原地带的北方人士难以适应，其实还有沿路的匪盗出没，也是对于被贬、被流放者生命的巨大威胁。这一切，都在

---

① 《后汉书》卷二十四，第879页。
② 《后汉书》卷二十四，第879页。
③ 《新唐书》卷二百二十二，第4804页。
④ 乾隆《北流县志》第四册"艺文"。

不断强化着沈佺期内心对于死亡和不能生还故里的极大恐惧。所幸的是，沈佺期被流放和其他被流放者一样，是由官方"领送人"押送的，携家带口，一行人数较多，虽然路途艰辛，但也减少了匪盗对于身家性命的威胁。对于沈佺期来说也是略可安慰的。

（二）从驩州诗看政局变化对沈佺期流放生活与精神心理状态的影响

经过将近一年的旅途奔波，沈佺期终于在神龙元年末或神龙二年春初到达流放地驩州。他有《赦到不得归题江上石》诗，说到驩州刺史苏使君对于他的安置："少宽穷涸鲋，犹慭触藩羝。配宅邻州廨，斑苗接野畦。"驩州刺史苏使君将他安置在州衙的廨宇里居住，后来又让他移居水亭，给他分配了土地，结束了他风餐露宿、奔波不定的艰苦生活，使他开始安定下来了。需要注意的是，诗中"斑苗"二字，写出来流放官员和一般贬谪官员待遇的区别。所谓"斑苗"，就是流放官员到达流放地后，就被编入本地户籍，接受地方官员的编民管理，接受土地，就要自己从事生产劳动，养活自己。按照《唐律疏议》的规定还要缴纳赋税，居役三年。也就是说，流放者到达流放地，其身份应该还是犯人，如果遇赦，可以免除罪犯身份，才等同于当地百姓，百姓所承担的课役也要一例承担。沈佺期是以"受赇"和追随二张造反的罪名被流放的，至少在到达驩州时，他对自己的前途是绝望的。但是因为驩州地处偏远，加上苏刺史对他的关照，沈佺期应该是没有吃太多的苦头。对此，沈佺期是感恩戴德的。他写了《从驩州廨宅移住山间水亭赠苏使君》诗，说"幸逢苏伯玉，回借水亭幽"，表现出深深的感谢和庆幸之意。

长期无休无止的奔波结束了，路途的艰险、虎豹盗匪的威胁已经解除，生活也稍微安定下来，沈佺期可以松口气了。他当然需要考虑在流放地如何生活下去。这既需要物质条件，也需要精神生活。在这两个方面，沈佺期在诗中都有表现。物质上，苏刺史给他安排了居所，分配了土地；思想上，政治表态和鸣冤叫屈就成为一种突出的思想活动。他有《初达驩州》二首诗，其一是："自昔闻铜柱，行来向一年。不知林邑地，犹隔道明天。

雨露何时及，京华若个边？思君无限泪，堪作日南泉。"这首诗中所说的铜柱，指的是马援南征平定征侧征贰反叛后所立的铜柱。《新唐书》卷二百二十二"南蛮传"下："环王本林邑也。一曰占不牢，亦曰占婆直。交州南海行三千里。地东西三百里而赢，南北千里。西距真腊雾温山，南抵奔浪陀州。其南大浦，有五铜柱，山形若倚盖，西重巘，东涯海，汉马援所植也。"① 诗中说到铜柱是一个重要的地理标志。实际上是说，他的流放地，也就是大唐王朝的极边之地了。再向南去就是林邑国的地方了。虽然林邑在汉代是属于汉朝的地方，但在唐时已经是外国了。而且这驩州也是上古时代流放罪大恶极的驩兜的地方，沈佺期被流放于此，可见在当朝权臣心目中，沈佺期所犯罪行是何等的严重！如此严重的惩罚，还能生还故乡吗？对此沈佺期是绝望的。所以诗中说："雨露何时及，京华若个边？"这里说的"雨露"，就是指赦书。盼望赦书颁下，则可以回乡还朝。这当然时沈佺期所期待的。然而朝廷赦书的颁布，是沈佺期左右不了了，还乡的希望依然如此的渺茫，所以只有终日以泪洗面了。"思君无限泪，堪作日南泉"，诗中说如"日南泉"般的"无限泪"是因"思君"而流，语言夸张，但也是一种政治态度。无论自己怎样的悲苦，对于皇帝还是忠心耿耿的。作为身负重罪的流放者，确实需要谨言慎行，以防被人抓住把柄，丢了性命。政治表态是必须的，这个分寸，沈佺期是把握得很好的。

在《答魑魅代书寄家人》诗中，他述说自己与二张的关系仅仅是因为侍从关系，也就是上下级的工作关系，不知他们的狼子野心，并未介入他们的政治阴谋，而且与他们的交往，是由于对他们权势的恐惧，自己被视为二张同党被流放，是"纳履"之误，是身处"瓜田"嫌疑之地而纳履，则"覆盆之下无完卵"的伤害自然难免，但是自己仍然是光明正大的、处事清白的，被流放仅仅是因为自己身不由己的经历而结成的孽缘。

"喜逢今改旦，正朔复归唐。河谶随龙马，天书逐凤凰。朝容欣旧则，宸化美初纲。告善雕旌建，收冤锦斾张。宰臣更献纳，郡守各明扬。礼乐移三统，舟车会八方。云沙降白遂，秦陇献烧当。三赦重天造，千推极国

---

① 《新唐书》卷二百二十二，第4805页。

详。"这是对于中宗复位后朝政一新的歌颂,表明拥护国号恢复为唐、拥护中宗复位的政治态度。在《赦到不得归题江上石》诗中,他说自己"家住东京里,身投南海西。风烟万里隔,朝夕几行啼",是讲被流放的悲苦,然后开始歌颂重新登上皇位的中宗皇帝和新的执政者"圣主讴歌洽,贤臣法令齐",表明对神龙政变的拥护,以此洗清与二张的关系。沈佺期反复讲自己被流放的惨状,以博取朝中执政者的同情。其用意婉曲细密,可谓用心良苦!

这几首诗本来就是政治诗。尤其是应该注意《赦到不得归题江上石》诗的最后一联,他的感情来了一次总的爆发:"古来尧禅舜,何必罪驩兜。"驩兜是尧的大臣、舜的政敌,也是尧禅让帝位给舜的政治阻碍,沈佺期是借舜流放驩兜的史实,来发泄自己对于被流放的不满。这可能是沈佺期最为激烈、最为真实的一次感情的爆发。对于一位手无缚鸡之力的书生而言,这是他所能够做到的最为极端的举措了。

当然沈佺期对于自己的入狱和被流放,一直认为是被政治斗争所裹挟的,被人陷害的,是新皇帝听信了人家的诬告所致。沈佺期从入狱开始,就一直没有真正认过罪。武则天在位之时,他就一直希望武则天为他雪冤,《同狱者叹狱中无燕》诗中埋怨燕子"不如黄雀语,能雪冶长猜";在《狱中闻驾幸长安》诗中希望武则天"为申冤气在长平"。此后在流放路上,就很少看见沈佺期自述冤屈之词,那可能是由于死亡的威胁压过了对于昭雪的期待之故。但是到了驩州流放地,安定之后,希望昭雪、希望赦免的想法就占据主导地位了。因此在他那时所作的好些诗中,就不断出现了鸣冤之词。如在《赦到不得归题江上石》诗中,他对自己未被赦免感到失望,"忽闻铜柱使,走马报金鸡",说自己"自幼输丹恳,何尝玷白圭。承言甾遐魅,雪柱间深狴"。本来冤枉,却不在赦免之限,其失望和绝望自不待言,压抑已久的情绪一下就爆发出来:"古来尧禅舜,何必罪驩兜"[①]!皇位的更替,是你皇家自己的事情,又何必让我们这些臣子来承担责任呢!

沈佺期此时敢于如此直抒胸臆表达对于自己遭遇的不满,也是有原因

[①] 沈佺期流放驩州诗,俱见陶敏、易淑琼《沈佺期宋之问集校注》,第95–127页。

的。那原因就是朝廷政局的又一次重大变化。神龙元年正月凤阁侍郎张柬之会同鸾台侍郎崔玄暐、左羽林将军敬晖、右羽林将军桓彦范、司刑少卿袁恕己等定策发动政变后，中宗复位，政局一新，张柬之等政变发动者随即把握了朝政，官职提升，俱封郡公、国公，政变参与者亦多有升赏。张柬之把持政权后，随即展开了对于二张势力的清洗。韦承庆、房融等一批朝官和沈佺期等十八珠英学士一起被贬被流放。但是这种清洗因为中宗的干预并不彻底，尤其是留下了武氏集团势力，给武三思与韦后两股势力合流造成便利条件，也给武三思为代表的武氏集团中人篡取政变成果留下了机会。果然，由于胸怀野心的韦后与武氏集团合流，也由于中宗的软弱，武氏力量迅速扩张，很快攫取朝政大权。神龙元年"五月壬辰"，"侍中敬晖封为平阳郡王，侍中桓彦范扶阳郡王，赐姓韦氏。中书令张柬之汉阳郡王，中书令袁恕己南阳郡王，特进，崔玄暐海陵郡王并加授特进，罢知政事。吏部尚书韦安石为兼中书令；兵部尚书魏元忠为兼侍中"。神龙元年"秋七月辛巳，太子宾客韦巨源同中书门下三品。乙未，以特进汉阳郡王张柬之为襄州刺史，仍不知州事"。

至此，武韦集团开始实质性把握政权，张柬之等五王势力开始消退。至神龙二年六月戊寅，"特进朗州刺史、平阳郡王敬晖贬崖州司马，特进亳州刺史、扶阳郡王桓彦范泷州司马，特进、郢州刺史袁恕己窦州司马，特进、均州刺史、博陵郡王崔玄暐白州司马，特进、襄州刺史、汉阳郡王张柬之新州司马，并员外置，长任旧官、封爵并追夺"[1]。至此，神龙政变的主持者和骨干人员一再受到打击，如桓彦范、敬晖、袁恕己等被惨杀，张柬之、崔玄暐忧愤致死。《旧唐书》卷九十一："时韦皇后既干朝政，德静郡王武三思又居中用事，以则天为彦范等所废，常深愤怨，又虑彦范等渐除武氏，乃先事图之。皇后韦氏既雅为帝所信宠，言无不从，三思又私通于韦氏，乃日夕逸毁彦范等。帝竟用三思计，进封彦范为扶阳郡王、敬晖为平阳郡王、张柬之为汉阳郡王、崔玄暐为博陵郡王、袁恕己为南阳郡王，并加特进，令罢知政事。彦范仍赐姓韦氏，令与皇后同属籍，仍赐杂彩、

---

[1] 《旧唐书》卷七，第 3500 页。

锦绣、金银、鞍马等。虽外示优崇，而实夺其权也。"后更以武三思设计陷害张柬之等，激怒中宗，流放敬晖、桓彦范、张柬之、袁恕己、崔玄暐等于岭南险恶之地。

"（武）三思犹虑彦范等重被进用，又纳中书舍人崔湜之计，特令湜姨兄嘉州司马周利贞摄右台侍御史，就岭外并矫制杀之。彦范赴流所，行至贵州，利贞遇之于途，乃令左右执缚，曳于竹槎之上，肉尽至骨，然后杖杀，时年五十四。"① 朝政如此剧烈变化，政变五王下场如此凄惨，自然会极大影响沈佺期的心情。因张柬之等人是流放沈佺期等人的决定者，他们失去权柄，由与沈佺期关系较好的武韦集团掌握政权，对与沈佺期而言，自然是一件很有利的事情。他相信被赦免应该是意料中的事情。因此，一旦未得赦书，他敢于放言自己的不满，由此也可确定这首诗的大致写作时间。

思亲怀友也是沈佺期此期十分突出的思想情感活动。对于家乡和亲人、朋友的怀念是沈佺期此时的精神支柱，也是被流放异域者正常的精神活动。这个阶段所作诗中，《驩州南亭夜望》写得更为深切："昨夜南亭望，分明梦洛中。室家谁道别，儿女案尝同。忽觉犹言是，沉思始悟空。肝肠余几寸，拭泪坐春风"。这是沈佺期从廨宇移居山间水亭后所作，写梦中浮现家人团聚、其乐融融的场面，而梦醒后才知道仅仅是梦幻，益增失落、怅惘之感，诗写得十分感人。《初达驩州》第二首说："流子一十八，命予偏不偶。配远天遂穷，到迟日最后。水行儋耳国，陆行雕题薮。魂魄游鬼门，骸骨遗鲸口。夜则忍饥卧，朝则抱病走。搔首向南荒，拭泪看北斗。何年赦书来，重饮洛阳酒。"诗中有对于自己命运不济的怨叹，一起被流放、贬谪的十八位官员，只有他是被流放到最为遥远的边陲炎荒之地，别人早就安置下来，而他因为流放最远，所以现在才得到休整，即使生病，也要赶路，不得休息。沈佺期将此归于命运不偶，当然也只能归之于此；也有对于流放途中艰难困苦的表达，"水行儋耳国，陆行雕题薮。魂魄游鬼门，骸骨遗鲸口。夜则忍饥卧，朝则抱病走"，流放途中，备尝艰难，自然是十分

---

① 《旧唐书》卷九十一，第 3828—3830 页。

困苦、恐惧，但又不得不勉强前行，"搔首向南荒，拭泪看北斗"，说不完的辛酸，道不尽的哀怨，但也只能流着眼泪，遥望北斗所在的北方天空，在看不到未来的生活中挣扎奔波！但沈佺期的心中仍然对于未来存在着一丝希望，"何年赦书来，重饮洛阳酒"就是这种希望的表达。在《从驩州廨宅移住山间水亭赠苏使君》中，他叹息自己的遭遇："死生离骨肉，荣辱间朋游。弃置一身在，平生万事休……忆昨京华子，伤今边地囚。愿陪鹦鹉乐，希并鹔鸹留。日月渝乡思，烟花换客愁。"在《三日独坐驩州思忆旧游》中，他描述驩州气候异常恶劣和对于这种气候的不适："炎蒸连晓夕，瘴疠满冬秋。西水何时贷，南方讵可留。无人对炉酒，宁缓去乡忧。"没有朋友相对共饮，怎样能缓解离乡背井的愁苦相思呢！在《岭表逢寒食》中他写道："帝乡遥可念，肠断报亲情。"在《赦到不得归题江上石》诗中，沈佺期明确写出了对于故乡、对于祖先的歉疚和对于亲人的思念、对于他们生活的忧虑。"坟垅无由谒，京华岂重跻"，"翰墨思诸季，裁缝忆老妻。小儿应离褓，幼女未攀笄。梦蝶翻无定，蓍龟讵有倪。谁能竟此曲，曲尽气酸嘶"。诗中也写了驩州独特的自然景象，"山空闻斗象，江静见游犀"，但总的基调则是低沉、愁苦酸楚的。《答魑魅代书寄家人》中，他说自己"上京无薄产，故里绝穷庄"，忧虑家人的生活，"兴言叹家口，何处待赢粮"，从入京上计的官员那里得到一点消息，略感欣慰，"计吏从都出，传闻大小康。降除沾二弟，离拆已三房"，大致知道家人的情况。但是新的挂念又产生了："剑外悬销骨，荆南预断肠。音尘黄耳间，梦想白眉良。复此单栖鹤，衔雏愿远翔。"这是对于两位兄弟的挂念，尤其是对于三弟的挂念，"何堪万里外，云海已溟茫。戚属甘胡越，声名任秕糠。"自己身在万里之外，声名狼藉，也毫无办法。这一切也只能归于命运了！可见，沈佺期是一位十分重视亲情的人。

（三）在孤寂生活中佛道兼修是沈佺期重要的精神寄托

沈佺期被流放到岭南交趾极边之地，远离亲人朋友，在那个言语不通的异域他乡，既有对于生命的担忧，对于自身遭遇的不平不满，也有对于故乡、对于亲人铭心刻骨的思念。同时，精神上的苦闷绝望、无法与人交流的孤独感，也占据了沈佺期的精神世界。人活着总是需要精神寄托的。精神生活是人区别于动物的标志，即使到了流放地驩州，沈佺期也需要寻找某种精神的支撑才有活下去的信心和勇气。这个支撑之一就是对于往日朝堂生活的回忆。在流放的苦难中，往日流光溢彩的生活就显得更加精彩、更加令人回味。他大致作于神龙二年三月三日的《三日独坐驩州思忆旧游》诗写道："两京多节物，三日最遨游。丽日风徐卷，香尘雨暂收。红桃初下地，绿柳半垂沟。童子成春服，宫人罢射鞲。禊堂通汉苑，解席绕秦楼。束晳言谈妙，张华史汉遒。无亭不驻马，何浦不横舟。舞篱千门度，帷屏百道流。金丸向鸟落，芳饵接鱼投。濯秽怜清浅，迎祥乐献酬。灵刍陈欲弃，神药曝应休。"身居瘴疠之地，回忆起不久前在京师三月三日的生活，风和日丽，气候宜人，红桃盛开，绿柳低垂；宫人射箭，童子春行，高朋胜友，结伴而游，言诗说赋，谈古论今，何等快意！但一旦流放到南蛮之地，"谁念招魂节，翻为御魅因。朋从天外尽，心赏日南求。铜柱威丹徼，朱崖镇火陬。炎蒸连晓夕，瘴疠满冬秋。西水何时贷，南方讵可留。无人对炉酒，宁缓去乡忧"。前半段极写春日长安生活的舒适和快意，后半段则极写流放生活的艰辛，瘴疠处处，炎热难当，孤独自处，前后形成鲜明对比，也更加突出了流放生活的艰苦孤独。此外，沈佺期还有几首这类写法的诗，都是采用极其鲜明的对比手法来突出流放生活的困苦，如《答魑魅代书寄家人》《岭外逢寒食》等均是如此。

佛道兼修也是流放中沈佺期十分重要的精神寄托。沈佺期在驩州期间总是寻找机会寄情于南国奇山异水，寻仙问道，访僧求佛，希望在仙道佛法中探寻人生命运的真谛，依靠学佛学老庄来缓解自己的苦闷和乡思，在佛家和道家思想中寻找人生的真谛，寻求精神的慰藉是沈佺期此时的内心选择。

沈佺期一直对于道家、佛家有一定兴趣和了解。唐朝是一个崇尚道教的朝代。把道教创始人李耳作为自己的始祖；到武则天时代，则又崇尚佛教。武则天就自视为弥勒佛下世，而薛怀义等又以《大云经》加以附会。在这样的宗教环境中，沈佺期也受到影响。这种影响在其诗中不同程度地表现出来。他在《神龙初废逐南荒途出郴口北望苏耽山》一诗中说："少曾读仙史,知有苏耽君。流望来南国,依然会昔闻。"表达了他对神仙生活的向往。也说明沈佺期很早就读过《神仙传》一类的道家书籍。在《从驩州廨宅移住山间水亭赠苏使君》中,他说他是"弃置一身在,平生万事休";在《答魑魅代书寄家人》诗中说:"独坐寻周易,清晨咏老庄。此中因悟道,无问入猖狂。"明确表示他读《周易》《老子》《庄子》之类的道家典籍,在道家的消极无为、随遇而安境界中寻找精神的慰藉。《从驩州廨宅移住山间水亭赠苏使君》中说"遇坎即乘流,西南到火洲"。"坎"即坎卦,是《周易》中的二十九卦,卦象是上坎下坎,"遇坎"就是遇到低陷的地方,寓意为遭遇到人生的困厄。这与沈佺期当时的流放遭遇是吻合的。在《易经》中,"坎卦"也象水,因为坎象为水①,所以他"遇坎即乘流",就是只有随波逐流、随遇而安,人处于恶劣环境,只能适应环境,任凭命运的安排和摆布了。《答魑魅代书寄家人》诗中,他说自己"何堪万里外,云海已溟茫。戚属甘胡越,声名任秕糠。由来休愤命,命也信苍苍",那是一种对于命运无可奈何的屈服。

  沈佺期对于佛家思想也是有所寄望的。在赴流放地驩州途中,他途经九真山时还谒见静居寺的无碍上人,请求无碍上人为他指点迷津。在《九真山静居寺谒无碍上人》诗中,他说:"大士生天竺,分身化日南。人中出烦恼,山下即伽蓝。"自言"弟子哀无识,医王惜未谈。机疑闻不二,蒙昧即朝三。欲究因缘理,聊宽放弃惭",希望以佛法来安慰被弃被放的烦恼和失落,得到对未来的指引。他在得赦书后即将离开驩州时,专程到二十五里外的绍隆寺探访,在《绍隆寺》诗中说,"吾从释迦久,无上师涅槃。探道三十载,得道天南端。非胜适殊方,起誓归理难。放弃乃良缘,世虑不曾干……处俗勤宴坐,居贫业行坛。试将有漏躯,聊作无生观。了然究诸品,弥觉静者安",表达了对于佛法的服膺感激之心,说被流放是探索佛家道理,解开人生迷惑,探索人生道路的"良缘",以通透的佛家思想来观察检验人生的过往,看待官场的荣辱得失。"了然究诸品,弥觉静者安",克服内心的浮躁,做一个"静者",可能就是沈佺期学佛最大的收获。这首诗

---

① 《易经》坎卦第二十九"传""坎为水"。见《易经》,中原古籍出版社2004年第1版,第172页。

的写作时间是他神龙二年春得到赦书,即将北归时拜谒绍隆寺所作,可以看出他对即将置身未来官场生活所取的态度。他不再叹息被流放的苦难,也不再认为被流放是一种苦难,反而认为流放带来了"世虑不曾干"的机缘,避开了红尘世界各种各样的矛盾冲突,是一种深入学习探索和思考人生的"良缘"。"探道三十载,得道天南端",是说在流放生活的苦难中,探寻到了人生"虚无"的真谛,即是所谓"得道"。这种"试将有漏躯,聊作无生观"的观念,对于重新回到朝堂的沈佺期来说,是十分重要的,这也是沈佺期在唐玄宗登基前后朝廷矛盾冲突十分尖锐激烈的政治环境中得以平安的重要思想原因。

沈佺期在神龙三年春日离开驩州,开始返回长安。沿途中逢寺必入,逢佛必参。归途中他参拜端州的峡山寺,并为该寺作赋序。其文中说:"稽首医王,誓心无常,向何业而辞国?今何缘而赴乡?岂往过而追受,将来愆而预殃,即抚躬以内究,幸无愿以自伤。心悟辱而知忍,迹系穷而辨方,嘉尔来之放逐,谓吾生之津梁。"把流放生活视为"心悟""辩方"的途径,把"知忍"作为"悟辱"境遇中的法宝,把"放逐"看作生命抵达彼岸的"津梁",可谓大彻大悟,把佛家思想作为自己的人生指南了。沈佺期经韶州时还参拜了灵鹫寺,写了《登韶州灵鹫寺》诗,亦多佛家语。沈佺期这些行为,都是他深受佛家思想影响的有力证明。

五 沈佺期驩州诗注释的几个问题

沈佺期被流放驩州期间写了不少诗,其中既有在当时的安南烟瘴蛮荒之地的真实内心感受,也有对于岭表奇山异水的具体细致描绘,这在现在保存下来的唐代诗人作品中实属凤毛麟角。可以说,在整个唐代诗歌史上,沈佺期以其全部身心和独特经历奉献出了一份奇异的艺术硕果,值得好好珍惜,认真研究。陶敏、易淑琼《沈佺期宋之问诗集校注》是沈宋研究的一部集大成之作,极大地推动了沈佺期宋之问研究的深入发展。但是对于沈佺期驩州诗的个别注释,仍然存在着一些问题。本节拟就相关注释加以辨证,并就教于各位方家。

(一) 关于"瘴江"

沈佺期《入鬼门关》诗"昔传瘴江路,今到鬼门关"。陶敏等注:"瘴江:泛指岭南河流。"并引《太平寰宇记》卷一六九岭南道太平军废廉州:"州界有瘴江,名为合浦江。"并再引《后汉书·马援传》:"援率军击交阯,'当吾在浪泊、西里间,虏未灭之时,下潦上雾,毒气重蒸,仰视飞鸢,砧砧堕水中'。"① 细思此注,甚觉错乱。既是"泛指岭南河流",即不当引《太平寰宇记》,因为该书指明"州界有瘴江",并说"名为合浦江",指出在廉州境内确实有一条名叫"瘴江"的河流,与"泛指岭南河流"矛盾,令人不得要领。

唐朝诗人诗中用"瘴江""瘴水"来指代岭南河流,以突出环境的险恶确有不少。如张说被流钦州时写的《南中送北使二首》中说:"待罪居重译,穷愁暮雨秋。山临鬼门路,城绕瘴江流。"② 诗中说的"鬼门",指鬼门关,确系实指。但"城绕瘴江流"中的"瘴江",应该是指的环绕钦州城的钦江,虽距现实中被称为"瘴江"的南流江不远,但是钦江并无"瘴江"之称。因此,张说诗中的"瘴江"系泛指。韩愈的《次蓝关示侄孙湘》诗:"一封朝奏九重天,夕贬潮阳路八千。欲为圣明除弊事,岂将衰朽惜残年。云横秦岭家何在?雪拥蓝关马不前。知汝远来应有意,好收吾骨瘴江边。"③ 韩愈诗中的"瘴江"所指,就是现在广东潮州的韩江,韩江因韩愈而得名。韩愈任刺史之前,被称为"恶溪",因水中有鳄鱼,又称"鳄溪",当地未有把鳄溪或恶溪称为"瘴江"的,因此韩愈所说的"瘴江"是泛指。再如张籍《蛮州》:"瘴水蛮中入洞流,人家多住竹棚头。一山海土无城郭,唯见松牌记象州。"④ 诗中所写的"瘴水",亦属泛指。因为张籍可能到过象州,但象州之地,并无称为"瘴江"或者"瘴水"的江流,因此很难说就是确指。张说、韩愈、张籍所说的瘴江或瘴水,是他们心目中充满瘴疠的

---

① 陶敏、易淑琼:《沈佺期宋之问集校注》上册,第 87 页。
② 熊飞:《张说集校注》第 1 册,第 292 页。
③ 计有功:《唐诗纪事》上册,第 523 页。
④ 见徐礼节、余恕诚《张籍集系年校注》卷六,上册,中华书局 2011 年 6 月第 1 版,第 653 页。

一条江河，而非现实中他们所说的江河确称为瘴江。他们称之为"瘴江""瘴水"或"瘴溪"，只是强调那个地方环境之险恶而已。

但沈佺期诗中的"瘴江"应该是确指。这从"昔传瘴江路，今到鬼门关"两句诗中可以明确看出，这个鬼门关，就在"昔传"的"瘴江路"上，语意再也明确不过。唐天宝之乱后被流放到合浦的张均有《流合浦岭外作》诗说："瘴江西去火为山，炎徼南穷鬼作关。从此更投人境外，生涯应在有无间。"① 张均是玄宗时期名相张说之子，因附逆任安禄山中书令，免死被流放合浦，所经道路，正好同于沈佺期的流放路线。他所说的"瘴江西去"，就是指这条江是向西边流去的。诗中的"火为山""鬼作关"就是指合浦的火山和北流的鬼门关。宋代曾在广西境内多地为官的陶弼也有《寄石康县曹元道》诗，说他在廉州时，"屡与南僧谈瘴溪，独推君县好封圻。不同合浦人民众，地接交州寇盗稀"。② 石康县，当时属于廉州，辖地当为今之合浦县石康镇。

陶弼是宋真宗时人，《宋史》有传。③ 他生于宋真宗大中祥符八年（1015），卒于神宗元丰元年（1078），年六十四岁。陶弼倜傥知兵，能为诗，有"左诗书，右孙吴"之誉。庆历中（1045年左右）杨畋讨湖南猺，授以兵，使往袭，大破之。以功得朔阳主簿，调朔阳令。曾知钦州、宾州、容州，两知邕州，善政甚多。进西上阁门使，留知顺州。交人袭取桄榔，弼获间谍，谕以逆顺，纵之去，终弼任不敢犯。神宗元丰元年（1078）改东上阁门使，未拜而卒。陶弼有诗集十八卷，今仅存《邕州小集》一卷。他曾写诗给当时的石康县曹元道说，石康县是个好地方，人民不多，境内安静，盗寇少于交州。诗中说的"瘴溪"，就是指瘴江。④ 按：陶弼在广南西路区域为官多年、多任，对于这一带的地理环境、山川水文和民情风俗十分熟悉，他对于瘴江的说法是令人信服的。

查杜佑《通典》卷一百八十四"廉州"言："州界有瘴江。"叙其沿革

---

① 见计有功《唐诗纪事》上册，第 330 页。
② 王象之：《舆地纪胜》第四册，第 3494 页。
③ 《宋史》卷三百三十四，第 1210 页。
④ 王象之：《舆地纪胜》第四册，第 3494 页。

时说廉州合浦郡在南朝宋时"兼置临漳郡及越州"。① 这是唐人著作中明确说廉州境内有称漳江的一条江的记录。且说南朝宋于合浦郡兼置临漳郡及越州,既可补各方志记载之遗漏,又可与漳江之名互证。所谓临漳,临近岭南最为著名的瘴疠之地、临近漳江之谓也。宋人王象之《舆地纪胜》卷一二〇"廉州·景物上"条下引《元和郡县志》和《太平寰宇记》云:"州界有漳江,名为合浦江。"又"春,青草瘴,秋,黄茅瘴"引《元和郡县志》曰:"自漳江至此,瘴疠尤甚,中之者多死,举体如墨。春秋两时弥盛。春谓青草瘴,秋谓黄茅瘴。"② 大概这条江流称为"漳江"与这春秋两季的"瘴"毒紧密相关。《元和郡县志》卷三十五、卷三十六均阙,其廉州条已不可见,幸赖《舆地纪胜》所引方能看到《元和郡县志》关于廉州的一些记载。该江亦作漳江,即今广西发源于容州的南流江、合浦江。

顾祖禹《读史方舆纪要》卷一百四"廉州府·漳平废县":"在府东。宋志临漳郡无县,齐志为郡治,梁陈间郡县俱废。漳亦作'鄣',又作'瘴'。以临界内漳江为名。漳江即合浦江也。"该书卷一百八,广西三"鬱林州"条下"南流江":"在州城南。源出容县大容山,经县东而西南流十余里,中有八叠潆洄,合罗望江至广东廉州入海。"③ 查《中国历史地图集》第五册,唐代地图④,南流江在白州(今广西博白)至廉州合浦段即标注为"漳江",可见,历史地理学者们也是认定南流江唐时白州至合浦段称为"漳江"的。"漳""瘴"同音,或再因其地多"瘴",所以被称为瘴江。

然而唐杜佑《通典》卷一百八十四"感义郡·藤州"又说:"镡津:有瘴江。"⑤ 也属于确指。查北宋王存《元丰九域志》卷九,藤州条下有镡津:"六乡,有铅穴山、镡江、漳江。"⑥ 王象之《舆地纪胜》"藤州"条景物上记:"瘴江:《元和志》云:在县东南。《寰宇记》云:俗呼名涛江,自燕州

---

① 《通典》卷一百八十四,第4950页。
② 王象之:《舆地纪胜》卷一百二十,第3488-3489页。
③ 顾祖禹:《读史方舆纪要》卷一百四,第4754、4873页。
④ 谭其骧主编《中国历史地图集》第五册,第69-71页。
⑤ 《通典》卷一百八十四,第4919页。
⑥ 王存:《元丰九域志》卷九,中华书局1984年12月第1版,第426页。

入永平县。"① 燕州已久废。按今之地理，这里的"瘴江"，应该是指在当时的藤州州治东面的镡津县境内的北流江，现在属于广西藤县了。再看顾祖禹《读史方舆纪要》中的说法。该书卷一百八"藤县"条记："绣江，在县东南，一名北流江，源出广东交州，流入府境，经北流县始通舟楫。由容县境窦家砦至县城东入于藤江。"② 这条路线就是，至藤州沿北流江舟南溯至容县、北流县，出鬼门关，再沿南流江南下，至廉州（合浦）。

由此可见，陶敏先生等注沈佺期"昔闻瘴江路"之"瘴江"为合浦江有据，但又注为"泛指"是不准确的。沈佺期诗中"瘴江路"中的"瘴江"确系实指，"瘴江路"指的是由北流江到容州、北流县出鬼门关，再经南流江（下游即为合浦江）到合浦的水陆兼行、以水路为主的路线。

（二）关于"崇山"

沈佺期《遥同杜员外审言过岭》诗中有："洛浦风光何所似？崇山瘴疠不堪闻。"他的《度安海入龙编》："北斗崇山挂，南风涨海牵"。陶敏、易淑琼注此中的"崇山"时说："见《遥同杜员外审言过岭》注三"③。对《答魑魅代书寄家人》中的"涨海缘真腊，崇山压古棠"中的崇山则无注，可能是因为此前有注的原因故不注。

查陶敏等对《遥同杜员外审言过岭》诗中"崇山"的注释："崇山：山名。《书·舜典》：'放驩兜于崇山。'山在驩州。参本卷《从崇山向越常》注。"④ 而查其《从崇山向越常》的所有注释，只有对"越常"的注释⑤，而再未对崇山作注。陶敏等所指引的"参本卷《从崇山向越常》注"就此落了空。因此，对"崇山"的注释，还有讨论的必要。

应该说陶敏、易淑琼引《尚书》作注较为准确，但是却缺了对于崇山具体位置的描述。其实，在《从崇山向越常》诗序中，沈佺期说得明白："按《九真图》，崇山至越常四十里。杉谷起古崇山，竹溪从道明国来，于

---

① 见王象之《舆地纪胜》，第3307页。
② 顾祖禹：《读史方舆纪要》卷一百八，第十册，第4864页。
③ 陶敏、易淑琼：《沈佺期宋之问集校注》上册，第92页。
④ 陶敏、易淑琼：《沈佺期宋之问集校注》上册，第85页。
⑤ 陶敏、易淑琼：《沈佺期宋之问集校注》上册，第120页。

崇山北二十五里合。水敧缺，藤竹明昧。有三十峰，夹水直上千余仞，诸仙窟宅在焉。"诗中有句："朝发崇山下，暮坐越常阴。西从杉谷度，北上竹溪深。竹溪道明水，杉谷古崇岑。"因此，陶敏等的注文应该补上"见本卷沈佺期《从崇山向越常》序"。这样读者就可以根据沈佺期自己这个序文去感知崇山的具体、确定的方位了。

根据序文可知，沈佺期是从驩州州治九德县出发去越常（裳）的。沈佺期刚到驩州时，苏姓刺史将他安置在与"州廨"相邻的公屋中，后来即移住"山间水亭"，也就是沈佺期诗中所说的南亭。由此可知，沈佺期"朝发崇山下，暮坐越常阴"，就是从南亭居住地的崇山山麓出发的。诗里说的"越常"，即指越裳县。可推知崇山在驩州治所九德县内，也可知沈佺期此行行程是一整天时间。查《旧唐书》"驩州"："九德，州所治。古越裳氏国。秦开百越，此为象郡。汉武元鼎六年，开交趾已南，置日南郡，治于朱吾，领北景、卢容、西捲、象林五县。吴分日南置九德郡，晋、宋、齐因之。隋改为州，废九德郡为县，今治也。"① 沈佺期说"崇山至越常四十里"，也恰好是一天的行程。《元和郡县志》记："九德县，下，西至州五里。""越裳县，下，西至州七十里。"② 也就是指越裳县在驩州治所九德西面七十里。但顾祖禹《读史方舆纪要》卷一百十二说："越裳废县：在故驩州东南四里。"③ 此说必非唐时越裳县治情况。

从诗中所描述的情况，可知沈佺期所说的至越常，并非是到达越常县治。从"朝发崇山下，暮坐越常阴"来看，是朝发九德，暮宿越裳境内的名胜之所。"阴"，按照古代对于方位的惯称，"山南水北为阳"，越裳县既在九德县西南面七十里，则沈佺期说"崇山至越常四十里"，即不到越裳县治，是从九德出发一天达到"诸仙窟宅在焉"的地方，这地方就是指属于越裳县所辖的名胜地。按：崇山，黎崱《安南志略》卷一"山"条中记有"崇山"，并引沈佺期《崇山向越常》诗为证。黎崱乃元朝人，是安南古爱州人氏，他在《安南志略》一书的"自序"中说："仆生长南越，窃禄仕

---

① 《旧唐书》卷四十一，第 3691 页。
② 李吉甫：《元和郡县图志》卷三十八下，第 961 页。
③ 顾祖禹：《读史方舆纪要》卷一百十二，第 5010 页。

途,十载间奔走半国中,稍识山川地理。内附圣朝,至是五十余年矣。""抑乘暇日,缀茸纪闻,采历代国史、交趾图经,杂及方今混一典故,作《安南志略》二十卷,以叙事附于卷末。"① 在每一卷下,都署名"古爱东山黎崱编",可见黎崱编《安南志略》,占有资料不少,态度也很认真,其署名"古爱",即古爱州。黎崱长期在安南生活,对于那片土地是熟悉的,他记安南有崇山,是可信的。

现在回到"崇山"的方位。我们知道驩州治所即今天越南的荣市。沈佺期诗说"朝发崇山下",沈佺期流放驩州,后来又移居"山间水亭",也就是"南亭",这山间水亭,就应该是在崇山之下。他的《答魑魅代书寄家人》中的:"涨海缘真腊,崇山压古棠",就是说崇山是古越裳国境内的镇山。由此可以推知,崇山的具体来说就是驩州州治西面九德县与越裳县之间的那一座大山。

古代"崇山"大致位置既已确定,随之而来的问题是,崇山今日何在?查越南地图,荣市南面紧邻河静省界。在河静省北界的富立、南鸿和富义之间,有一座群峰荟萃的高山,名为横山。横山(越南语:Hoành Sơn),是越南分隔北部和中部的山脉,也是河静省和广平省(现应为河静省)的界山。横山山脉位于北纬 18.7 度与 18.4 度之间,西接长山山脉北段,东延伸至南中国海,绵延长度约 50 公里。横山西高东低,起伏较小,是平缓的低矮山脉,最高峰海拔 1044 米。其海拔虽然并不太高,但是在低海拔地区的沿海一带,突现一列丛山,给人的视觉感受就十分高峻。这就如杜甫远望齐鲁平原上的泰山,写下《望岳》诗的感觉是大致相同的。

横山山顶建有横山关,是越南历史上的兵家必争之地,具有重要战略地位。北属(指归附中原王朝)时期,横山以北为汉朝的九真郡,以南为日南郡。东汉后期,日南郡之象林县占族人脱离中国,成为林邑国,横山山脉逐渐成为林邑与中国交界,且经常拉锯的战略要地,开始见诸史籍。郦道元《水经注》记载:"自南陵究出于南界蛮,进得横山。太和三年,(林邑王)范文侵交州,于横山分界。"② 郦道元说太和三年,是不准确的。

---

① 黎崱:《安南志略》卷一,第 11 页。
② 郦道元:《水经注》,岳麓书社 1995 年 1 月第 1 版,第 528 页。

但这是关于"横山"的最早记载。按：林邑范文攻日南、九德事，分别发生于晋穆帝永和三年（347）正月、七月，永和五年（349）桓温遣督军滕畯讨范文，为其所败。①《晋书》载："永和三年，（范）文率其众攻陷日南，害太守夏侯览，杀五六千人，余奔九真，以览尸祭天，铲平西卷县城，遂据日南。告交州刺史朱蕃，求以日南北鄙横山为界。"② 这说明，自东晋永和年间以后，横山就成为中国和林邑的交界地带。唐代的横山是唐朝与林邑的界山，北为九真郡，南为林邑地。越南脱离中国以后，横山又成为越南和占城的界山。查今日越南地图大致可以确定，横山即今越南中北部河静省与义安省交界处属于河静省境内的横山。③ 也就是沈佺期诗中多次提到的古崇山。由此可见，陶敏等注释沈佺期诗中的"崇山"，确实还具有进一步完善、丰富的必要。较为完善的注释，应该指明沈佺期诗中的崇山，即指今越南中部河静省与义安省交界处的横山，是晋唐时期与林邑的界山。

（三）关于"道明国"

沈佺期流放驩州诗中提到道明国、道明天、道明、道明水。这道明二字，《初达驩州》二首之一："自昔闻铜柱，行来向一年。不知林邑地，犹隔道明天。"陶敏、易淑琼注释"道明"说："亦越南古国名。参见本卷《从崇山向越常·序》。"④ 这个注释似乎比较完满，但实际存在问题。

首先，道明国是越南"古国名"吗？查《新唐书》卷二百二十二"南蛮传"下："真腊一曰吉蔑，本扶南属国。去京师二万七百里。东距车渠，西属骠，南濒海，北与道明接，东北抵驩州。"又云："道明者，亦属国。无衣服，见衣服者，共笑之。无盐铁，以竹弩射鸟兽自给。"⑤ 可见道明国是一个属于古代真腊国、文明程度不高的方国，当时是真腊国属国，非越南的占国名也。

按：古代中南半岛上各古国疆域变化较大。如真腊国，唐中宗神龙年

---

① 《晋书》卷六，第1267页。
② 《晋书》卷九十七，第1541页。
③ 越南地图，星球地图出版社2020年1月第1版。
④ 陶敏、易淑琼：《沈佺期宋之问集校注》上册，第96页。
⑤ 《新唐书》卷二百二十二中，第4806页。

间分为陆真腊和水真腊。《旧唐书》"真腊传":"真腊国在林邑西北,本扶南之属国,昆仑之类。在京师南二万七百里。北至爱州六十日行。""武德六年遣使贡方物。贞观二年又与林邑国俱来朝献。太宗嘉其陆海疲劳,锡赉甚厚。南方人谓真腊国为吉蔑国,自神龙已后,真腊分为二半。以南近海,多陂泽处,谓之水真腊。半以北,多山阜,谓之陆真腊,亦谓之文单国。高宗、则天、玄宗朝并遣使朝贡。水真腊国其境东西南北约员八百里。""北即陆真腊……国之东界有小城,皆谓之国。"[1] 可见,真腊国是与大唐、林邑国交界的一个古国,与唐朝关系良好。至唐高宗神龙年间,真腊国分为陆真腊和水真腊,后来又合为一。查地图,古时真腊,其大部分地域,今日即属于老挝。

其次,所谓"道明国"方位若何?按照新旧唐书的记载,尤其是《新唐书》关于真腊"北与道明接,东北抵驩州"的说法,道明国南部区域与真腊接壤,驩州西南部与真腊接壤,但仍然不能确定道明国的准确方位。顾祖禹《读史方舆纪要》卷一百十二:"堂明国:在海岸大湾中。北距日南七千里,即道明国也。三国吴黄武六年来贡。唐志:'真腊去长安二万七百里,东距车渠,西属骠,南濒海,北接道明,东北抵驩州。'"[2] 顾祖禹认为堂明国就是道明国,或许有些依据,但说其"北距日南七千里",恐与实际不合。

道明国究竟何在?恐怕还是当时身历者沈佺期的说法更可信赖。查沈佺期《初达驩州》二首之一:"不知林邑地,犹隔道明天。"这即是说,在林邑与驩州之间,还隔着一个道明国。可见,林邑国紧邻道明国,而道明国又紧邻大唐的驩州。查沈佺期《从崇山向越常》诗序:"按《九真图》,崇山至越常四十里。杉谷起古崇山,竹溪从道明国来,于崇山北二十五里合。水敧缺,藤竹明昧。有三十峰,夹水直上千余仞,诸仙窟宅在焉。"研究这段文字,可见沈佺期已经比较具体地描述了道明国的具体方位。沈佺期诗中还有句:"朝发崇山下,暮坐越常阴。西从杉谷度,北上竹溪深。竹溪道明水,杉谷古崇岑。参池将不合,缭绕复相寻。"这是一天的行程中见

---

[1] 《旧唐书》卷一百九十七,第 4110 页。
[2] 《读史方舆纪要》卷一百十二,第 5020 页。

到的山水之形势，诗序中所描述的就是这一天行程的方向和见闻。在驩州的西边是杉谷，发源于道明国的竹溪由南而东北流来，在距离崇山二十五里的地方与杉谷流来的河流汇合入大海。沈佺期当天的行程就是早上乘舟从驩州治所所在的九德出发，沿着"杉谷"这条河流行进二十五里，再转入从道明国流来的竹溪，再到驩州南边的"越常阴"的"诸仙窟宅"。而"竹溪"流出的方向，是重重山岭中的敲缺之处。由此指示，查阅今日越南和老挝地图，即可确定道明国所在的具体方位。

查越南和老挝地图①，在越南中部与老挝交界之处，有一个庞大而又绵长的山系，这就是世界著名的长山山脉。在荣市相同纬度（北纬 18.7 度线）西北面的长山山脉，有一段缺口，在古代叫做雾温岭，或者叫做雾湿岭，现在叫做骄诺山口，亦称娇女隘，是越南与老挝的天然分界线，也是自越南荣市去老挝的必经之路。有一条被称为大江的河流从此流来，流经荣市南面和横山北麓流入南海，这条河流的状况与沈佺期诗中所谓的"竹溪"方位不合；而在荣市西面，有一条自长山山脉发源，自西北向东南流的岸铺河，在越南德寿市附近东面与从青莲、香溪方向北流的岸寿河汇流后注入大江；还有一条发源于河静市南面、地图未标名字的河流，自南向北流来，在德寿市西南与岸铺河与岸寿河汇流后的河流相汇而流入大江入于海。所谓竹溪，即岸铺河与岸寿河交界形成的那条河流，江水流来的方向就是道明国。

结合此区域地理河流状况和沈佺期诗中的地理标识，笔者认为，道明国的具体方位，大致可以确定在驩州南面与林邑国之间，亦即横山东北麓与长山山脉相接的一个区域，就是唐代所谓的林州。查《旧唐书》地理四一："林州，隋林邑郡。贞观九年于绥怀、林邑置林州。寄治于驩州南界。今废无名。领县三。无户口。去京师一万二千里。"又："林邑，州所治。汉武帝开百越，于交趾郡南三千里置日南郡，领县四，治于朱吾。其林邑即日南郡之象林县。县在南，故曰日南，郡南界四百里。后汉时，中原丧乱，象林县人区连杀县令自称林邑王。后有范熊者代区连，相传累世，遂

---

① 老挝地图，星球地图出版社 2020 年 1 月第 1 版。

为林邑国。其地皆开北户以向日。晋武时范氏入贡。东晋末范攻陷日南郡,告交州刺史朱藩求以日南郡北界横山为界。其后又陷九贞郡。自是屡寇交趾南界。至贞观中,其主修职贡,乃于驩州南乔置林邑郡以羁縻之,非正林邑国。"① 由此可见,沈佺期所谓的"不知林邑地,犹隔道明天",说的就是此前不知道此林邑郡非彼林邑国,亦可推知,道明国应该就在驩州南界侨置的林邑郡内。再结合沈佺期《从崇山向越常》诗序的描述,大致可以划定道明国的范围在驩州(今荣市)以南和以西雾温岭(骄诺山口、娇女隘)东面的地域之内。

查越南地图,似乎越南南鸿、德寿、金刚、铺州、下瓦、高朗、朱典那一带最为可能。如此可见,关于道明国的注释,应该是:"道明国:古真腊属国,现在越南中部,越南与老挝天然交界的骄诺山口和越南义安省省会荣市与河静省交界处的岸铺河、岸寿河流域。"

(四) 关于"白眉"

沈佺期《答魑魅代书寄家人》诗有句:"计吏从都出,传闻大小康。降除沾二弟,离拆已三房。剑外悬销骨,荆南预断肠。音尘黄耳间,梦想白眉良。复此单栖鹤,衔雏愿远翔。"这几联诗怀念二位弟弟的情感是明确的。那么,诗中的"白眉"究竟指哪位弟弟呢?陶敏、易淑琼注释其中的"白眉"典故说:"白眉,指兄弟。《三国志》'蜀书·马良传':'兄弟五人,并有才名。乡里为之谚曰:马氏五常,白眉最良。'良眉中有白毛,故以称之。"② 这个注释似乎没有问题。然仔细思考,也有不确之处。所谓"白眉,指兄弟"一说,还是有问题的。《三国志》马良传说得明白,"马氏五常,白眉最良",因此,白眉一词绝指泛指兄弟,而是指兄弟中最优秀突出而又年少者。

但还有问题。《三国志》"马良传"说"马良字季常",按照古人称呼兄弟排行,马良在兄弟中究竟排行如何?要弄清此问题,必须了解古代礼法的规定。《仪礼》"士冠礼":"字辞曰:'礼仪既备,令月吉日,昭告尔

---

① 《旧唐书》卷四十一,第3691页。
② 《三国志》卷三十九,第1185页。

字。爰字孔嘉，髦士攸宜。宜之于假，永受保之。曰伯某甫。'仲、叔、季，唯其所当。"① 可见伯、仲、叔、季，乃古人区别长幼之称呼，其中伯最长。《白虎通》解释说："称号所以有四何？法四时用事先后长幼兄弟之象也。故以时长幼号曰伯、仲、叔、季也。伯者，长也。伯者子最长，迫近父也。仲者，中也。叔者，少也。季者，幼也。适长称伯，伯禽是也。庶长称孟，以鲁大夫孟氏。"② 就是说，这个称谓排名中，伯是最长的、排行第一的，如果长子为正出，则为伯，如为庶出，命名时则用"孟"字。马良字季常，应该是马氏兄弟中的老四。据《三国志》马良本传，他还有个弟弟叫马谡，表字幼常。如此，马氏兄弟表字应该是孟（伯）常、仲常、叔常、季常、幼常。则可见马良应该是马氏兄弟中的第四人。

这个排行规定，沈佺期必须是兄弟五人才能实行。但沈佺期兄弟仅有三人。《元和姓纂》卷七邺郡内黄沈氏说沈佺期之祖父任"唐下邳令，生怪。怪生佺期、佺交、宇宣"。这段文字中沈佺期之父名"怪"一事，学者多有疑惑。但随着沈全交墓志的出土，已经得到圆满解决（可参本书第一卷相关内容）。但明确说沈佺期有两位弟弟，加上沈佺期就是兄弟三人。《旧唐书》"弟全交及子，亦以文词知名"，未及三弟及其子之名；《新唐书》"沈佺期传"载："弟全交、全宇，皆有才章而不逮佺期"；嘉靖《内黄县志》则说沈佺期"弟全交、全宁皆有文学而不逮佺期"③。则沈佺期有弟二人。这与沈佺期的《被弹》诗中所说的"昆弟两三人"相符。但嘉靖《内黄县志》"唐宋隐逸"④ 中又将沈全交、沈全宁（宇）列入，可见是将全交和全宇都视为隐逸人物，则是明显错误（说见本书"沈佺期兄弟事迹考析"一节，可参考）。

沈佺期《答魑魅代书寄家人》诗说"降除沾二弟，离拆已三房。上京无薄产，故里绝穷庄"⑤，实际上也指故乡既无财产，也无亲人了。其兄弟仅三人，故不能按照孟仲叔季幼的排行来确定沈佺期兄弟的排行，而只能

---

① 彭林注释《仪礼》，中州古籍出版社 2011 年 1 月第 1 版，第 33 页。
② 《白虎通》"姓名"，中国书店 2018 年 8 月第 1 版，第 214 页。
③ 嘉靖《内黄县志》卷六，上海书店 1963 年 12 月据宁波天一阁本影印。
④ 嘉靖《内黄县志》卷六。
⑤ 《答魑魅代书寄家人》，《沈佺期宋之问集校注》上册，第 108－109 页。

按照孟、仲、季的方式来排名。在沈佺期心目中，沈全宇就是那个如马良一般优秀的"白眉"。由此可知，沈佺期心目中的沈氏"白眉"，就是指其三弟沈全宇。

（五）关于《答魑魅代书寄家人》中的"计吏"

沈佺期在流放驩州时有《答魑魅代书寄家人》诗，陶敏等注这诗的写作时间说："诗神龙二年驩州作。"[①] 未注更加准确的作诗时间。但这首诗的具体写作时间是可以考证出来的。诗中说："计吏从都出，传闻大小康。降除沾二弟，离拆已三房。"这里提到的"计吏"，对于弄清这首诗的写作时间和思想内涵，是一个很重要的线索。

按：计吏，指上计的官吏，又称朝集使。各地州刺史每年都要进京述职，称为"上计"。《唐六典》的规定，各州刺史需要每年向朝廷上计，就是报告一年来在地方执政的业绩和对属官的考核情况，朝廷据此对地方官员进行考核，以确定官员履职成绩的等级，作为官员任满后升降的依据，还要向刺史传达朝廷各种指令要求。这是一种上传下达的工作，体现的是政治体制的功能：地方对于中央的职责，中央对地方的实际管辖和治理要求。可见上计是地方接受中央政府领导的具体体现，也是各州刺史、都督高度重视、不可懈怠的职责。

但又考虑到一些地方主要官员不宜因上计长时间离开，因此规定，亲王或者边州的都督、刺史在任职期间，不能离开任职地方时，就由"上佐"代行。《旧唐书》规定："若亲王典州，及边州都督、刺史不可离州局者，应巡属县，皆委上佐行焉。"[②] 上计亦然。《唐六典》卷三十："尹、少尹、别驾、长史、司马掌贰府、州之事，以纪纲众务，通判列曹；岁终则更入奏计。"[③] 这就决定了赴京上计的官员一般是刺史的副职官员，即上列的尹和少尹等上佐官员。当时的驩州是下州，又是下都督府，刺史兼都督，为从三品官职。其上佐包括别驾一人，从四品下，长史一人，从五品上，司

[①] 陶敏、易淑琼：《沈佺期宋之问集校注》上册，第108-109页。
[②] 《旧唐书》卷四十四，第3708页。
[③] 《唐六典》卷三十，第747页。

马一人,从五品上。① 根据《唐六典》规定:"凡天下朝集使皆令都督、刺史及上佐更为之。若边要州都督、刺史及诸州水旱成分,则他官代焉。皆以十月二十五日至于京都,十一月一日户部引见讫,于尚书省与群官礼见,然后集于考堂,应考绩之事。元日,陈其贡篚于殿庭。凡京都诸县令,每季一朝。"② 正月元日的陈列,要由皇帝来巡视验收,朝集使(计吏)也由此可得到皇帝的接见。朝集使到尚书省见京官和朝见皇帝,都各有具体礼仪规定。具体规定可参《唐六典》"尚书礼部卷四":"凡元日大陈设于太极殿。皇帝衮冕临轩,展宫县之乐,陈历代宝玉、舆辂,备黄麾仗。二王后及百官、朝集使、皇亲、诸亲并朝服陪位。"③

上计官员的行程,《唐六典》尚书户部卷三有记载:"凡陆行之程:马日七十里,步及驴五十里,车三十里。水行之程:舟之重者,沂河日三十里,江四十里,余水四十五里;空舟沂河四十里,江五十里,余水六十里。沿流之舟则轻重同制,河日一百五十里,江一百里,余水七十里。转运、征敛、送纳,皆准程而节其迟速。"又有注释说:"其三峡、砥柱之类,不拘此限。若遇风、水浅不得行者,即于随近官司申牒验记,听折半功。"④ 据此规定,可以计算出来自驩州的上计吏需要经过万余里行程,应该至少提前七八个月以上出发,才能确保十月二十五日前到达京城长安。

查杜佑《通典》卷六"食货":"日南郡,贡象牙二根,犀角四根,沉香二十斤,金薄黄屑四石。今驩州。"⑤ 驩州上计吏(朝集使)官职较高,行程中应该是可以乘马的,则需要日行七十里。还需要车马运输贡物,那时间就会慢一些。沈佺期是神龙元年二月从东京流放的,从东都启程时应无缘与驩州的上计吏接触相识。唯一可能见到驩州上计吏的时间,应该是该年五月二十四日在流放途中的安海,这在他的《寄北使》诗序中已经说到。同时,笔者相信,沈佺期在安海所遇的北使,就是驩州的上计吏。沈佺期与之相遇,请他带回一首尚未完成的《寄北使》诗向家人报平安,还

---

① 《旧唐书》"职官三""州县官吏""下都督府",第 3708 页。
② 《唐六典》卷三,第 79 页。
③ 《唐六典》卷四,第 113 页。
④ 《唐六典》卷三,第 80 页。
⑤ 《通典》卷六,第 130 页。

可能委托北使代为打听家人消息，是情理之中的事情。

由此可知，驩州上计吏神龙元年（705）五月二十四日在安海遇沈佺期，需在十月二十五日前赶到长安上计，还有正好五个月的时间，加上从驩州到安海的时间，也需要近四个来月时间。所以上计吏从京城到达驩州的时间，应该是十个月左右；往返一趟约需二十个月时间。考虑上计吏元日需要朝拜皇帝，展示贡品，履行上计的责任。如以元日朝见皇帝后几日内启程返回驩州，因是轻装，则回程应该在神龙二年春末、夏初回到驩州。这也可由沈佺期流放驩州的行程"近一年"来印证。

沈佺期是神龙三年正月或二月初得到赦书的，随即离开驩州，他在很大程度上也未必能见到当年入京上计的驩州官吏。因此沈佺期最有可能是在神龙二年春末、夏初从回到驩州的上计吏那里到得家人和兄弟们的消息的。换言之，沈佺期《答魑魅代书寄家人》诗应该是作于神龙二年春末或夏初，也就是沈佺期流放到达驩州至后不久，随即得到家人消息。因驩州新一年的上计吏出发在即，即以已经写好的《答魑魅》以诗代书了，后来编集时加上"代书寄家人"。因此，驩州的上计吏回到驩州的时间大致就是沈佺期从他那里得知家人情况的时间，也就是沈佺期作《答魑魅代书寄家人》的时间。

沈佺期从上计返回驩州的朝集使即"计吏"那里知道，因受他牵连而入狱的沈全交、沈全宇俱已出狱，且都被授予职务。"降除"就是降职授官，"沾二弟"，是指两位兄弟均沾恩授职。虽是降职，但是毕竟出狱了，而且还被授予官职，对此，沈佺期的内心还是有一些欣慰的，这从他"降除沾二弟"的"沾"字的使用上可以感受得到。"沾"就是沾恩，查《旧唐书》，神龙元年政变后复位的唐中宗在神龙元年内五次发布诏书，赦免了一大批被贬的官员，估计沈全交、沈全宇也就是这些赦书的受益者，所谓"沾"恩，应该就是沾唐中宗李显神龙元年赦书的恩。自沈佺期入狱和神龙政变后被以张柬之为代表的政治集团流放驩州以来，原本兄弟同堂的大家庭，虽然"离拆已三房"，但"传闻大小康"，两位弟弟已经出狱，并被授予官职，虽是降授，也是幸事；家中大小也还安康，这些都足以给沈佺期带来安慰。

更需重视的是沈佺期从这件事情中看到了朝廷局势的巨大的、有利于他自己的变化。沈佺期在朝时直接属于以二张为首的珠英学士集团，与武氏集团也有很深的联系。神龙政变中二张集团覆灭，桓彦范、张柬之等五王集团势力因不愿多杀人，也低估了武氏集团的能量，未对武氏集团动手，留下了致命后患。同时，神龙元年政变后一段时间里，以武三思为首的武氏集团极为小心谨慎，武三思等多次辞去封王待遇，向五王集团示弱，就是所谓韬光养晦，等待时机，以求一逞的举措。果然，神龙政变半年后武氏集团与具有女皇野心的韦后政治势力结盟，他们以中宗为靠山，形成一股强大的力量。以明升暗降方式，于神龙元年五月，在给张柬之等五人封郡王后剥夺了其执政权力。流放沈佺期的张柬之等权臣由此失势以至覆灭。在张柬之等失去权柄时，沈佺期尚未到达流放地驩州，他对于朝中的政治斗争的情况，虽亦可能得知，但是由于交通阻隔，信息传播滞后，具体情况实难知晓。他被流放后家中的具体情况，也是很难确知。现在有从京城长安回来的计吏，带来的消息自然详细得多、可靠得多。尤其是政局的变化，对于沈佺期自身处境的改善，甚至复出、再起，都十分重要。

由此大致可以确定，沈佺期《答魑魅代书寄家人》诗，当作于神龙二年他刚达到驩州之后的春末或夏初。

（六）沈佺期遇赦返京是否经海南岛？

沈佺期《早发平昌岛》诗："解缆春风后，鸣榔晓涨前。阳乌出海树，云雁下江烟。积气冲长岛，浮光溢大川。不能怀魏阙，心赏独泠然。"陶敏等注释"平昌岛"说："疑即海南岛。"并引《太平寰宇记》为证，说是隋朝时即为平昌县。[①] 此确有所据。不仅如此，笔者还可提供一些平昌县在海南岛的材料。如顾祖禹《读史方舆纪要》"广东·琼州府"条下"文昌县"也说："府东百六十里……唐武德五年置平昌县，属崖州。贞观元年改曰文昌县。"又有"紫贝废县"条，谓"又平昌废县，在县西北。志云：'本武德县，隋置，属崖州。唐改为平昌县，后改曰文昌，移于今治。'"[②] 但这些

---

① 陶敏、易淑琼：《沈佺期宋之问集校注》上册，第 126 – 127 页。
② 顾祖禹：《读史方舆纪要》卷一百五"广东 琼州府"条下"文昌县"，第 4772 – 4773 页。

材料只能证明文昌县曾经称为平昌县,并不能证明文昌县就是文昌岛,更不能证明平昌岛就是海南岛。由此看来,注释者说"疑即海南岛"虽较为谨慎,但仍然是错误的。

考今日越南荣市(唐驩州)至海南岛之航路情况以及南海北部湾之气候以及沈佺期自述,亦可知他遇赦北归绝无经过海南岛之可能。

首先是唐代交趾至琼州、崖州的线路无考。现在找不到从交趾、九真、日南去现在的海南岛的确切航路,只能找到自广州至南海诸国的航路。《新唐书》"地理志"附录贾耽《古今郡国县道四夷述》,记有广州至南海诸国的水路历程。其中谓:"广州东南海行二百里,至屯门山,乃帆风西行二日至九州石。又南二日至象石。又西南三日行至占不牢山,山在环王国东二百里海中。又南二日行至陵山。又一日行至门毒国,又一日行至古笪国,又半日行至奔陀浪州……"①冯承钧《中国南洋交通史》对其做了考证。他依据此前中外学者的研究成果指出:"屯门在大屿山及香港二岛之北,海岸及琵琶洲之间。九州石似后之七洲(Taya)。象石得为后之独珠山(Tinhosa)。占不牢山为安南之岣崂占(CulaoCham)。""环王国即昔之林邑,后之占城。陵山得为安南归仁府北之 Sahoi 岬。门毒国疑指今之归仁。古笪乃Kauthara 之对音,今安南衙庄之梵名也。奔陀浪即后之宾童龙,梵名 Panduranga 之对音,今安南之藩笼(Pannang)省地也。"②无海南岛至越南海路之记载。

文昌县在海南岛东北部。如果沈佺期经这条航路逆行去广州,才可能经过海南岛东侧。同时,还需要搭乘波斯商人之巨舶方称安全。唐代一些中原、益州和安南日南、爱州之僧人来往南海,都采用这种方式以策安全,但是要等待机会。沈佺期遇赦而还,行有程限,不可能有时间等待附舶而行的机会。何况他的《夜泊越州逢北使》诗题就明确说他返程是经过而且夜泊于越州,即廉州(合浦)的。查地图可知,合浦一地,今属广西,当时属合浦郡,地处今广西与广东交界处,而海南岛则远在广东南部大海之中,文昌县距离合浦则有千里之遥。何况海中行舟,在当时情况之下,必

---

① 《新唐书》卷四十三下,第 4254 页。
② 冯承钧:《中国南洋交通史》,商务印书馆 2011 年 11 月第 1 版,第 34 页。

须依靠海风的推动。在许多情况下，海风的方向、风力对于大海行舟具有决定性作用。如沈佺期真要从驩州越海到海南岛，则需要横渡，这在春季是难以成行的。如果极其侥幸到海南岛后还需绕岛向东、向北而行，再西向穿越琼州海峡到合浦，路途极其遥远，且那段海路极其危险难行，尤其是把海南岛与大陆隔离的琼州海峡，风高浪急，险状环生。查周去非《岭外代答》"潮"谓，"琼海之潮，半月东流，半月西流"。杨武泉注："琼州海峡，因地形关系，太平洋潮波穿过海峡时，情况比较复杂。海峡东端为非正规半日潮，常日夜两次来潮。潮涨则显海水西流，潮落则显海水东流。海峡西端为正规全日潮，常日夜只一次来潮，与东端潮情不同。二者相激，潮情颇不规则，且有一月之中，一二日或三四日不潮不汐者。《代答》所言，不甚合实际。"[①] 潮情的不规则，加重了航行的困难，可知沈佺期绝无选择绕海南岛东面，再穿越琼州海峡西行至越州（合浦）之理。道路遥远，风险大增，费时不少，且琼州海峡风高浪急，又无巨舶大舟可以保障安全，侥幸得到赦免，幸获一命者谁会选择这条路线呢？

沈佺期《夜泊越州逢北使》说："天地降雷雨，放逐还国都。重以风潮事，年月戒回舻。"[②] 可见是得赦后到达越州所作。应该注意的是，因"风潮事"而"戒回舻"，体现的是对回程路线选择的谨慎小心，准备得充分细致。而"舻"之字义，就是泛指船。可见沈佺期自驩州还京这段路途中是乘过船的。他的《绍隆寺》诗序中说："绍隆寺，江岭最奇，去驩州城二十五里。将北客毕日游憩，随例施香回，于舟中作。"[③] 证明沈佺期自驩州北返，出发之时，就是乘船离开的。在距驩州二十五里的中途曾经到绍隆寺进香，或者是祈求一路平安吧。离开驩州就乘舟而行，可见是江船，不是大舟巨舶。

查唐代历史地图[④]，沈佺期当是在驩州入蓝江（今称大江），舟行二十五里谒绍隆寺后，于翌日入南海，沿海岸北行。那么，沈佺期离开驩州北

---

① 周去非著，杨武泉校注《岭外代答》，第 41–42 页。
② 陶敏、易淑琼：《沈佺期宋之问集校注》上册，第 127 页。
③ 陶敏、易淑琼：《沈佺期宋之问集校注》上册，第 125、127 页。
④ 谭其骧主编《中国历史地图》"岭南道西部"，第 72–73 页。

返京城到越州（合浦）段，究竟选择什么路线呢？笔者觉得如无更加确实的材料证明，还是应该视为原路而返。具体路线已不可考。但可参考《旧唐书》的说法，其"九德"条下记："后汉遣马援讨林邑蛮，援自交趾循海隅，开侧道以避海，从荡昌县南至九真郡，自九真至其国，开陆路至日南郡，又行四百余里至林邑国。又南行二千余里，有西屠夷国，铸二铜柱于象林南界，与西屠夷分境，以记汉德之盛。"①

《旧唐书》卷四一"宋平"："汉西卷县地。属日南郡。自汉至晋犹为西卷县。宋置宋平郡及宋平县。隋平陈，置交州。炀帝改为交趾，刺史治龙编。交州都护制诸蛮。其海南诸国，大抵在交州南及西南，居大海中洲上，相去或三五百里，三五千里，远者二三万里。乘舶举帆，道里不可详知。自汉武已来皆朝贡，必由交趾之道。"②《旧唐书》记叙的道路是海陆兼行的路线，后来也就成为南海诸国向中原王朝朝贡的主要路线了。可见，这条道路自汉武帝以来，即是贡路，也就是驿路了。沈佺期流放驩州时由此道来，由此道回，自在情理之中。具体行程，可参本书中"沈佺期流放驩州去程路线考析"一文。

又崇祯《廉州府志》卷十四"西南海道"："嘉靖中，知府饶岳访得广东海道：自廉州冠头岭前海发舟，北风顺利，一二日可抵交之海东府。若沿海岸行，则乌雷岭一日至白龙尾，白龙尾二日至土山门，又一日至万宁州，二日至庙山，三日至海东府，二日至经熟社，有石堤，陈氏所筑，遏元兵者。又一日至白藤江口，过天寮巡司，南至安阳海口，又南至多鱼海口，各有支港以入交州。自白藤而入则经水旁、东潮二县，至海阳府，复经至灵县过黄径、平滩等江。其自安阳海口而入，则经安阳县至海阳府，亦至黄径等江。由南策、上洪之北境以入，其自涂山而入，则取古斋，又取宜阳县经安老县之北至平河县。经南策、上洪之南境以入，其自多鱼海口而入，则由安老、新明二县至四岐，溯洪江至快州，经礠子关以入。多鱼南为太平海口。其路由太平、新兴二府，亦经快州、礠子关口，由富良江以入。此海道之大略也。"又记："盖自钦州天涯驿经猫尾港七站至。若

---

① 《旧唐书》卷四十一，第 3690、3691 页。
② 《旧唐书》卷四十一，第 3690、3691 页。

由万宁抵交趾，陆行止二百九十一里。"① 崇祯《廉州府志》所记，乃明朝知府饶岳访得的由廉州（合浦）进入交趾的水陆路线，虽非全为唐时道路，然亦必包含汉唐时道路，可参考。又，顾祖禹《读史方舆纪要》卷一百十二"广西七"记载略同而更细，文长不录。② 但可以明确的是，这些路线中无一条是需要经过海南岛的。这里需要说明的是，崇祯《廉州志》所说的万宁州、万宁等与今海南省之万宁无涉，不能相混。

弄清这些问题，再来看沈佺期的《早发平昌（一作昌平）岛》诗，"解缆春风后，鸣榔晓涨前。阳乌出海树，云雁下江烟。积气冲长岛，浮光溢大川。不能怀魏阙，心赏独泠然"，可以明确的是，沈佺期北归离开驩州后确实有一段是海行，海行夜宿平昌岛（或应称昌平岛），等待第二天"晓涨"，也就是早潮之前出发。诗中所说的"长岛"，应该就是沿海航行经过的所谓下龙湾外"东坚岛""宝盖岛"或我国东兴至防城港外海中的那一系列岛屿，这才可称为"长岛"。按照360百科的说法，南海北部湾的潮汐是典型的全日潮。早潮时间大致在早上5点之前产生。则沈佺期该日是在早晨5点之前就"鸣榔"开船了。大海行舟，气象万千，丽日出海，加上遇赦北返，心情开朗愉快。欣赏着艳阳从树间升起，海岸江上披上一层绮丽的霞光；飞舟驰过连绵不断的海岛，岛上和海面云气缥缈，金光闪耀，这是前所未见的美丽景象啊！被流放的积郁之气一扫而空。因被赦免的身份，即使不能效忠于朝堂，能够欣赏如此美景，也是人生万幸之事啊！该诗视野开阔，气象雄阔，节律欢快，无华丽之词而予人壮丽之感，构成一幅唐诗中罕见的催舟大海的绮丽图卷，实在是不可多得的佳作。

---

① 崇祯《廉州府志》卷十四。
② 顾祖禹：《读史方舆纪要》卷一百十二，第4990–4992页。

附录一 开元八年前东宫职官任职情况一览表

机构名称	所任职务	任职人名	任职时间	任前职务	制书撰写人	备注
太子三师	太师太师	开元三年及前未考见				
	太子太傅	李范	开元八年后	岐王		《旧唐书》"玄宗纪"
		窦希瑊	开元二年七月	光禄卿		
	太子太保	李业	开元八年	薛王		《旧唐书》"玄宗纪"
太子三少	太子少师	李范	开元三年初	岐王，虢州刺史、上柱国	苏颋	同上
	太子少傅	未见				
	太子少保	李业	开元三年初	薛王，秘书监兼幽州刺史、上柱国	苏颋	同上
		刘幽求	约开元元年十二月	尚书左丞相兼黄门监	未详	《旧唐书》本传
	太子宾客	1 韦嗣立	约开元二年三月	上柱国、逍遥公	苏颋	《旧唐书》本传
		2 郑惟忠	开元初	银青光禄大夫、守礼部尚书、上柱国、荥阳县开国公	苏颋	《旧唐书》本传
		3 庞承宗	开元初		未详	《旧唐书》本传
		4 杨元琰	开元初	刑部尚书，封魏国公	未详	《旧唐书》本传
		5 解琬	约开元三年后	左散骑常侍		《旧唐书》本传

续表

机构名称	所任职务	任职人名	任职时间	任前职务	制书撰写人	备注
		6 元行冲	开元七年后			两唐书本传
太子詹事府	太子詹事	1 钟绍京	开元元年十二月	户部尚书	未详	《旧唐书》本传
		2 张暐	或开元三年	京兆府尹	未详	
		3 元行冲	开元初	充使检校集贤	未详	
		4 柳冲	开元初		未详	《旧唐书》本传、"玄宗纪"
		6 毕构	开元四年		苏颋	《旧唐书》本传
		7 沈佺期	约开元四年后		未详	《旧唐书》本传
	太子少詹事	1 沈佺期	开元三年正月		苏颋	《新唐书》本传
		2 裴君士	约开元三年后		苏颋	
太子左春坊	左庶子	1 刘子玄	开元二年七月	昭文馆学士	未详	《旧唐书》本传
		2 韦抗	开元三年+		未详	《旧唐书》"韦安石传"
	太子中允	李林甫	开元初	千牛直长		《旧唐书》本传
太子右春坊	太子右庶子	魏华	开元初	未详	未详	《旧唐书》"魏征传"

附录二　主要参考征引书目

史书类

1. 《史记》，上海古籍出版社、上海书店据武英殿《二十五史》本缩印，第一册，1986年12月第1版。
2. 《后汉书》，上海古籍出版社、上海书店据武英殿《二十五史》缩印，第二册，1986年12月第1版。
3. 《三国志》，上海古籍出版社、上海书店据武英殿《二十五史》缩印，第二册，1986年12月第1版。
4. 《晋书》，上海古籍出版社、上海书店据武英殿《二十五史》缩印，第二册，1986年12月第1版。
5. 《隋书》，上海古籍出版社、上海书店据武英殿《二十五史》缩印，第五册，1986年12月第1版。
6. 《旧唐书》，上海古籍出版社、上海书店据武英殿《二十五史》缩印，第五册，1986年12月第1版。
7. 《旧唐书》，中华书局1975年5月第1版，2012年1月第10次印刷本。
8. 《新唐书》，上海古籍出版社、上海书店据武英殿《二十五史》缩印，第六册，1986年12月第1版。
9. 《新唐书》，中华书局1975年2月第1版，2012年6月第10次印刷本。
10. 《宋史》，上海古籍出版社、上海书店据武英殿《二十五史》缩印，第七、八册，1986年12月第1版。
11. 《唐六典》，李林甫等注，陈仲夫点校，中华书局1992年1月第1版。
12. 《资治通鉴》，司马光撰，吉林人民出版社2005年2月据"钦定四库全书荟要"本缩印。

13. 《唐大诏令集》，宋敏求编，中华书局 2008 年 4 月第 1 版。
14. 《唐大诏令集补编》，李希泌主编，上海古籍出版社 2003 年 12 月第 1 版。
15. 《初学记》，中华书局 1980 年 1 月成都第 2 次印刷。
16. 《通典》，杜佑撰，中华书局 1988 年 12 月第 1 版。
17. 《唐律疏议》，岳纯之点校，上海古籍出版社 2013 年 11 月第 1 版。
18. 《景龙文馆记集贤注记》，武平一撰，陶敏辑校，中华书局 2015 年 6 月第 1 版。
19. 《册府元龟》，王钦若等编纂，周勋初等校订，凤凰出版社 2006 年 12 月第 1 版。
20. 《太平御览》，李昉等撰，上海古籍出版社 2008 年 4 月第 1 版。
21. 《唐会要》，王溥撰，上海古籍出版社 2006 年 12 月第 1 版。
22. 《登科记考补正》，徐松撰，孟二冬补正，北京燕山出版社 2003 年 7 月第 1 版。
23. 《唐人轶事汇编》，周勋初主编，上海古籍出版社 2006 年 4 月新 1 版。
24. 《中华大典·文学典·隋唐五代文学分典》，江苏古籍出版社 2000 年 12 月第 1 版。

地理方志类

1. 《水经注》，郦道元著，岳麓书社，1995 年 1 月第 1 版。
2. 《元和郡县志》，李吉甫撰，中华书局 1983 年 6 月第 1 版。
3. 《舆地纪胜》，王象之撰，中华书局 1992 年 10 月第 1 版。
4. 《元丰九域志》，王存撰，中华书局 1984 年 12 月第 1 版。
5. 《宋本太平寰宇记》，乐史撰，中华书局 2000 年 1 月第 1 版。
6. 《方舆胜览》，祝穆撰，中华书局 2003 年 6 月第 1 版。
7. 《读史方舆纪要》，顾祖禹撰，中华书局 2005 年 3 月第 1 版。
8. 光绪《巴东县志》。
9. 南林刘氏嘉业堂刊《吴兴备志》影印本。

10. 清乾隆《内黄县志》影印本。
11. 民国《英山县志》影印本。
12. 光绪《北流县志》,台湾成文出版社有限公司1975年6月第1版。
13. 崇祯《廉州府志》影印本。
14. 《容州志》,清光绪二十三年刊本,台湾成文出版社有限公司1974年6月第1版。
15. 《钦州志》,明天一阁藏本,上海古籍出版社1961年12月版。
16. 《中国历史地图》"岭南道西部",谭其骧主编,中国地图出版社1982年10月第1版。
17. 《中国史稿地图集》,郭沫若主编,中国地图出版社1990年12月第1版。
18. 《简明中国交通历史地图集》,王娇娥主编,星球地图出版社2018年12月第1版。
19. 《中国分省系列地图·广东》,中国地图出版社2020年1月修订版。
20. 《中国分省系列地图·广西》,中国地图出版社2020年1月版。
21. 老挝地图,星球地图出版社2020年1月第1版。
22. 越南地图,星球地图出版社2020年1月第1版。
23. 《中国南洋交通史》,冯承钧著,商务印书馆2011年11月第1版。
24. 《吕著史地通俗读物四种》,吕思勉著,上海古籍出版社2010年3月第1版。
25. 《缅述·交州记·奉使安南水程日记·南翁梦录》,商务印书馆1937年初版。
26. 《岭外代答》,周去非著,杨武泉校注,中华书局1999年9月第1版。
27. 《安南志略》,黎崱著,中华书局2000年6月第1版。
28. 《一带一路广东通览》,王培南主编,广东经济出版社2016年12月第1版。
29. 《中华交通史话》,陈洪彝著,中华书局2013年4月北京第1版。

作品类

1. 《周易经传注疏》,王弼注,陆德明音义,孔颖达正义,吉林人民出版社

2002 年 5 月据"四库全书荟要"缩印本。
2. 《周易注校释》，王弼撰，楼宇烈校释，中华书局 2012 年 4 月第 1 版。
3. 《尚书注疏》，孔安国传，陆德明音义，孔颖达正义，吉林人民出版社 2002 年 5 月据"四库全书荟要"缩印本。
4. 《尚书》，中州古籍出版社 2010 年 1 月第 1 版。
5. 《周礼注疏》，郑康成注，陆德明音义，贾公彦正义，吉林人民出版社 2002 年 5 月据"四库全书荟要"缩印本。
6. 《礼记》，辽宁教育出版社 1997 年 3 月"新世纪万有文库"本。
7. 《仪礼》，彭林注释，中州古籍出版社 2011 年 1 月第 1 版。
8. 《白虎通义》，班固撰，中国书店 2018 年 8 月据"四库全书"影印本。
9. 《文苑英华》，中华书局 1966 年 5 月第 1 版，2003 年 10 月印刷。
10. 《太平广记》，中华书局 1961 年 9 月新 1 版，2003 年 6 月北京第 7 次印刷。
11. 《全唐诗》，上海古籍出版社，1986 年 11 月第 1 版。
12. 《全唐文》，中华书局 1983 年 11 月第 1 版。
13. 《沈佺期诗集校注》，连波、查洪德校注，中州古籍出版社 1991 年 1 月第 1 版。
14. 《沈佺期宋之问集校注》，陶敏、易淑琼校注，中华书局 2001 年 11 月版。
15. 《张说集校注》，熊飞校注，中华书局 2013 年 11 月第 1 版。
16. 《王昌龄集编年校注》，胡问涛、罗琴校注，巴蜀书社 2000 年 10 月第 1 版。
17. 《毗陵集》，独孤及撰，上海古籍出版社"四库唐人文集丛刊"影印本，1993 年 6 月第 1 版。
18. 《元稹集》，元稹撰，冀勤点校，中华书局 1982 年 8 月第 1 版。
19. 《元氏长庆集》，元稹撰，商务印书馆"四部丛刊初编"缩印本。
20. 《元氏长庆集》，元稹撰，台湾商务印书馆据文渊阁四库全书本缩印。
21. 《张籍集系年校注》，徐礼节、余恕诚校注，中华书局 2011 年 6 月第 1 版。

22. 《李德裕文集校笺》，傅璇琮等校笺，中华书局 2018 年 3 月第 1 版。
23. 《欧阳修全集》，李逸安点校，中华书局 2003 年 3 月第 1 版。
24. 《武溪集》，余靖撰，四库全书影印本。
25. 《苏轼诗集》，孔凡礼点校，中华书局 1982 年 2 月第 1 版。
26. 《隋唐五代文论选》，周祖譔编选，人民文学出版社 1990 年 5 月第 1 版。
27. 《唐摭言校证》，王定保撰，陶绍清校证，中华书局 2021 年 7 月第 1 版。
28. 《隋唐嘉话·朝野佥载》，刘𫗧、张鷟著，赵守俨点校，中华书局 1979 年 10 月第 1 版。
29. 《唐语林校证》，王谠撰，周勋初校证，中华书局 1987 年 7 月第 1 版。
30. 《大唐新语》，刘肃撰，中华书局 2004 年 6 月第 1 版。
31. 《开元天宝遗事十种》（含《次柳氏旧闻》《明皇杂录》《开天传信记》《开元天宝遗事》《开元升平源》《高力士外传》《长恨歌传》《杨太真外传》《李林甫外传》《梅妃传》），王仁裕等撰，上海古籍出版社 1985 年 1 月第 1 版。
32. 《唐诗纪事》，计有功辑撰，上海古籍出版社 2008 年 4 月第 2 版。
33. 《老学庵笔记》，陆游撰，中华书局 1979 年 11 月第 1 版。
34. 《郡斋读书志校证》，晁公武撰，孙猛校证，上海古籍出版社 2011 年 6 月第 1 版。
35. 《纪闻辑校》，牛肃著，李建国辑校，中华书局 2018 年 7 月第 1 版。

研究论著类

1. 《唐才子传校笺》，傅璇琮主编，中华书局 1987 年 5 月第 1 版。
2. 《唐五代文学编年史》"初盛唐卷"，傅璇琮主编，辽海出版社 1998 年 12 月第 1 版。
3. 《唐代诗人丛考》，傅璇琮著，中华书局 1980 年 1 月第 1 版。
4. 《唐代科举与文学》，傅璇琮著，陕西人民出版社 2003 年 5 月第 2 版。
5. 《唐代试策考述》，陈飞著，中华书局 2002 年 4 月第 1 版。
6. 《唐玄宗传》，许道勋、赵克尧著，人民出版社 2015 年 3 月第 2 版。
7. 《中国科举史》，刘海峰、李兵著，中国出版集团东方出版中心 2004 年 6

月第 1 版。

8. 《隋唐五代社会生活史》，李斌成等著，中国社会科学出版社 1998 年 7 月第 1 版。

9. 《唐代基层文官》，赖瑞和著，中华书局 2005 年 8 月第 1 版。

10. 《唐代流贬官研究》，梁瑞著，大地传媒、中州古籍出版社 2015 年 9 月第 1 版。

11. 《中国社会史》，吕思勉著，上海古籍出版社 2007 年 1 月第 1 版。

12. 《唐集叙录》，万曼著，河南大学出版社 2008 年 4 月第 1 版。

13. 《张九龄年谱》，顾建国著，中国社会科学出版社 2005 年 11 月。

14. 《张九龄研究》，顾建国著，中华书局 2007 年 2 月第 1 版。

15. 《李德裕年谱》，傅璇琮著，中华书局 2013 年 1 月第 1 版。

16. 《李德裕文集校注》，傅璇琮校笺，中华书局 2018 年 3 月第 1 版。

17. 《苏轼年谱》，孔凡礼著，中华书局 2005 年 5 月版。

18. 《唐诗人行年考续编》，谭优学著，巴蜀书社 1987 年 8 月第 1 版。

19. 《唐人选唐诗研究》，石树芳著，中国社会科学出版社 2016 年 5 月第 1 版。

20. 《唐代学士与文人政治》，李福长著，齐鲁书社 2005 年 6 月第 1 版。

21. 《唐五代岭南交通路线考》，陈伟明著，《学术研究》1987 年第 1 期。

22. 《中国历史纪年表》，方诗铭编，上海辞书出版社 1980 年 5 月新 1 版。

23. 《牛肃〈纪闻〉及其史料价值检讨》，黄楼撰，《史学月刊》2005 年第 6 期。

24. 《大唐诗人沈佺期后裔寻踪》，杨彦明撰，《决策论坛》2014 年第 2 期。

碑志及研究类

1. 《唐代墓志汇编续集》，周绍良主编，赵超副主编，上海古籍出版社 1992 年 1 月第 1 版。

2. 《新出唐墓志百种》，赵文成、赵君平编，西泠印社 2010 年 11 月第 1 版。

3. 张寰撰《唐京兆府泾阳县尉沈府君墓志铭并序》。

4. 《洛阳新获唐志二题》，赵君平撰，《书法丛刊》2010 年第 3 期。

5.《出土文献与唐代文学史新视野》，胡可先撰，《文学遗产》2005年第1期。
6.《沈佺期之弟沈全交墓志的文学史价值》，赵振华、王倩文撰，《洛阳师范学院学报》29卷第6期。
7.《全唐文补遗》第九辑，三秦出版社2007年7月第1版。
8.《粤东金石略补注》，翁方纲著，欧广勇、伍庆禄补注，广东人民出版社2012年1月第1版。

后　记

《沈佺期行实考辨》结集成书，并得以出版，应该感谢深圳社科院和市社科联各位领导的关照，尤其是吴定海院长、刘婉华主任的关照，本书才有在社会科学文献出版社出版的机会。严格地说，在"深圳学人"系列出版物中，这是一本比较出格的作品。之所以出格，是因为这本书的研究方法似乎与现有的其他书籍格格不入，研究的内容也有重大差异。不是面向未来的，而是着眼于回顾历史的。因此，能得支持，实在意外。这是我应该感谢的重要原因。

本书出版还要感谢深圳职业技术学院的大力支持。学校领导为我的研究写作提供了必要的条件，使我能够安心写作。还要感谢许多支持者。如天津"县志吧"的李建强先生，他为本书写作提供了非常实在的资源帮助；《深圳职业技术学院学报》的李建求先生和王璐女士，成书之前他们就在学报上刊发了此专题的一些研究论文；商务印书馆的苑容宏先生，正是他的不断鼓励，使我获得了完成该书的勇气。特别要感谢广东外语外贸大学文学院原院长、广东省政府参事室（文史馆）原副主任（副馆长）余庆安先生，他不顾年高体弱，事务烦冗，对着电脑读完全稿，并欣然赐序，使本书大为增色。还要感谢《岭南文史》《广东省社会主义学报》的编辑先生，他们也刊发过这本书中的一些章节。当然必须感谢社会科学文献出版社的李镇编辑，他在审稿中指出诸多存在的明显问题，提出修改完善意见，才使本书避免了许多常识性错误，质量得以有所提高。还应该感谢该社的崔晓璇编辑，她居中沟通联系出力不少。

这里特别要感谢我的家人，他们充分理解我潜心干点自己喜欢的事情而宵衣旰食，没有抱怨，一以贯之地提供支持。

应该感谢的人还有许多，恕我不再一一具名，此情此意，本人自当铭刻在心，不敢或忘。在此，我对于各位支持本书写作和出版的各位先生、女士，致以真诚崇高的敬意，并真诚祝愿他们身心两健，万事如意！

　　这本书是完成了，但我有自知之明。尽管在各方帮助下努力做了修改，但限于学识素养不足，又是贸然踏入一个陌生的领域，错误和问题必然存在，希望各位方家不吝赐教。在这里，预先说一声谢谢！

作者

2021 年 3 月 10 日记于深圳南山西丽湖畔

9 月再改。

图书在版编目(CIP)数据

沈佺期行实考辨 / 张效民著. -- 北京：社会科学文献出版社，2022.6
（深圳学人文库）
ISBN 978 - 7 - 5228 - 0258 - 9

Ⅰ.①沈… Ⅱ.①张… Ⅲ.①沈佺期（约656 – 714）- 传记 Ⅳ.①K825.6

中国版本图书馆CIP数据核字（2022）第107213号

深圳学人文库
沈佺期行实考辨

著　　者 / 张效民

出 版 人 / 王利民
责任编辑 / 王　绯
文稿编辑 / 李　镇
责任印制 / 王京美

出　　版 / 社会科学文献出版社·政法传媒分社（010）59367156
　　　　　 地址：北京市北三环中路甲29号院华龙大厦　邮编：100029
　　　　　 网址：www.ssap.com.cn
发　　行 / 社会科学文献出版社（010）59367028
印　　装 / 三河市尚艺印装有限公司

规　　格 / 开本：787mm×1092mm　1/16
　　　　　 印　张：16.5　字　数：255千字
版　　次 / 2022年6月第1版　2022年6月第1次印刷
书　　号 / ISBN 978 - 7 - 5228 - 0258 - 9
定　　价 / 98.00元

读者服务电话：4008918866

版权所有 翻印必究